アマチュア歴史学

書物とともに2千年、電子本時代に消え去る運命《さだめ》か⁉

# 世界のしおり・ブックマーク意外史

しおり史研究家
猪又義孝

deco editorial

はじめに

# しおり・ブックマークは、読書になぜ必要とされてきたのか？

「えっ、しおりなんて収集するもの？」「しおりやブックマークに歴史があるとは知らなかった」……等々。私が日本のしおりや海外のブックマークをコレクションしていると聞いた、ほとんどの知人や友人の反応である。中には出版関係の仕事をする人も多くいた。

一般的には、本を読む人であれば誰でも、「ああ、読書のときに読みさしのページに挟むもの」と答えるだろう。実際、多くの人が便利に使っているが、残念ながらその存在が意識されることはほとんどなく、消耗品の一つとして使い捨てにされるのが現実の姿といえる。

しかし、調べてみると、しおり・ブックマークは決して孤独ではない。書物の長い歴史の中で、よき伴侶として本を支え、ともに変化し、成長してきた。現在の日本でも、書店、出版社のサービス品あるいは広告会社や慈善団体のPR品として店頭に置かれ、本を買えば好みは別にして必ず手に入る。またときには、企業の懸賞企画として、金銀を使った豪華な製品が提供されたりしている。その他、有名なブランド品から、各地の伝統工芸や民芸品として売られているものまで、その数と種類は多彩である。

世界を見渡しても、イギリスでは銀器メーカーの定番商品としてカタログに数多く紹介されており、ヨーロッパ各国でも銀など特徴ある金属のブックマークが売られている。アメリカの書店には、買いきれないほど世界各国の多様なブックマークがあふれているが、その一方で、ハワイ州には特産の木や植物を使った独特の味わいのものが数多くある。アジアでも中国、韓国あるいはタイやインドネシアでは民俗色あふれた品々が人気アイテムとなっている。とはいえ、あくまで本があってのサブカルチャーとして扱われ、これほど存在感の希薄なものも少ないだろう。その証拠に、たとえば、日本の国語辞典や百科事典にはあまり詳しくは取り上げられていない。用語解説程度かまったく触れていないものさえある。

今回、この著作をまとめるために集めた資料本は数百冊あるが、全部の項目を集めても〝しおりの枝折《しおり》〟程度、つまりパンフレットを作れるくらいの記述しかない。印刷に関するエンサイクロペディアともいえる『印刷博物誌』（凸版印刷発行、定価5万円）には、千数百ページの中で1行も紹介されていない（正確を期せばイラストの中に1語だけある）。小さな紙製品としては、絵葉書からマッチラベルまで取り上げられているというのに、である。これまで、取り上げられることの少なかったしおり・ブックマークは、本当に本のサブカルチャーでしかなかったのだろうか。そこで広く資料をあたってみると、意外にも、限りある人間の記憶力を補うことで本の読み方を変え、読書を活性化させる役割を果たしていたことがわかったのである。

人が文字や文章を読みやすくするためにしてきた工夫、たとえば段落、句読点、つなぎ文字やイニシャルと呼ばれる文頭文字の拡大、ページにノンブル（番号数字）を入れ、さらには多彩な装飾で飾ることなどは、実に数百年から千年もの長い時間をかけて出来上がってきた。広い意味で見れば、これらはしおり・ブックマークの仲間と言っていいだろう。

専門書といえるものは、現代のコレクション・ブックが海外に10数冊、日本にも紙製しおりの収集本が一、二冊あるだけである。その中で約40数年前の１９７４年に、イギリスの骨董商コイッシュ氏が書いた『ブックマーク収集』(A.W.Coysh著、『Collecting Bookmarkers』)が初めて体系的に取り上げた本として名高い。

　国際的には収集家も多く、ミラージュ・ブックマーク（MIRAGE BOOKMARK）などの大きなネットショップも数多くあり、豊富なコレクション写真や自慢話でにぎわっている。また、毎年4月にはフランス西海岸のダンケルクに近い保養地マロ・レ・バンで「世界のしおり展示交換会」(Salon international du Signet 第1回は1999年)が開かれ、世界中から収集家が集まっている(143ページ参照)。

　本書では、個人の限られた記憶力を助け、読書の楽しみを増すために役立つしおり・ブックマークを、エピソードを含めて広い分野から見つめ直してみた。その誕生から歴史的な経緯や近年の状況、そして急速にIT化する出版界でしおり・ブックマークはどう変わっていくのかを、書物と読書の変遷とともにたどってみたい。

　(日本語の〝しおり〟は語感が良く、耳あたりの優しさが愛されたのか、女性の名前あるいは素敵なガイドブックや小さな印刷物、古くは芭蕉の俳句理論にまで……と広く使われ、表記も多種多様である。しかし、本書では、本を読むときに挟むものに限定しています)

本の間から足の裏まで見える、ユーモラスな発想の現代的人形しおり。その名は「Adventure of Shoe Mark 〜靴跡の冒険」。足に重し入りのプラスチック製。オランダKikkerland制作。(長さ12.2cm)

一枚のシートから切り抜いて本の背にたらすように使うデザイン・ブックマーク。書棚を楽しく華やかにしてくれる。名前は「SEE OH! Ribbon」、シオリボンと読み、草花や昆虫、動物などいろいろな種類の絵柄がある。福井のリボンメーカーとセメントプロデュースデザインというブランドが協力して作り出した。ポリエステル製。MoMA Design Storeで購入。(高さ各種あり約30cm)

# 目次

日本編
★★★
JAPAN

# 「しおり」は、多彩な顔を持つ人気の言葉

表紙カバー写真

猫の前をネズミが走る！でもリボンの先にいるネズミは永遠に捕まらない、というエスプリが効いているフランス製のブックマーク。女性に人気だったとか。19世紀後半。台の石は雪花石膏〔アラバスター〕。（本体金属部分、長さ9㎝。ネズミ、体長2.5㎝）

## しおりギャラリー

### 世界編

## 日本・北東アジア編

最近人気の食品サンプル風の目玉焼きしおり(ナガオ食研)。塩ビ製だが本物そっくりに見える。同社が昭和7年(1932)から磨いてきた自慢の技術が盛り込まれている。(本体長さ9.8cm)

万年筆のウォーターマン社が、PR用に作った豚のブックマーク。幸運、金運をもたらす意味があるとか。1922年イギリス・チェスター製。(長さ12㎝)

## お読みいただく前に

本書のタイトルは、『世界のしおり・ブックマーク意外史』です。帯に〝書物とともに2千年〟と書きました。ただし、「しおり」や「ブックマーク」はせいぜい300～400年くらい前に生まれた言葉です。本書をお読みいただければおわかりのように、書物あるいは文書などの読みかけの位置を示すための小さな文具や紙などは、その地域、時代によっていろいろな呼び名や表現があります。

しかし、その役割や機能性を一番よく表現できている言葉として、本書では「しおり」「ブックマーク」を使っています。

電子書籍の時代を迎えると、新しい表現が求められることになるでしょう。筆者も今後の研究課題として、より適切な用語を探し求めていくつもりです。

## しおり・ブックマークのキャプションについて

それぞれのキャプションには、しおりの制作年代、発行元、作者、その由来などをわかる範囲で記しました。しかし、わからないことも多く、もし詳しい情報などをお持ちの方がいらっしゃればご教示いただけると幸いです。

なお文末の(長さ○cm)は、しおり・ブックマークの長辺の長さです。(本体長さ○cm)という場合は、しおり・ブックマークの付属物(紐など)を除いた長辺の長さです。

# 世界編

★★★

WORLD

〝書かれたものをもう一度読みたい〟
という人々の欲求が、いろいろな印やマーカーを生んだ

# 第Ⅰ章　パピルスの発明が古代の情報革命のきっかけとなった

## 文字が粘土板などに書かれ、情報が大量に集積され始める

——古代・メソポタミア

文字が発明されたのは紀元前4千～3千年頃とされているが、人類の長い歴史から見ればほんの最近のことといえる。人はその文字をあらゆる機会を捉えて何かに書いてみたい、という衝動にかられたようだ。その対象は、まず大地の土や砂、岩石であり、さらに獣骨や甲骨、粘土、陶器、木板、木皮、木の葉、動物の皮、布など書きつけることの出来るあらゆるものに文字や絵を記した。その条件は、書くことが容易で、しかも書いた後にもう一度目にすることが可能な再現性を持つ素材であった。長く保存が効くものとしてはエジプトでは鉛の板、インドでは青銅板などを使ったが、その多くは、今では書写材料としては利用されなくなってしまっている。

シナイ山で神から授かった十の戒律、いわゆる「十戒」が書かれた2枚の石版を手にするモーゼ。漫画でキリストの生涯を描いたしおりセット「旧約のおはなし」の1枚。キリスト教視聴覚センターAVACO制作。（本体長さ9㎝）

ただ、ヤシ科の多羅樹の葉＝貝多羅葉《ばいたらよう》をつないだ文書のように、東南アジア諸国で現在も使われ続けているものもある。現在発見されている中で、書かれた最古の文字は、紀元前3千500〜3千年の間に、メソポタミアでシュメール人が使い始めた楔形文字である。その字体は、三角形と直線で構成された特徴あるもので、7・5㎝くらいの小さな粘土の板に尖った木や金属の筆で文字を書いていた。現在残るものは、それを天日干ししてから焼いた陶板である。ふだんの生活では、まだ柔らかい粘土の板を小さな袋や箱に入れて持ち歩きメモ帳代わりにしていたらしい。

新アッシリア王国のアッシュールバニパル王（紀元前668〜627年頃在位）の王宮跡から、文字を書いた陶板が3万枚以上見つかっているが、世界最古の書物の集積と考えられることから「ニネヴェの図書館」と呼ばれている。紀元前650年頃のニネヴェの人口は10万人と推計されており、驚くばかり多数の文書量といえる。それらの陶板には王室の記録、医学、宗教から商取引の記録である契約書や

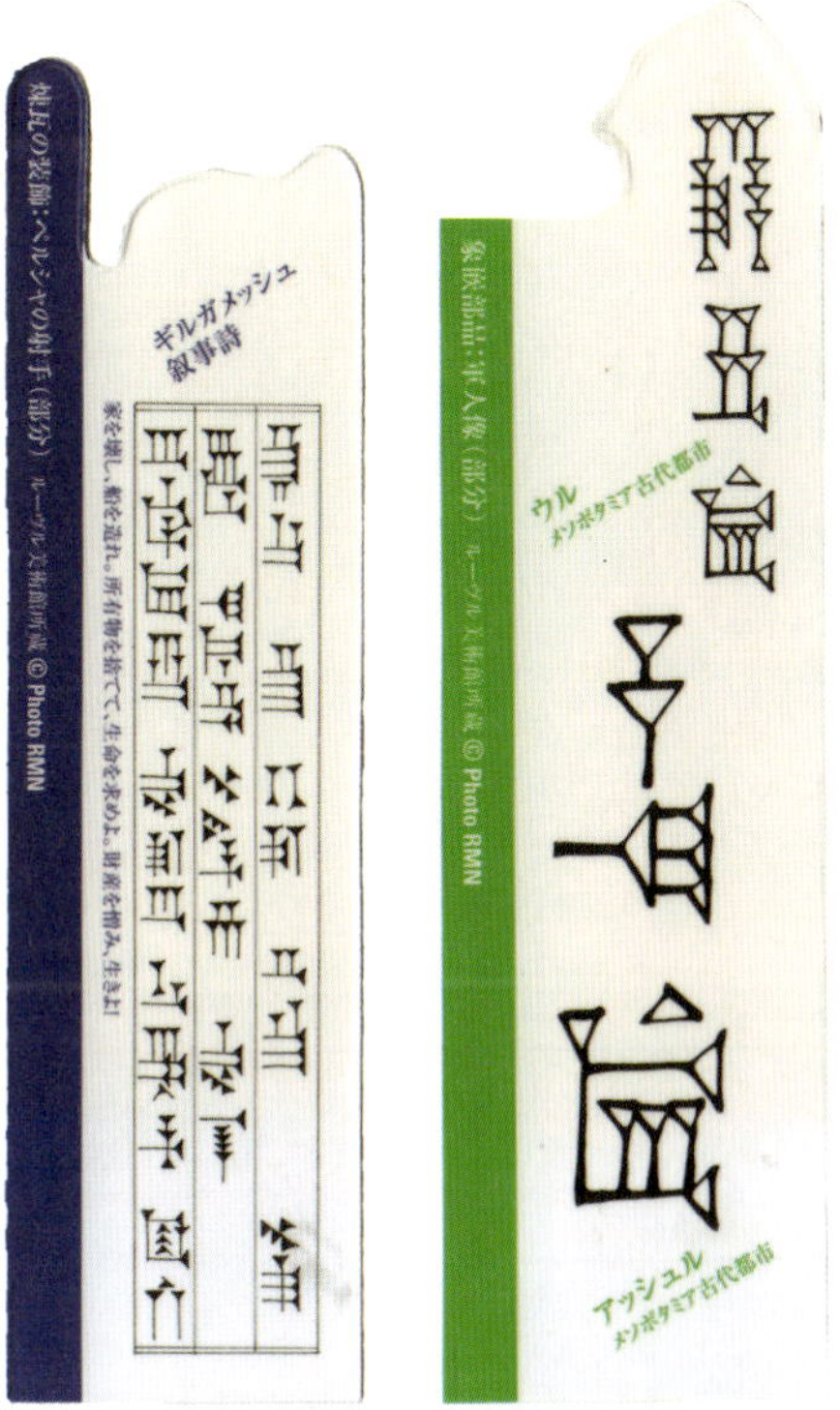


ニネヴェで発掘された楔形文字から、（右）「象嵌部品の軍人像」のメソポタミアの都市名。上はウル、下はアッシュルと読む。（左）は『ギルガメッシュ叙事詩〜煉瓦の装飾：ペルシャの射手』から「家を壊し船を造れ。所有物を捨てて、生命を求めよ。財産を憎み生きよ！」とあり、「ノアの方舟」の原典とされる。ルーブル美術館「メソポタミア展」で購入。（長さ各15㎝）

建造物の記録、さらに、紀元前２６００年頃に実在した古代メソポタミア王の叙事詩『ギルガメッシュ』までが書かれており、そこには『ノアの方舟』伝説の原型となる話も含まれていた。現在は、多くが大英博物館にあるが、ばらばらではなく各文書のブロックごとにリストがつけられていた。しかし、神聖な文書に印や数字、タイトルなどを書くことなど出来ない時代だったので、別の板に各文書の記録や詩の先頭の数文字を書き並べていた。この最初の数文字のことをラテン語でインキピット(incipit)と呼んだ。ページにノンブルがつけられるようになるのは実に約2千数百年後の16世紀になってからになる。また、紀元前7世紀の金属板や石板には、「この銘板の位置を違えず、書庫の別の場所に移動させない読者にイシュタル(古代メソポタミアの戦いの女神)の恵みあらんことを」という祈りの言葉や、「これをこの建物の外に持ち出す者に、イシュタルの怒りの鉄槌が下されんことを」という呪いの言葉が書き残されている。しかしこの時代は、まだまだ書き残すことより記憶し暗誦することが一般的であり、人の脳が記憶装置として大いに活用されていた。しかしこれ以後、急速な変化をとげることになる。

「ニネヴェの図書館」から発掘された粘土板に印字された楔形文字。フランスの考古学者で、ヒエログリフを研究しロゼッタストーンを解読したシャンポリオンの業績を記念した博物館で、別名「文字の博物館」所蔵。ここには最古といわれるシュメールの絵文字も展示されている。しおりは同館制作。(長さ15cm)

## パピルスは書きやすく使いやすい優れた書写材料
### ――古代・エジプト

植物繊維を利用したパピルス（papyrus）という書写手段がエジプトで発明され、情報量が飛躍的に増大するのは紀元前3千年頃といわれる。

パピルス（和名カミガヤツリ）は、ナイル河畔に豊富に生える高さ2～3mの多年生の植物である、その茎の髄を叩いて延ばし、その繊維を重ねて薄い板状にしたものがいわゆるパピルス紙で、柔らかくインクののりがよいので、絵や文字を描くのに好適な素材として珍重された。1ページに25行から40行、1行に20文字から30文字が書け、かなり詰めて書いてもそれほど読みにくくはなかった。ただ朽ちてバラバラになったり湿気にも弱く、長期間保存する文書などには不向きだった。

文字はエジプトで創り出された象形文字のヒエログリフ（hieroglyph）が使われていた。これは、お墓などの碑銘に使われたことから神聖文字とも呼ばれる。ある学説では、エジプト人が死者を弔うために遺骸とともに墓に

『旧約聖書』の「創世記」に出てくる「ノアの方舟」伝説の再現漫画。乗船口が制作したパリのLA GRANDE書店の入り口……というフランスらしいひねりが効いている。この方舟伝説を信じる人は多く、〝発掘探検隊〟が組織されたり、アメリカには博物館まである。（長さ17cm）

葬った『死者の書』が出版の起源となったのではないかとしている。なぜなら、葬儀に参列した人々が故人のことを偲ぶためにそのパピルスの書を求め、何がしかのお金を置いていったからである。

パピルスはエジプトにとって重要な輸出品でもあったが、かなり高価であった。そのため輸入国であるギリシャでは貴重品で、代用としていろいろな動物の皮に文字を書いた。中には蛇の皮さえあったという。

紀元前27年エジプトがローマ帝国の支配下に入ると、ローマには多くのパピルス紙や文書が運び込まれた。しかしパピルス1枚がA4をひと回り大きくしたもので、現在の価格にして30ドルから35ドル相当(約3千500円前後)と高価であった。

パピルスに文字や絵を全て書き終えると、つなぎ合わせて巻物にし、最後の欄の右側に細い棒、ラテン語でウンブリクス（umbilicus）が貼りつけられる。その棒を軸にして巻物が巻かれ、その本の表題を書いた羊皮紙製の小さな札、ギリシャ語でシリボス（sillybos）、ラテン語でティトゥーリ（tituli）が所有者によってつけられた。さらに、パピルス文書の巻末に「終わり」と記す代わりに唐草模様を描き入れ、書物が大量になると「カプサ(cabsa)」と呼ばれる帽子入れのような箱に収納していた。なお、ティトゥーリは現在の英語のタイトル(title)、またパピルスはペーパー（paper）の語源となっていく。

『死者の書』。古代エジプトで死者の冥福を祈って棺に入れられた書。本来のパピルス文書は、もっと大きく長いものが一般的である。これは近年エジプトでお土産用に作られている小型のもの。パピルスの繊維が崩れないようビニールコーティングされている。(長さ12.4㎝)

## パピルス輸出禁止の政策が羊皮紙（パーチメント）の改良と需要急増の要因に

――古代・エジプト、ペルガモン

パピルスの巻き物1巻は、幅は平均で23～28cm、長さは貼りつなぐことで6・1～9・1mにもなった。『死者の書』では、長さ37mのものが現存し、日本でも公開されたことがある。さらに古代ギリシャのホメロスの『イーリアス』は推定で12巻に達し、1、2世紀頃の完全復元本では、全長91mになったという。こうした巻子本は、ラテン語で「ウオルミナ」(volumina)と呼ばれ、英語のヴォリューム(volume)つまり書物の〝巻〟という表現の語源となった。ところが後世になると、本の大きさを表す比喩的な解釈がつけ加えられ、現在の使い方のように「容積」や「量」という意味も持つようになった、という言語学的にも面白い変化を見せている。

古代エジプト第18王朝のファラオ「ツタンカーメン」(在位、紀元前1333年頃～24年頃)。その死を巡っては病死、毒殺など諸説がある。有名な黄金のマスクはこの棺の内側にあった。棺の蓋の部分をパピルスに模写したお土産用のブックマーク。(長さ17.8㎝)

アレキサンドリアの大図書館（ムセイオン mouseion、現代のミュージアムmuseum の語源）は、紀元前２００年頃に建設が始まり数多くの書物が集められた。

小アジアの西北部（現在のトルコ・ペルガマ市周辺）にあったペルガモン王国のアッタロス朝（紀元前２８２～１３３年）の王たちは、このアレキサンドリアの図書館に負けないものを造ろうとした。ヘレニズム文明の雄としての文化的実力を誇示したかったらしい。しかし、エジプトのプトレマイオス朝（紀元前３０５～30年）は、パピルスの輸出を許可しなかった。その理由は、建設中の図書館がかなり充実したものになりそうなことに危機感を覚えたからだといわれている。これに対してペルガモンの人々は、新しい書き物に適した素材を見つけ出した。ペルガモンの紙すなわち「パーチメント(parchment 羊皮紙)」である。

羊皮紙は次第に薄く安価になり普及し始めたが、西暦３５０～４００年にかけて、エジプトでパピルスの背を糸でかがった64ページからなる現代の本の原型のようなものが登場する。「新約聖書外伝」を含むコプト語で書かれた各種の初期キリスト教関係の13冊で、ギリシャ語から翻訳されたものらしい。発掘地の名から「ナグ・ハマディ写本」と呼ばれる。本の作り方は表紙と本文の共通の穴に糸を通すコプト式と呼ばれる製本法だが、見開きページを平らに開くことができた。表紙は木製だが、芯を革で包み、模様を型押ししたものもあった。また皮製のブックマークも挟まれていたという。しかし、パピルスは、折れたりバラけたりしやすく、湿気の多い地方ではカビてしまい、厚く重ねることができないという欠点があって、次第に羊皮紙を折ったものに取って代わられることになる。

最初の頃は、羊皮紙を折ったものを糸で綴じて折り帖のようにして、４～32ページの小さな手帳のような冊子にして使っていた。しかし、羊皮紙は湿気で波打ったり、くっついたりするため、ページが増えて厚くなると、表と裏に樫などの硬い木の表紙が取りつけられる。羊皮紙本の時代を通して、表紙には必ず抑えのベルトや綴じ紐がつけられていた。

1世紀末、ローマのマルティアリスがホメロスなど文学的内容の冊子本について語っているように、紙が薄く安価になり、両面に書けることもあって、冊子本の普及が促進されることになった。おかげで読む側も片方の手が空《あ》くようになり、読書がより自由なものとなってゆく。そうした中でコプト式の製本は、本文の用紙が羊皮紙に代わっても8〜9世紀まで使われ続けた。その後は、カロリング朝時代の製本に移っていく。それは背バンドがコブのように見え、小口には締めておくため2本のベルトや紐がついた特徴ある製本形式である。

「本」の語源をたどると、古い写本のことをコデックス(codexまたはcaudex)と呼んでいた。初めは「蠟板を重ねたもの」を指していたが、表紙がラテン語で木の幹つまり木の板でできていることを意味するように変わっていったのである。また、フランス語では、本をリーヴル(livre)というが、ラテン語のliber（樹皮の内側の薄い皮)から変化したものという。また、紐やリボンタイプのしおりはsignet（シニエ）でラテン語のsigni(a)（サイン、印、封蠟《ふうろう》)からきている。英語の場合は、ゲルマン民族のルーン文字がブナの板に書かれたことから、ブナのbeechが短縮形のbocに、さらに12世紀にbookとなった。このブナの木は幾つかの北欧諸国の共通する本の語源となっている。なお、現在のように表紙の芯に硬いボール紙が使われるのは、1千年以上も後のことである。

## 紀元前5世紀、アテナイ(アテネ)には書店が開業していた
### ——古代・ギリシャ

古代ギリシャ文明の初めの頃は、国々の宮廷、あるいは王族や貴族の館では食事の際に叙事詩や冒険譚を吟唱す

る歌い手をはべらせていた。こうした吟遊詩人が、紀元前8世紀頃に書かれたホメロスの『イーリアス』などを歌い継いでいった。ギリシャ社会では、公の場面では書物はあまり大切にされなかったようだが、個人としてのギリシャ人は、せっせと書物を読んでいた。たとえば、紀元前5世紀初めのギリシャ・アッティカの壺に描かれた絵には、立って読書する人物の姿が登場する。その後は座って読む読書画像が多くなり、女性の読書姿も描かれるようになる。同じ頃のアテナイ（現在のアテネ）市民は、本屋街、あるいは劇場で、自由に書物が買えた。当然出版社が存在していた。その証拠に、アリストパネスの喜劇『ペテン師』に書籍商人というギリシャ語が初めて登場するからである。

「あらゆる言葉（ロゴス）は、いったん書かれてしまうと、あらゆるところに向かって転がりだし、自分を理解してくれる人のところにも、自分とは何の関係もない人のところにも届き、誰に語りかけ、誰に話しかけざるべきかを弁《わきま》えない」。この考えは、三賢人の一人であるプラトン（紀元前４２７〜３４７年）が『パイドロス』でソクラテス（紀元前４７０頃〜３９９年）に述べさせたものである。この頃に、書物についての意識が変わり、書物は知の貯蔵庫であると同時に知の訓練と発展のための装置とみなされるようになった。ソクラテスは、「人間の記憶力を衰えさせる」と読書を毛嫌いし、文字を書き残そうとはしなかったが、弁論家リシュアスの弁論だけは、「朗読を聴くよりも、読むほうが好ましい」と言ったという。アリストテレス（紀元前３８４〜３２２年）は飽くことない読書家だったといわれ、その蔵書は古代ギリシャ最古の図書館といえるものだったらしい。

現代の科学思想家のカール・ポパーは、「書物の出版と流通が、その後2世紀にわたるアテナイの文化的奇跡とギリシャ文明の成功を生む礎となり、その後に続く西洋文明の基点となった」と、書物の原点としての古代ギリシャ文明を高く評価している。

## 書物は大きな声に出して読むのが当たり前だった
### ——古代・ギリシャ、ローマ

古代ギリシャなどの読書は、自分で読むときはもちろん多くの人に聞かせるために音読が当たり前だった。当時の書物は、文字がベタ組みされていて、文章には、区切る段落はもとより、句読点さえまったくなかった。これは読むためというより、朗読を聞くとき、文字をなぞりながら理解する必要があったからである。

ギリシャ文明から大きな影響を受けたローマでも、教養あるローマ人は非常な読書家で、朗々と書物を読んでは、文章の内容をよく暗記した。たとえば、当時随一の雄弁家といわれたキケロ（紀元前１０６～43年）の演説では、テクストが豊かな抑揚とともに聴衆に語りかけられる。それを速記専門の奴隷が書き取り、パピルスに記録するが、語と語の間には句読点も段落もなく連続して記される。それを読む読者は自分で声に出しながら文字をたどり、演説を再現することで書物に接することを楽しんだ。

ちなみに、文字列に句読点が入ったのは9世紀、単語と単語の間を空けるようになるのは、11世紀から12世紀。段落の登場は17世紀後半になる。単語ごとに区切るという簡単な仕組みが、15世紀の印刷術の発明まで一般化しなかったのは驚きだと現代人は考えるが、当時の人は「少し慣れればそう難しくない」と書いている。

その名残りなのか、16世紀のモンテーニュの『エセー（随想録）』初版では、演説を句読点なしで組んだものが10ページも続いていて、本人さえも読むのに苦労したという。その後も長い間、声に出して読む習慣は変わらなかった。中世ヨーロッパの家庭では、聖書や物語を父親や母親が朗読して聞かせている絵が多く残っている。

歴史的に、黙読について初めて取り上げたヨーロッパの文学作品は、聖アウグスティヌス（西暦３５４～４３０年）の『告白』とされている。修辞学の教師としてミラノに赴いた20代の頃、師と仰ぐ聖アンブロシウスが読書する姿を描いたもので、「彼が書を読んでいた時、その眼は紙面の上をはしり、心は意味をさぐっていたが、声も立てず、舌も動かさなかった」と、黙読する師の姿に心からの驚きを見せている。ところが、それより900年前の紀元前5世紀の戯曲に黙読を示す場面が描かれているものもあり、黙読は必要なときに行なわれたようだ。公的な場所で静かに本を読むことが最初に必要となったのは、書棚の本全てに鎖がつけられた15世紀以降の図書館においてであった。1413年にはオックスフォード大学図書館が、「図書館は静謐の場」と定めている。もちろん、鎖で繋がれた本を読む隣の人の声がうるさいからである。

## 「読みもしない本を集めているだけ！」愛書家へのセネカの箴言 ——古代・ローマ

古代ローマ時代、読書することは上流階級のいわゆる私的な習慣であったが、帝政時代には市民の識字能力が向上したおかげで、大きな変化を呼び起こすことになる。さらに戦利品として大量の書物が運び込まれてきた。

2世紀頃まで、一般には書物を読むことは巻子本を読むことを意味したが、次第に冊子本が取って代わっていく。それらの中には、『本を知ること』、『書物の選択と購入について』、『愛書狂』など、書物のガイドとなるようなタイトルの著作が出てくる。当時のローマには、公の図書館とともに多くの私的な図書館があり、ローマの医師サモニクスは6万巻を収蔵する個人図書館を持っていた。その一方で、著者たちは、「ニシンや商品の包み紙にされる」ことを本気で心配していたという。

しかし、セネカ(哲学者、詩人、紀元前1世紀頃~後65年)は、『心の平静について』で「書物は学問のためでなく、見せかけのために集められる」、さらに「怠惰きわまりない人間が、読みもしない弁論家や歴史家のコレクションを天井いっぱいまで作りつけた本棚に詰め込んで喜んでいる」と断じた。その上で「彼らにとって風呂場と同じように、書斎も装飾の一つ」とまで酷評している。実際に、戦利品として持ち込まれたギリシャ文字の書物が多かったため、ギリシャ人を雇って書物の内容を調べ、タイトルや説明書をつけてもらう愛書家も多かった。

## カエサルは蠟板用の鉄筆で暗殺者に抵抗していた
### ——古代・ギリシャ、ローマ

古代ギリシャ人やローマ人は、パピルスや羊皮紙のほかに安価な蠟板、タブーラ(tabula)を使った。2枚の木の内側をえぐって蜜蠟を流し込み蝶番《ちょうつがい》で繋いだものをディプチカ(diptych)、3枚綴りはトリプチカ(triptych)、それ以上はポリプチカ(poliptych)と呼んだ。古いものではアッシリア文明の古代都市ニルムドから、紀元前8世紀のものとみられる16枚綴りの蠟板が発見されている。天文学を用いた占いの書である。

ローマ時代のポンペイの街は、西暦79年8月のベスビオ火山の噴火で埋没したが、19世紀に発掘された際、多くのパピルス文書とともに、多数の蠟板も発見された。個人的に使った例が主だが、皇帝の諭告や、官公庁の重要な布告などにも使われていたようだ。

蠟板にはスタイルス(stilus)と呼ばれた鉄筆で文字を書いたが、古代ギリシャでは、それを先の丸い葦ペンでパピルスの巻物に写し、さらに長く保存する必要があるテクストの場合は、先端が幅広い鵞鳥の羽ペンで羊皮紙に転写し巻子体の書物にした。ローマの大カトーは蠟板を読みながら演説をしていたし、カエサルは、紀元前44年、元老院で暗殺者に襲われた時、手にした蠟板用の鉄筆で暗殺者の腕を刺して抵抗したという。この鉄筆は、危険物として規制されたこともあるほど鋭く尖ったものだった。

# 第Ⅱ章 「本」は聴衆に一斉に読ませるために生まれた

## ユダヤ教との違いを強調するため、キリスト教徒は冊子本を選んだ

——古代・ギリシャ、ローマ

古代社会の聖書は、多くの場合、羊皮紙に手書きされ、両側に大きな木製のローラーがつけられた巻物であった。ユダヤ教の聖典は、シナゴーグで信者を前にして朗読されるために軸のついた巻物の形で書かれているが、現在でも、律法の聖なる文書用のトーラー・スクロール『モーゼの五書』に、その形は残されている。

そこでキリスト教徒は他宗教、中でもユダヤ教徒との差別化をはかり、キリスト教徒であることのアイデンティティーを明確にするため、そして聖書を流布させるために、早い時期から冊子本を多用し発展させていく。といっても初めの頃は、小さく折り畳んだ羊皮紙に紐を通して首や腰にぶら下げていた。それはまるで商店の帳簿のようだという陰口もあったが、『ミサ典礼書』のように、ミサの多くの参加者がテクストの同じ箇所を一斉に探し出し朗読する場合などにたいへん便利であった。ただ、現在の書物のような冊子本に近い形がとられるようになるのは、2〜3世紀以降である。キリスト教社会では、書物といえば聖書という考え方がしだいに広まってゆき、その後、一般社会でも「ザ・ブック」や「ザ・グッド・ブック」といえば聖書という考えが定着していく。たとえば、〝キス・ザ・ブック〟といえば、「宣誓」を表す慣用句になっている。現代でも、フランスの哲学者、作家モ

ーリス・ブランショが「書物の始めは聖書である」と言うように、聖書を中心とした歴史哲学が西欧の社会全体にバックボーンのように通っているのは、日本ではなかなか理解されにくいことである。

こうした聖書のように厚くて大きな本が出来上がるにしたがって、何度も同じ箇所を読み返す〝読書の再現性〟が求められ、しおり・ブックマークの普及と発展の大きなきっかけとなったことは間違いない。

## 多様な言語の聖書をラテン語に統一、読みやすくする工夫がなされた——古代・ヨーロッパ

4世紀末、ヘブライ語など数言語で書かれた『旧約聖書』やギリシャ語の『新約聖書』の諸文書を整理し、ラテン語に訳したのは聖ヒエロニムスである。多種多様のテクストを秩序正しく並べ、それを当時、西ヨーロッパで生活していた人々の日常言語であるラテン語に翻訳した。この結果、旧約、新約の聖書が冊子本として使いやすく整えられ、一般に認められた〝共通の〟という意味で「ウルガタ聖書」（羅 vulgata）と呼ばれるようになってゆく。

その一方で、パピルスが使われなくなるのは5世紀だが、ヴァチカンの法王庁は、羊皮紙の冊子本の時代になってもパピルス文書を公式文書として使い続け、１０２２年の日付が入ったパピルスに書かれた教書が現存する。

書物の読み方一つ取っても、それまでの数枚を貼り合わせてできたパピルスの巻物は、全体を一覧することで「パノラマ図」のように内容を把握しやすいところがあった。しかし、羊皮紙を折って造られた冊子本になると、各ページに区切られることで断続的な読み方が生まれることになる。読みはページごとに、続いてテクストの区分ごとに行なわれるようにもなった。とりわけ聖書の場合は、「コロン」、「コンマ」と呼ばれる下位区分を通じて、さらに細かく分けられていく。そして、見出しの文字を大きくしたり、通常のスペースからはみ出させる、ある

いは、区切られたテクストそれぞれの頭出しあるいは頭下げの形でレイアウトするなど、様々な工夫によって視覚的に改善され読みやすくなっていった。

## 名画に見る、キリストが読んだのは巻物か冊子本か？　——中世・ローマ

ヴァチカン市国のシスティーナ礼拝堂といえば、16世紀にミケランジェロの描いた天井画『天地創造』や壁画『最後の審判』が人気で、多くの信者や観光客が首が痛くなるほど見上げている。だが、次の「署名の間」では正面の壁を飾るフレスコ画を見てほしい。ラファエロの『アテネ(アテナイ)の学堂』というタイトルの壁画で古代ギリシャの50人を超す哲人が語り、論じ、散策している姿が描かれている。正面中央には二人の偉大な哲学者、左にプラトン(自著『ティマイオス』を手にしている)と右にアリストテレス(『ニコマコス倫理学』を持っている)がゆったりと歩き、何かを語り合っているように見える。その二人の顔それぞれを尊敬するレオナルド・ダ・ヴィンチとミケランジェロに模したというエピソードは有名だが、最近異論も出ている(30ページ写真参照)。

しかし、ここでは、巻物や冊子本がたくさん描かれていることに注目したい。それもかなりしっかりした製本がなされている。果たしてこの時代に現在の書籍の原形となった冊子本があったのだろうか？　これまでの研究では、冊子本の原形が生まれたのは、最も早いとしても1世紀半ば以降だとされている。したがって、紀元前の世界では、全員がパピルスや羊皮紙の巻物あるいは蠟板を読んでい

なければおかしいことになる。

これは、ラファエロが16世紀に描いたものだからだと考えられる。すでにグーテンベルクの印刷革命後で、美しく製本された書物が世にあふれた時代だったからそう思い込んだのだろうか。

実はそうではなく、当時のキリスト教社会では、聖人はすべからく美しい書物を手にするべきであるという社会規範のようなものが出来上がっていたから、という研究もある。これは、同時代の画家に共通しており、ミケランジェロの描いた『天地創造』では、イザヤなど諸聖人やリビアの巫女らが手にしているのは、きちんと製本した書物である。ただ、ヨエルなど数人の聖人や巫女は羊皮紙らしい巻物を手にしている。

その他にも、ダ・ヴィンチの『受胎告知』では、聖母マリアが右手を『新約聖書』に置いている。あるいは、ボッティチェリの『聖母子(書物の聖母)』の前に、やはり美しい聖書が開いて置かれている。その他にも、多くの画家の筆でキリスト自身が見事に製本された書物を手にした絵が多く見られる。なお、これらの本の中に、ブックマークが挟まれているものが多くある。

『アテネ(アテナイ)の学堂』をもう一度よく見てみると、絵の左手

ヴァチカン宮殿内にあるシスティーナ礼拝堂の天井に1508〜12年にかけてミケランジェロが描いた『天地創造』の一部。神がアダムに生命を吹き込む指の部分を3Dの立体画像に加工したブックマーク。ドイツ製。L. M.Kartenvertlieb社制作。(本体長さ14.5㎝)

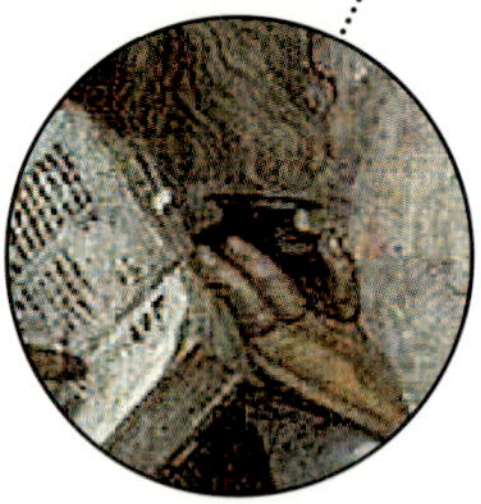

システィーナ礼拝堂から続く4つの部屋は「ラファエロの間」と呼ばれる。その一つ「署名の間」に描かれた壁画『アテネ(アテナイ)の学堂』の左部分。画面の左下に座って読書中のピタゴラスの読む本には、ブックマークが挟まれているのが見える(丸囲み部分参照)。実は、ラファエロは、アリストテレス(右奥)の顔を尊敬する師ミケランジェロに似せて描こうとしたのだが、あまりうまくいかず、ヘラクレイトス(手前で肘をついている)の顔を師に似せた、とされる。



前で数学者ピタゴラスが熱心に何かを書いているノートの左ページ上に、紙のような物が挟んであるのが見える(左の丸囲み写真参照)。その右下に斜めに置かれた黒い板が見えるが、蠟板にしてはかなり大きい。黒板があったのだろうか。こんな見方で中世の名画を鑑賞するのも興味深いのでは。

（右）初期キリスト教が11世紀に東西に分裂。その三大教派の一つに正教会（東方正教会）ができ、ギリシャ、ロシア、東欧に広まった。キリストやマリア像を描いたイコンを崇敬する特徴がある。ポーランド正教会カルヴァリア教会の硬貨風イコンつきしおり。（本体長さ18㎝）（左）『新約聖書』の「ヨハネによる福音書」などを著した使徒ヨハネの執筆姿。1220年の装飾写本だが、ドイツ・カールスルーエの古文書保管施設にあり、第二次大戦中の連合軍の猛爆撃を逃れた。絵のコピー販売用のPRしおり。（長さ18㎝）

# 第Ⅲ章　長さ75㎝もある教会用ブックマークが今も売られている不思議

## 聖職者の聖衣を聖書上に置いたことが教会でのブックマークの始まり ――中世・ヨーロッパ

ローマ帝国がキリスト教寛容令を出したのは、西暦311年で、313年に公認され、392年には国教化される。それ以後、非キリスト教的なものは邪教として排除されてゆくが、書物も例外ではなかった。

その結果、次第に聖書に書かれている文字に神の声そのものであるという神性が与えられるようになり、聖書に触ることさえはばかられるようになっていく。聖遺物として宝石や金銀で飾られた箱に入れられ、カギがかけられていた。こうした状況では、キリスト教の聖職者しか聖書などの書物に近づけなかったであろう。そこで初期のブックマークは、聖職者が聖衣の一部を挟んだことから生まれたのではないか、と考えられている。なぜなら、その傍証として、現在もキリスト教用具店で売られている教会用ブックマーク(左ページ写真参照)は、神父などがつけているストラを小さく実用的にしたくらいの幅と長さがあることから推察できる。筆者の手元にあるものは、長さ74・5㎝、幅7・5㎝、刺繍された十字架も7・5×5・5㎝もあり、まさに普通サイズの聖書に挟むにはかなり長大である。現在では、これが必要なほど大きな聖書は数少ないのではないだろうか。

なお、聖職者が肩からひざの辺りまでかける長い帯状の布をラテン語でストラ(stola)と呼ぶが、英語でいうストール(stole)の語源になっている。

当時、ページの一部を縦に細く切り、それをブックマークにしたものが大英図書館に保存されているというが、さすがに本を傷つけることはいやがられたらしく、きわめて珍しい例のようだ。

一般には、表紙等の余った革を使っていろいろな形の物が作られた。その後、平織りの絹のリボンを何本もまとめ、先端に象牙や木でできた宇宙や聖者などを象徴する飾りがつけられたものが多く見られるようになる。これらは貴族や裕福な家の祭壇でその日に読み上げる聖書の章をわかりやすくするために挟んで使っていたようだ。実際に筆者がアメリカ西部に残るスペイン系豪農の家で見たものは、立派な祭壇に大きな聖書が立てかけられ、それぞれのページに挟まれたリボンがカラフルで美しかったのが印象的であった(次ページ写真参照)。

日本にあるキリスト教の祭壇具店で売られている超巨大絹製ブックマーク。長さ74.5㎝、幅7.5㎝もある。グーテンベルクの『四十二行聖書』のように天地41㎝くらいの大きさの書物にぴったりのサイズで、神父が首にかけるストラが起源と考えられる。

このリボンが何本もついた形のブックマークは使いやすいので、現在でも法律書あるいは辞書のような分厚く、多様な内容を持つ一般書籍に広く使われるようになっている。

## 金銀宝石で表紙をキンキラにデコ盛りした聖書の謎
——中世・ヨーロッパ

ある時期、教会内でも聖書を飾り立てることが流行した。樫の木の板を芯にした聖書の表紙を豪華な金銀宝石

1880年代のスイス製の外づけ型ブックマーク。サイズの大きな聖書に合わせて全長55㎝あり、8本のカラフルなリボンにはマリアの文字が見える。

アメリカ西部、サンディエゴ市郊外の旧スペイン系農家の祭壇。聖書の主な章にブックマークが、左小口には貼り込み型のインデックスの列が見える。

で装飾した「宝石製本（ジュエル・バインディング）」である。特に東ローマ帝国の後期（1453年に滅亡）のいわゆるビザンチン文化の時代に盛んに制作された。当時のキリスト教会や修道院では、尊い聖遺物として福音書の写本が美しく飾られた箱の中に大切に納められていた。それが次第に聖書の表紙そのものを金銀宝石で飾るようになっていった。

さらに、諸国の貴族や金持ちがしばしば競い合うように豪華な聖書を献納したが、そうした中には、表紙を宝石箱のようにしつらえたり、彫り物のある銀の留め金をつけ、聖なる名前をちりばめたフランスから輸入したリモージュの琺瑯《ほうろう》板で飾るなどのきわめて華麗な装幀が見られる。

聖ジェロームは「お前たちが持っている本は、金属、宝石などで飾られているが、救い主イエスは裸のまま十字架にかかりたもうたではないか」と批判したという。こうした装飾写本は、当然大変重くなる。そのためイタリアの有名な詩人ペトラルカ（1304〜74年）は、重い本を足の上に落として大ケガをし、ついには両足を切断しなければならなかった。

残念なことに、こうした過剰なまでの華麗な装飾写本は、ビザンチン帝国の崩壊時に攻め入ったオスマントルコ軍によって破却され、海などに捨てられた。また、宗教革命が始まるとキリストの絵はプロテスタントから偶像崇拝であると批判を受け、ほとんど破壊されてしまう。さらに、16世紀、イギリスではエドワード国王によって金銀宝石の国庫収納が命ぜられ、表紙から剥ぎ取られることになる。今でも、ヴァチカン美術館では、そこまで豪華ではないが装飾写本の聖書とカラフルなブックマークが展示されている。

しかし、北の大国ロシア帝国では、この装飾写本が長く作り続けられていた。ロシアは、ビザンチンと同じギリシャ正教の流れを汲むロシア正教を奉じていたため、礼拝などの際、正面の宝座（祭壇）には必ず金銀やダイヤモンドなどの宝石・貴石などで飾られた福音書が置かれる。オクラドと呼ばれる金銀飾りは、イコンなどに使われる伝統の装飾法である。１３９２年に著名な貴族コシカカが納めた装飾写本が有名だが、16世紀にイワン雷帝が教会に贈ったものもその豪華さに圧倒される。

エカテリーナⅡ世女王（１７６２～96年在位）の頃に作られたものはすでに本文が紙製の印刷本になっているが、装飾は教会の持つ銀と帝国の資金を使って作られ、当時貴重だったガラスも使われている。古い物はあまり残っていないが、１６７９年、帝政ロシアのタチアナ皇女が作らせて教会に寄進したとされる印刷本の装飾聖書（上の写真）には、華麗な表紙とともに淡水真珠をデザインした絹製の紐しおり（タッセル）が付属している。制作年代のはっきりしたものとしても貴重で、これらは現在、モスクワのクレムリンにある「武器庫」という名の博物館で見ることができる。

1679年、帝政ロシアの皇女タチアナがモスクワの修道院に贈った装飾聖書。左横にあるのは淡水真珠をあしらった豪華なブックマークで、本に挟むと上の丸い部分が花が咲いたように見える。本のサイズが長さ43×25㎝なので、長さ60～70㎝と推定される。クレムリンの武器庫博物館所蔵。
©bridgemanimages/amanaimages

## 一年の行事を極彩色で美しく描かせた貴族の個人用「時禱書《じとうしょ》」――中世・ヨーロッパ

12世紀頃になると、聖職者だけではなく、世俗の信仰者たちが自分の聖書を持ちたいと願うようになる。時禱書は、日常のお祈りの文章を記した一種のテクストだが、「時」の意味はラテン語でホラエ（horae）、英語でアワー（hour）である。つまり、マリア像とともに朝夕のお祈りを載せている家庭の常備書といえるものだが、次第にカレンダーがつき、四季や人の一生の中で必要な祈りを集めたものになっていく。美しい挿絵には、種蒔きから収穫、誕生から死、さらには恋物語あるいはお祭りやパーティの様子まで描かれるようになる。

この当時のヨーロッパはマリア信仰が盛んになった時代で、その人気の秘密は、聖母マリアという美しくやさしい女性による救済を身近に感じて心からの愛着を示し、賛美し礼拝したからだといわれる。時禱書の多くは華麗な装飾が施され高価であったため、王侯貴族が個人の家庭用に作ったものが多く見られる。ところが中には、聖人に導かれて天国への門を入ろうとする自分の姿を画家に描かせた、不届きな貴族もいた。

15世紀末には時禱書が盛んに造られ、今でも最も美しいとされる『ベリー公のいとも華麗な時禱書』は、現在、フランスの国有となっている。また『グリマーニの聖務日課書』（１５１０～15年）のように、表紙の縁どりに宝石を飾ることが当たり前になっていき、『フランドル地方の時禱書』（１５００年）の『受胎告知』の絵の周囲には、見事にカットした宝石のペンダント11個が取り巻くようにつけられている。１５２０年のイギリスの時禱書『エヴァの創造』は、表紙の表裏両面とも金とエナメル塗料で手の込んだ絵が描かれ、背の部分も紐こぶのあるカロリング朝製本だが、見事に宝石で飾られていて、時禱書の表紙の最高傑作といわれている。絵や装飾の色使いが鮮やかで美しかったため、中世のヨーロッパの各王家の宝飾品には、装飾写本の影響を受けたものが多く見られる。たとえば、個人用聖書のページの上部に開けられた神聖な窓として、あるいはテクストの冒頭の文字やページの余白部分を飾る欄外装飾として描かれた美しいミニアチュールが人気を呼ぶことになる。いわゆる挿絵である。これはミニアチュール芸術として後に独立し、今も広く親しまれている。

ところで、こうした華麗な装飾で聖書を飾る伝統は現在も生きており、数多くの聖書出版社で制作されている。毎年開催されるドイツ・フランクフルトの本の見本市「ブッフメッセ」でも大きなフロアを占め、客が絶えない盛況ぶりだった。表紙を金銀プラチナや宝石でデコ盛りするのは中世と変わることはなく、1冊数千万円程度は当たり前の値段だという。一部の教会や富裕な信者の間で、展示用や装飾用聖書として人気となっている。

## 旅に出る托鉢修道士の切実な願いが生み出した便利グッズとは？　——中世・ヨーロッパ

13世紀中頃から15世紀にかけ、フランシスコ会やドミニコ会の托鉢修道士は聖書を携えて旅に出た。こうした修道士は、それまでの教会や修道院の腐敗を糾弾するために立ち上がった人たちで、私有財産を拒否し、巡礼の間、持っているものは聖書とその日に着るものだけという清貧さだった。

集まった群集を前に説教壇の上で聖書を開くとき、必要なのは目的の章句を素早く見つけ出す方法だった。いわゆる『コンコルダンス』(聖書用語集)を作るなどの工夫をしたが、もう一つはすぐに辻説法を始めるときに目的の章を見つけ出すのに便利な円盤回転型ブックマークを考え出した(左ページ写真参照)。

それは羊皮紙製で、一見しただけではどう使うかわからないものだが、円盤が回転し、支えのホルダー部分に紐が通るようになっている。聖書の多くは見開きの左から右へ4段組みになっていることから、まず円盤を回転させてⅠからⅣの段番号を示し、次に聖書のノド側に紐を張り、ホルダー全体を上下させ読みたい章句の高さに置く。これで簡単に読む場所が見つかる。聖書に印をつけることなど厳禁だから、これは便利だったようで、ヨーロッパに36個現存するという。ただ、手作りで同じものはない点に修道士たちの苦心のほどがしのばれる。

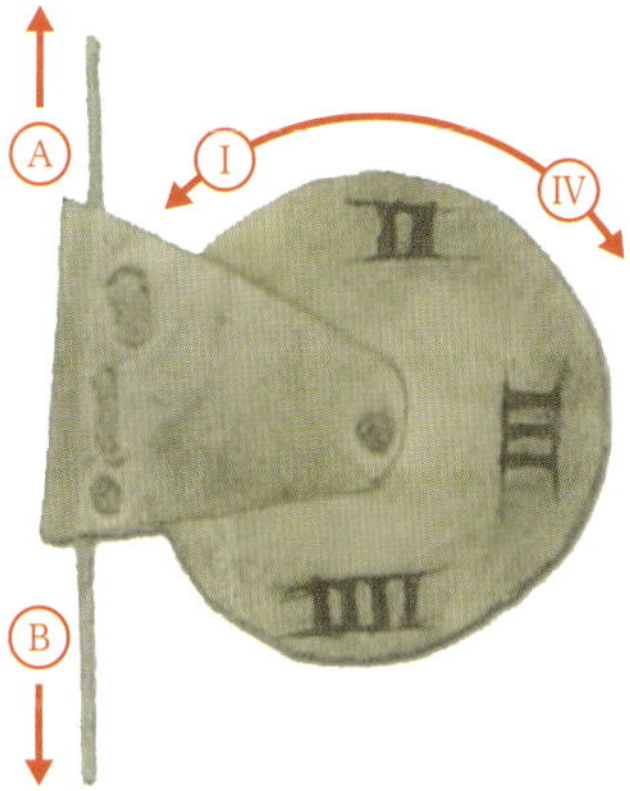


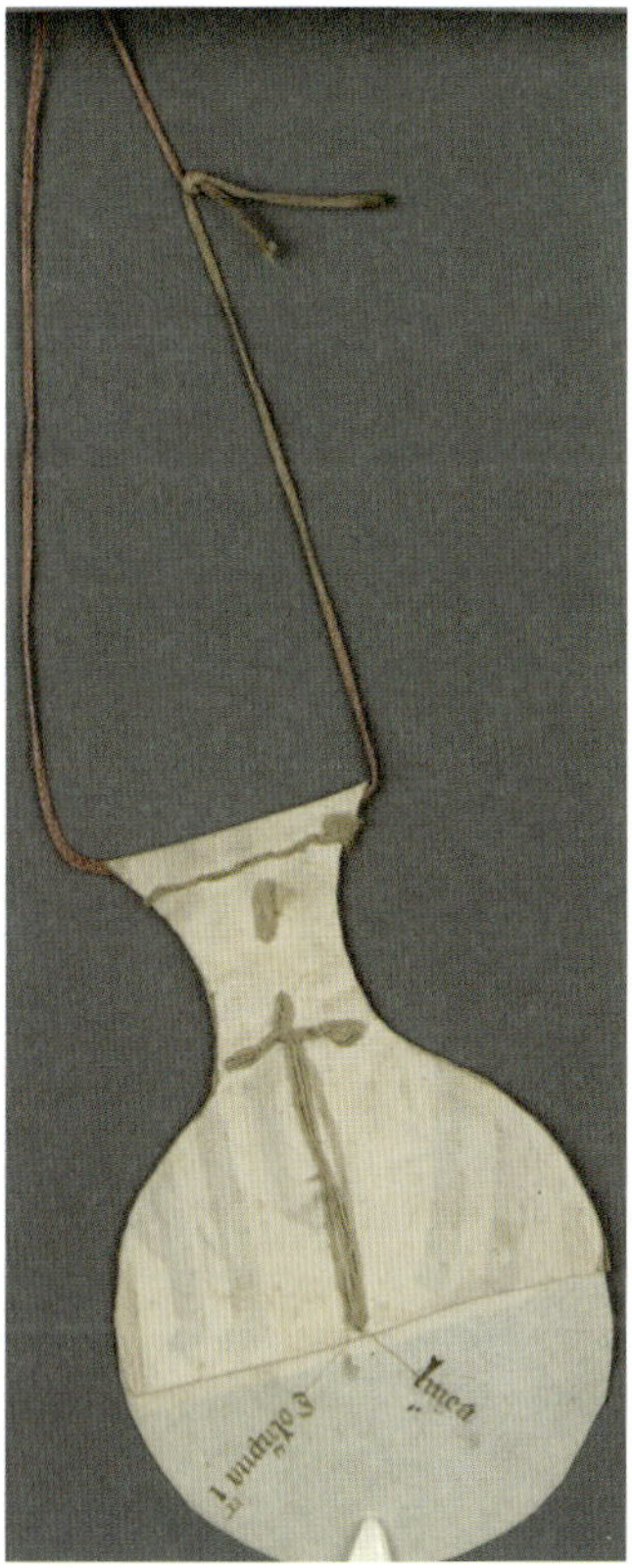

これらの「円盤回転型ブックマーク」は、13世紀中頃から15世紀にかけて托鉢修道士が辻説法を行なうときに使ったアイデアグッズ。まず目的の章句が４段のうちの３段目にあるならば、数字をⅠ←→ⅣのⅢに合わせる。次に、紐を聖書のノドに沿って伸ばし、A←→Bと上下に動かし高さを決める。その結果、今日読むのは、その見開きの中の円盤がある高さで、４段の文字列の左から３段目ということになる。（右）は、ケンブリッジ・コーパス・クリスティ・カレッジ図書館の聖書に挟まっていたもの。（左）は、ドイツで古い聖書の中から見つかったもの。古書籍商のスタインバイザー（K.H.Steinbeisser）氏のご好意によって紹介できた。

## コーランに神性を与え、触ることさえはばかられたイスラム独自の製本術

### ――中世・イスラム世界

コーランは7世紀に成立したが、イスラム世界で現存する写本時代の書物は、実に200万〜300万部に上るといわれる。これは古代中国の木版印刷本に匹敵する数である。ヨーロッパで印刷術が普及する前の手写本は50万部とされているから、その数の多さは驚異的でさえある。アラビア風装飾文字と独自の製本技術も発展した。内容もコーランが多いが、それ以外にも当時先進的だったイスラム科学の書物も多く存在した。

690年にはダマスカス(現シリアアラブ共和国首都)に王立図書館ができるが、その後は「知恵の館《やかた》」と呼ばれて各地に造られていく。当時、図書館の無かったキリスト教圏からも研究者が多く訪れたといわれている。

9世紀には小文字が使われ始め、中国から伝わった紙の本も登場する。ただ、宗教的制約があり、印刷方式がアラビア世界全体に普及し始めるのは19世紀になってからである。

ところで、こうしたアラビア製本は、現在でも独特の技法で作られている。たとえば、表紙の一部が長く作られ、本の小口を大切に包むようにする本造りがある。本文に触れずにコーランを閉じることができるようにしてあるのだとされる。この半扉のようになった表紙で本文をくるむ製本方式は、使い勝手がよいのか、当時のイスラム世界の外側にも広がり、現在も実用書や日記帳などの本造りに多用されている。

もう一つ特徴的なのは、コーランそのものを包み込むようなカバーつきが多く見られることだ。教義によって動物の皮には制約があるため布を使ったものが多く、金箔や金文字を多用し、ちょうど豪華な風呂敷で包み込むように装幀してある。コーランそのものに神性を与え、本そのものに触らずに包みを開くと、まさに光の中にコ

ーランが浮かび上がるように見えてくる華麗さは見るものを驚かせる。フランクフルトのブッフメッセでも、多くの出版社が出展していたが、まばゆいばかりの展示だった。こうした本造りに使われる金箔押しの技術は、イスラム世界で発展し、15世紀になってヨーロッパにもたらされた。

同時に、カバーを伸ばし日本の巾着袋のように本を包み込んでしまう製本術も、15〜16世紀にヨーロッパに伝わり聖職者や貴族、貴婦人の間で大流行した。その名をガードルブックというが、ガードルとは腰に巻く帯やベルトのことをいい、時禱書のような小型本を入れてぶらさげて歩け、貴重な本に触らないで開けられることが人気の秘密だったらしい。

また、ブルネイ王国の図書館にインド製とされる象牙製のブックマークが残されているが、同国はイスラム教国であり、コーランを読むとき使われたようだ。

1432年、オランダのファン・エイク兄弟作『ヘントの祭壇画』の聖母マリア。本のカバーが垂れ下がっている点に注目してほしい。その先は腰ベルトにつながっている。アラビア由来のガードルブックという製本方式で、貴族の間で人気だった。Lukas-Art in Flanders&Sint Baafsathedraaf gent制作。（長さ20.9㎝）

## 都市や大学の近くに一般読者向けの筆写本工房が登場する
### ——中世・ヨーロッパ

中世では、聖書や神学の論文を内容とする写本の製作は、俗界を離れた修道院の書写室で行なわれた。この筆写本時代は、書籍としての黄金時代といえるほど美しい本が生まれた。文章の頭文字を大きく飾り文字で描くイルミネーションや、ページを飾るイラストレーションの技法は、現代の最新印刷技術をもってしても再現は難しいとさえ言われるほど見事なものである。

11世紀から13世紀にかけて、都市が再生しヨーロッパ各地に大学が創設される頃には、その周辺で写本を制作する書籍工房もできてくる。そこでの本造りの技術は、修道院の写字生などがもたらしたとされる。さらに、中世後期になると、都市の中心部に一般人向けの書店が出現する。初めはキリスト教にかかわる教義書、ギリシャ・ローマ時代の古典の注釈書などが中世の修道院や大学から出版された。いわば教育と研究のための学術書である。14、15世紀の都市が繁栄する時代になると、市民のリテラシーが向上し、生活に余裕が生じ、余暇の楽しみのための読書が始まった。それに対応して現代も読みつがれるチョーサーの『カンタベリー物語』やラングランドの『農夫ピアズの夢』などの詩や小説などの文芸書が、都市の書店によって出版されるようになる。

宮廷にある書物も、大半が娯楽物と宗教物であった。娯楽物の中心は、戦いや恋、空想物などギリシャやローマ時代の古典的名作で、宗教関係はラテン語のものが大半だった。読書用と同時に宮廷内の装飾品であり、洗練された日常の生活、文化の象徴であり、支配者としての富と権力を誇示する場ともなった。

面白いことに、本が貸金業者の担保として認められるようになるのは12世紀である。つまり借金のカタになるということで、商品としての価値を認められるようになったことを意味している。

## フランスでは印鑑を表した〝シニエ〟がしおりの意味に

### ――中世・フランス

Signetという単語があるが、英語圏では、これをシグニットと発音して、現在でも、印鑑あるいはシールスタンプ用の印章のついた指輪を表している。特にイギリスでは〝The Signet〟といえば国王の押す「玉璽《ぎょくじ》」を表す。

フランスでは、シニエと発音するが、印章という最初の意味から離れて、教会でミサ典礼書、聖務日課書等に挟む絹の小さなリボンの束、あるいはタッセル(房つきのしおり)を表すようになっていく。これは、リボンに聖職者の印を押した物をしおりとして使ったことによるのではないだろうか。『仏歴史辞典』には、「１３７７年と明確にわかり、しおりとして使われたリボンが残っている」と紹介されている。その後は、筆写本時代から続く「ルリュール」と呼ばれる製本技術用語の中に取り入れられることになる。そこでは、外づけリボンや背に貼り込むスパインなど、方式を問わずページの間に目印として挟む布をsignet（シニエ）と呼んでおり、それが一般に定着したものと考えられる。

フランスでは19世紀になると紙製しおりが多く使われるようになり、marque-page（マルクパージュ）という用語も多用され、日常では耳にすることが多い。しかし、現代フランス語の仏和辞書では、マルクパージュはほとんど載っていない。マルク（marque）は英語のマークと同じ意味だが、語意説明の中に印と並んで「栞、しおり」と書かれているものが多い。

# 第Ⅳ章　グーテンベルクが切り開いた印刷技術の夜明け

## グーテンベルクの印刷本は筆写本に負けない見事な出来栄えだった

——中世・ドイツ、マインツ

印刷術の父、ヨハネス・グーテンベルク（1398年頃〜1468年）。マインツの貴族の家に生まれ、金属活字の技法を学ぶ。1582年にパリでThevetが描いた最も古いとされる肖像しおり。Forderverein Gutenberg e.V. 制作（長さ21㎝）

１４５５年にドイツ・マインツでヨハネス・グーテンベルクが印刷したとされる『四十二行聖書』は、世界最初の印刷本として名高い。現在、世界に48部が残っているが完全本は、羊皮紙本４部、紙本17部のみである。上下２冊セットで、上下２冊の総ページ数は６４３葉《よう》で約１３００ページあり、１８０部前後製作された。そのうちの45部の本文が「羊皮紙」と書かれることが多いが、実はヴェラム、いわゆる子牛の皮で犢皮紙《とくひし》ともよばれる、白く滑らかで書きやすい高級紙で、中世の重要な写本などにはこの紙が多く使われている。１冊を作るためには約１６０頭分の子牛が必要になり、最初の45部の製作には７２００頭の子牛が必要となる計算になる。ただ、１８０部の約４分の３は本文が紙で、当初計画の１００部分に試し刷り分を含め計３万５千枚がイタリアのピエモンテから輸入された。麻や亜麻のぼろ布などを原料に漉いた、雄牛のメーカー透かしが入った高級紙である。

グーテンベルクが1452〜55年にマインツで印刷した『四十二行聖書』に描かれたサルのイラストレーションをしおりにしたもの。蔦（つた）を登る姿が人間のようでもある。ドイツ・ベルリン国立図書館所蔵。Forderverein Gutenberg e.V.制作。（長さ21㎝）

右と同じくグーテンベルクの『四十二行聖書』の孔雀のイラストレーション。細部まで描き込まれていて美しい。こうした挿絵は、文字を印刷した後、専門の絵師が書き込んでゆく。ドイツ・ベルリン国立図書館所蔵。Forderverein Gutenberg e.V.制作。（長さ21㎝）

その出来上がりは「ドイツで製作された最上級の聖書写本と見まがうばかり」と高く評された。本文の文字も、当時広く認められていたウルガタ聖書を元に、写本時代の字体いわゆるゴシック体を使っているが、活字は普通80種類程度で足りるところを300種くらい使っている。その理由は、修道院の写字生たちが一語一語を手で写し、長い時間をかけて仕上げた中世の装飾写本の出来栄えを、印刷した本で凌駕しようと意図したからだという。見事なほど正確な活字作りには、「グーテンベルクの金細工師としての才能と努力がふんだんに発揮されている」と専門家は高く評価している。

ただ、印刷したのは文字の部分だけで、文頭に入る飾り文字(イルミネーション)やページの周辺を飾る挿絵(イラストレーション)などは、専門の職人に依頼して描かせていた。そのため、現在残る『四十二行聖書』は、それぞれ違う印象に出来上がっている。それでも、印刷されたものとは知らない人たちが、「一人の人間がこうも多くの部数をまったく同じ字体で書けたからには、悪魔との結託があったに違いない」と言った。

印刷した本は教会の説教壇や書見台用を想定していたようだが、印刷工房のあった故郷マインツのある会派では、食堂で食事中に流す朗詠用として使っていたらしい。意外なことに印刷本が多く出回った後も、文字を書く写字生への注文は途切れなかった。なぜなら愛書家、蔵書家の中には豪華で美しい筆写本を愛好する人たちが多く、彼らからの需要があったからで、腕のいい写字生をハンガリーまで呼び集めた王さえいた。その理由の一つが、グーテンベルクが使ったゴシック体は荘重かつ重厚な味わいを持つので聖書に向いていたが、一般書には優雅で当世風なロマン体などの文字で書いてほしいと望んだからだという。もちろん、印刷技術はまもなくそれに対応していくが、今度は印刷文を写字させたり、筆写本の文字を活字で再現しようとする御仁《ごじん》まで現れた。

アメリカ・ロサンゼルスのポール・ゲッティ美術館にある中世の手書き写本の中でも一風変わった味わいの絵をブックマークにしたもの。(右) は、燭台のほのかな光で聖書を読む修道士の姿を描く。花など植物や抽象的な模様が多い中で珍しい図柄である。(長さ19.7㎝)
(左)の読者を小ばかにした仕草をする男にはどんな意味が込められているのだろうか。ところで、上の文章中にデウス (Deus) の文字が見えるが、ラテン語で神の意味なので宗教関係の書と考えられる。なお、裏面には、バグパイプを吹くサルが描かれている。(長さ19.7㎝)

# 慶應義塾所蔵の『四十二行聖書』についている奇妙なボタンの謎

——中世・ドイツ、日本

世界に48部しか残っていないグーテンベルクの『四十二行聖書』のうちの1部が日本にある。慶應義塾図書館が所蔵するもので、上巻1冊のみだが、本文324葉《よう》で約648ページ、サイズは41×31㎝、いわゆるA3より少し大きいくらいで、厚さ12㎝、重さが7㎏もある。値段はオークションで日本の書店「丸善」が落札したとき、1冊で約8億円。その後、21億円と評価し直されたという裏話もある貴重な本だ。

上巻には、『聖ヒエロニムスの書簡』に始まり『創世記』から『詩篇』までの旧約聖書が入っており、当時最高級とされたイタリア製の紙が使われている（下巻は、主に新約聖書が入っていたと思われる）。完成後は、マインツの教会の説教壇で使われたらしいが、重いので表裏の表紙には5個ずつの金具（ボス）がつけられており、

慶應義塾図書館所蔵の『四十二行聖書』上巻。（大きさ41×31cm、厚さ12cm、重さ7kg）
㋑小口側、つまり本を開く側には、30個もの丸いインデックス型のボタンが取りつけられていた。目次やページのノンブルがない時代に、各章のトップページを開きやすいように工夫したもののようだ。現在は4個だけが残っている。

開いたとき安定するように作られている。

この聖書には、他の〝姉妹〟書には無い変わった特徴がある。まず、多くのものは一段が42行あるので『四十二行聖書』と呼ばれるのだが、この慶應やケンブリッジ大学の所蔵するものには40行や41行のページがある。さらに、赤と黒の2色印刷とそれをあきらめて黒一色で印刷したページがあるなど、経済的、あるいは時間的な問題でグーテンベルクがいろいろと苦労した点が見て取れる。その他、文頭の拡大文字や欄外の装飾は、慶應本など3部はマインツで行なわれたが、それ以外は各地の修道院や写本工房で行なわれたらしい。

もう一つの特徴は、本の小口（いわゆるページの開け口）に、実に30個ものボタンがつけられていた形跡があることだ。目次がない代わりなのか、各章のトップページの上に補強として台形の羊皮紙が貼られ、その先に革製のインデックス型ボタンがつけられている。現在ボタンが残るのは4個のみだが、他の20数個は痕跡が残っており、中には頻度の高い使用に耐えきれずボタンとともにページが破損しているところさえある。これこそ、世界で最も古い固定型ブックマークの一つと考えられる。おそらく、最初に納められたマインツにある教会の老齢の司祭が重い聖書のページを開ける労苦を考えて、特別に注文したのではなかろうか。もし、30個がつけられたままだとしたら、まるでパイプオルガンの音色を変えるストップレバーが並んだようなイメージだったであろう。

各地に今も残る48部のグーテンベルク聖書の中には、紐しおり（リボン）がついたものや、書見台から移動でき

㊁このインデックス型の固定ボタンは、本文横の空きスペースに羊皮紙の補強紙を貼りその先に革製の丸いボタンを30個つけた（白丸囲み）。㋩表紙には木の板に空押し模様の入った革が張られ、また開いたときに表紙を保護するために表裏に5個ずつのボス（鉄の鋲）が取りつけてある。

ないようにする鎖つきなどがある。製本技術も高度で、依頼主の要望がかなり取り入れられているのがわかる。なお、この慶應本に見られるような固定ボタン型ブックマークは平らな突き出し型の見出しとして発展し、主に実用書などに現在も多く使われている。

## マインツの大司教同士の大喧嘩が、印刷術をヨーロッパ全土に広めるきっかけになった――中世・ドイツ

マインツで育まれ、大きく発展するはずだった活版印刷術は、あっという間にヨーロッパ全土に拡散していった。なんとその理由は、グーテンベルクは資金の提供者で共同事業者でもあったフストとの間で借金問題を起こし、印刷技術を含めてあらゆるものがフストに移ってしまったことにある。その上にマインツを統治する大司教同士が抗争を始めたことも大きな要因となった。戦闘まで始まり、略奪を恐れた印刷工たちは、ライン川に沿ってドイツ各地からイタリアへ、そして他の国々へと移って印刷工房を開くことになる。

グーテンベルク以後の約50年間、1500年までに各地で印刷された全ての書物は、インキュナブラ(incunabula揺籃期本)と呼ばれた。つまり揺りかごに入っていた頃の本という意味だが、俗に「オムツをつけた時代の本」ともいう。その間にヨーロッパ各地250都市に合わせて約1千の印刷所ができ、印刷された本はおよそ4万点、一点平均200部とすれば800万から1千万部を超えるというすごい部数になる(2千万部という研究もある)。すでに14世紀末に写本工房と同居する形で一般向けの書店が現れており、印刷が普及してからは急速に増えてゆく。だが、14世紀のペスト(黒死病)流行の影響もあって人口が急減する。印刷の術が伝わった

国の人口を全て足しても1億程度となり、ヨーロッパ主要部の人口は1千万足らず、本を読む人々はせいぜい数十万と推定されている。印刷本の市場は、当時の識字率から考えて供給過剰に陥っていたのではないかと考えられており、ペスト流行はまさにヨーロッパ全土を揺るがす出来事だったといえる。

出版された4万点のうち、初期の印刷物は100％ラテン語だったが、揺籃期本全体では4分の3がラテン語、12分の1がギリシャ語、ドイツ語、残りがその他の言語で刊行された。内容は聖書・宗教書が45％、文学30％、法学、科学各10％、その他5％となる。現在2万6550点のインキュナブラが世界に残るが、驚くべきことに、その全てを大英図書館が所在を追跡してリストアップしている。日本には370点が所蔵されているという。

当時、「印刷術の発明は、宗教改革を可能にせんがための、神自身がお望みになったものだ」とされた。これは賛美歌集を通じて、読み書きのできない人の信仰にも役立ち始めたからである。後に文豪ゲーテ（1749～1832年）は、グーテンベルクの印刷術について「世界と諸芸術の歴史において、その第二部の幕は印刷術の発明とともにあがったのである」と賞賛している。

## 本は鎖《くさり》で本棚にがっちりと縛りつけられていた
### ――中世・ヨーロッパ

子羊の皮（パーチメント）や子牛の皮（ヴェラム）は、皮をなめすのではなく、ごく薄くなるまでナイフで削ぎ落とした紙である。しかし、これを使って造られた冊子本は、大変に保存が難しいものだったようだ。湿気を帯びたり乾燥しすぎたりすると、ページが反り返ったり張りついたりして本全体が凸凹《でこぼこ》の状態になってしまう。そこで硬い木の表紙を表裏につけ、留め金でしっかり押さえつけておかなければならない。背表紙はなく、金属製の蝶番《ちょうつがい》が表と裏の表紙をつないでいた。本に背ができるのは15世紀以降のことで、棚に並べる場合、本は現在と反対に小口側を正面に向けて並べられており、本の内容を書いたリストや目録は、表紙に貼るか、棚の前に書かれていた。数少ない貴重書は、普段は厳重に管理されていたが、大学のように読む人が多いところでは、1冊ごとに大きな重りや鎖がつけられていた。

しかし、グーテンベルク以降、印刷の普及によって本が爆発的に増えると、図書館などで一般に公開されることが多くなった。しかし、まだまだ貴重で高価だったため本は書棚に鎖で結びつけられ、持ち運びできないようにしてあった。こうして書見台に並んで鎖つきの本を読むことになった結果、それまでのように声を出して読むわけにはいかなくなり、音読は禁止され黙読をせざるをえなくなった。こうした書棚は、ヨーロッパの古い図書館にはいくつか残っている。たとえば、ケンブリッジ大学のピーターハウスの図書館の蔵書302冊のうち143冊には鎖がつ

1冊ずつ鎖につながれた本棚。鎖は表紙の小口側に取りつけられている。イギリス中西部のヘリフォードにあるヘリフォード教会の図書館に残るものだが、イギリス国内には他にも数か所に残っている（同教会の絵葉書より）。

けられている。また、イングランド中西部の寺町にあるヘリフォード教会の大聖堂付属図書館は、鎖つき閲覧室の設計思想を当時のままに留め、蔵書１５００冊と現存する中で最大規模を誇っている。

それまでの貴重本の保存には頑丈に作られたブックチェスト（本を収納する箱）が使われていた。先述のヘリフォード大聖堂にある１３６０年頃のものは、長さ１・８ｍ、幅58㎝、深さ58㎝もあり、二人で担ぎ、開けるためには3種類のカギが必要だった。実は外部からの泥棒対策よりも、教会内部での紛失防止のための管理が主な目的だったとされる。ウンベルト・エーコの小説『薔薇の名前』には、多くの書物が収納され迷路のようになった中世イタリアの修道院の文書館が登場する。中でも最上階の文書庫は、歴代の文書室長とその補佐しか入ってはいけない禁断の部屋として描かれている。物語ではそこで殺人事件が起こるのだが、大切な書物がどのように管理されているかが描かれていて興味深い。なお貴重な聖書などを入れた華麗な聖遺物用の匣《はこ》も別にあることが示唆されている。

その他、重く大きな本が多いため、巨大な水車のような垂直あるいは水平回転型の書見台、いわゆるブックホイールを描いたイラストがいくつも残っている。しかし、本当に作られ実用として使われたかどうかは定かではない。

野菜や動物を使って数々の肖像を描き続けたジュゼッペ・アルチンボルド。1566年制作の『司書』では、本で図書館の専門家の顔を描いた。右腕を構成する2冊にはブックマークを何本か挟んで指を表現している。Édisions du Désastre制作。（長さ18㎝）

## 画家デューラーは、画中のしおりに制作年とサインを書き込んだ
### ——中世・ヨーロッパ

16世紀後半のイタリア生まれで、プラハの宮廷画家、ジュゼッペ・アルチンボルドは、野菜や動物などいろいろなものを構成して奇想天外な人物像を描くことで、多くの傑作を残している。

中でも書物をテーマにした『司書』では、日ごろから書物の整理や研究に従事していた宮廷つき司書ラシウスの生真面目な人物像を数十冊の本と絹製のリボン・ブックマークを使ってユーモアたっぷりに描いている。

右の腕は4冊の本で形を作り、指先は5本のシルク・ブックマークで表現している。太さから考えて本の背に貼り込んだものではなく、外づけ型のものと考えられる。なお本のタイトルは読み取れない(前ページ写真参照)。本の小口に2本の留め金や止め紐がついているのは、この当時の製本の特徴で、湿気に弱い羊皮紙を歪まないようにするためのものである。眼、耳、鼻など顔の表情は、書斎の机の上に置いてある毛ばたきやカギの束、あるいは表紙の止め紐を使って、司書さんの考え深そうな表情を作りあげている。

また、15~16世紀のドイツ・ルネサンスに活躍したデューラーは、画家、版画家そして数学者として知られる。名画『聖ヒエロニムス』にはオドロオドロしく頭骸骨が描かれていて、その左の本にはブックマークと思われる布が挟まれている。実はその布の上にデューラー自身のモノグラムと制作年の〝1521〟が描かれている。その由来はわからないがまるで神社の鳥居のような中に頭文字のDが書かれ、武士の花押のように見える。『学者たちに囲まれた12歳のイエス』にもリボンしおりに1506年の年号とモノグラムを描いている。1497年の銅版画の『4人の魔女』でも、全裸で集う魔女たちの足元にもこの〝花押〟を入れているのが興味深い。

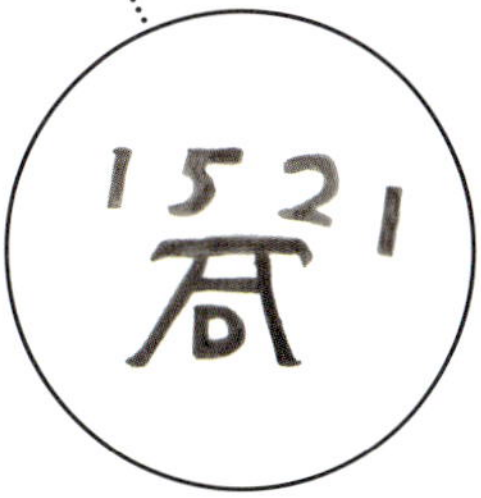


デューラーの描く『聖ヒエロニムス』の机の上の本と一番下の本の左側にブックマークが挟まれている。特に下のものにはデューラー自身のモノグラムとこの絵の制作年「1521」が書かれている。リスボン国立美術館所蔵。

## 検証、本一冊の値段で、本当に家が一軒買えたか？　――中世・ヨーロッパ

1074年にドイツのベネディクトボーツェンの教会が、ある伯爵から手書きのミサ書1冊を譲り受けたが、その代価は葡萄園のある山一つだった、という記録がある。

中世ヨーロッパの書物の経済学的な分析を続けた箕輪成男の『書籍価格の歴史的推移』によれば、前4世紀ギリシャ・ローマ時代のパピルスの筆写本価格を熟練労働者の賃金で換算すると約6日分になり、13世紀後半のイギリスで3日分と分析している。江戸時代中頃の17世紀日本では1・7日分に、また20世紀半ばの日本の専門書のような印刷本は0・163日分と計算できる。約2千年前の36・8分の1にあたる。言い換えれば、現代の豪華本が一冊1万円とすれば、ギリシャ・ローマ時代の筆写本は36万8千円くらいした計算になるとしている。

アルベルト・カプルの『グーテンベルク――その人と発明』によれば、15世紀当時の物価で換算した場合、石造り住宅は1軒100グルデン。1グルデンを現在の15万円として換算すると、住宅は1500万円。20万円とすると2000万円となる。グーテンベルクの『四十二行聖書』は特に厚く豪華なため、紙本なら一冊300万から450万円、羊皮紙本なら750万から1000万円と計算されている。それ以前に修道院などで制作された筆写本は、紙の印刷本の10倍の値段になったといわれている。このように中世の筆写本は高価で1冊の代金で家が買え、大きな農場が手に入るという話はあながち誇張ではなかったようだ。

羊皮紙は、高級品になると厚さ0・1ミリ、日本銀行券の千円札くらいまで薄くなるが、普通は0・2～0・3ミリである。その品質は、羊の年齢、皮の取れる部位、職人の腕などによって大きく左右されることになる。背骨の部分は普通はあまり使わないが、上手な職人が専用の大型ナイフで削ればそれほど問題はなく、大型の本

(右) 中世パリの書店風景。本の形態、紳士の鼻眼鏡、カツラから見て16～17世紀頃か。このガリアーニ書店の創業は1520年と古い。(長さ18.1㎝)　(左)グーテンベルクは、鉛、錫、アンチモンを使った活字を鋳造、当時発明された絵画用の油性絵の具を元に、ランプのススをまぜて印刷用のインクを作った。これはドイツ・マインツにあるグーテンベルク博物館の入場券だが、ワイン搾り機を応用した印刷機で、印刷工が紙を上から押しつける操作をしている。その結果、大量の印刷をこなせるようになった。(長さ12.5㎝)

の中には、背骨とわかる部分が縦や横に走っているものも多くある。

では、中世に人気だった小型の時禱書一冊を羊皮紙でA６サイズ、３７２ページの本に造るとしたら、現在の物価で換算した場合、いくらになるだろうか？　羊皮紙の調査、研究で知られる横浜の『羊皮紙工房』の計算では、

| | |
|---|---|
| 羊皮紙代（羊12頭分） | １２０、０００円 |
| 筆写代（原稿３５５枚） | ７３０、０００円 |
| 装飾代（イニシアル、細密画など） | ５７０、０００円 |
| 製本代（一式） | ５０、０００円 |
| その他材料費＋管理費 | １２６、０００円 |
| 以上計 | １、５９６、０００円也 |

（国や時代により税金がかかる場合があります）


この程度の小型本でも、贈呈用などで１００冊そろえるとすれば1億6千万円近い金額がかかることになる。

参考までに、現在の皮製本の技術ルリユール（reliure）で、最高級の羊皮紙や革を使って、小説などを小型のA６サイズで本文１４４ページの本を1冊作る場合、幾らかかるだろうか。日本での羊皮紙の店頭価格は、羊や山羊など種類や品質によって全紙1枚で9千円から1万6千円し、紙代だけで5万7千円、印刷はインクジェットのコピー機を使い3万8千円、以上小計で9万5千円だが、製本代、原稿料とデータ料、イラストまたは写真代は別で、表紙も少し凝るとすれば、20万円を超えるくらいかかることになる。

中・近世の各国特別編

# 「本を大切にせよ！」東西の愛書家の心からの怒り

## ●リチャード・ド・ベリー（14世紀イギリスの王室出納係、司教）

1345年に出た本にもかかわらず「本のことを書いた最初の本であり、最良のものである」と賞賛されるのは『フィロビブロン～書物への愛』である。著者のリチャード・ド・ベリーはイギリスの王室出納係や司教を務めた。日タイトルのギリシャ語には書物愛好という意味があり、ヨーロッパ中の愛書家から〝引っ張りだこ〟になった。日本でも明治・大正の頃から熱心な支持者がいて、『書物経』と訳されたこともあるが、古書市場で一時は10数万円の値がついたほどの人気書である。講談社学術文庫版が現在絶版なのを惜しむ声は多い。ここでは少し長いがしおり・ブックマークに関する部分を古田暁訳で紹介したい。

まず、書物の開け閉めには節度を守れと忠告する。「乱暴に留め金を開いたり、読んだ後もきちんと閉じずに戻してはならない。書物は靴よりもずっと慎重に保存すべきものである」と、愛書家の基本的な心得を論じる。

その一方で、寒い時になると鼻水をたらして、書物が汚い水液で汚れるまでハンカチで鼻をぬぐおうとしない。また書物を、黒く、悪臭のする垢で一杯の爪で気の向くままあちこちに跡をつけてしまうなど、物憂げに勉強する若者達の行動をハラハラしながら見守っている姿が、目に浮かぶようだ。

ブックマークに関しては、当時の使用状況がわかり、興味深い。

「書物に挟んだわらしべが何本もそこここに飛び出しているが、明らかに記憶不可能なところをわらしべを見て思い出そうというのであろう。書物はわらしべを消化する胃を持たないから、だれかが気づいてそれを取り除かなければ書物は膨れあがって、まずもとのように閉じることはできず、そのままにしておくと、最後に腐敗してしまうのである」。当時は、身近な物をしおり代わりに貴重な本に挟んで、本を汚してしまうなどの実害が出ていたことが推察される。

さらに雨季が去って、花が咲く季節になると、「読者たち、それどころか書物に関しては非読者と言っていい学生たちは、すみれ、さくらそう、ばら、四つ葉などを摘んで書物に挟み、そのべたべたと汗ばんだ手でページをめくることであろう」と心配する。こうした押し花や押し葉にしたものが、実際にブックマークとして挟まれたままの書物が今でも多く残っている。そしてさらに嘆きは続く。

「汚れた手袋で真っ白な紙葉を荒々しく取り扱い、肉の厚い指先で行を追う。のみにさされると貴重な書物をほうり捨て、ひと月も開いたままにしておくから、最後にはごみが書物の間に積もって閉じるのも難しくなってしまう」と、貴重な本を駄目にしたことへの怒りを隠さない。

## ●貝原益軒（江戸時代前期の儒学者）

江戸時代前期の儒学者である貝原益軒《えきけん》は、リチャード・ド・ベリーより約300年ほど後の人だが、読書する際の態度に関する心構えや考えは、もっと教訓的で精神的、まさにストイックでさえある。その著書『和俗童子訓《わぞくどうじくん》』巻三「読書法」に記している教えは、「書物を読むには、まず必ず手を洗い、心を慎しみ、姿勢を正しくし、机の埃《ほこり》を払い、書物を正しく机の上に置き、跪《ひざまず》いて読め」から始まり、「師匠に書物を読み習う時は、高い机の上に置いてはならない。帙《ちつ》の上、あるいは文匣《ぶんこう》(文箱)、低い机の上に乗せて読め。決して、人の踏む場所に置いてはならない。書物を汚してはならない。書物を読み終ったら元のように覆《おお》って取りおさめよ。もし急速のことがあって立ち去る時にも、必ずおさめよ。また、書物を投げたり、上を跨《また》いだりしてはならない。書物を枕にしてはならない。心《しん》を巻いて折り返してはならない。唾《つば》をつけてめくってはならない」と、細かい細かい。

そして中国・南宋の朱熹『訓学斎規』から「読書三到」を引いて、「読書に必要な三つの事柄。心と目と口を十分に働かせて読むこと。心を集中し、目でよく見、口で朗読すれば内容を会得できる」ということを懇々と諭している。

この他、19世紀イギリスの『生活便利帳』には、「ヘッドバンドを使って、本を棚から引き出すな。本を火にかざしたり、本の上に座ったりしてはいけない。本は心の友である。有益な忠告をあたえてくれる、秘密は決してばらさない」という、警告と教訓が掲載されている。

寝ながら読む、電車の中で読む、あるいは、新本を買って読み終わるとすぐに売り払う等々、現代人の読書スタイルは、ベリーと益軒二人の先哲の目から見たらどう映るだろうか。

滋賀県近江八幡市の商家に残る書見台。本を読むために傾斜をつけた机で、武士をはじめ知識階級の家庭では、この机の前に正座して『論語』などの書物を読んだ。なお能や邦楽で使うものは見台と呼ぶ。

# 第Ⅴ章　ページのノンブルは、なぜ16世紀まで存在しなかったのか

## 本にようやく背ができて、タイトルが書かれるようになった　――近世・ヨーロッパ

15世紀後半、印刷術の発明とその後の発展で本を作る速度が劇的にあがり、それに伴って製本様式も変わらざるをえなかった。本文の束《つか》が薄く判型が小さくなり、表紙の芯が木からボール紙に代わっていく。

１５０１年、アルドゥス判と呼ばれるシリーズ本が登場する。八つ折り判でA６くらいの大きさ、現代の小型本といった感じである。「すべての名作を、この同じ形式で出版するのが我々の意図である」と序文にうたっている。カエサルの『ガリア戦記』やダンテの『神曲』などギリシャ・ローマ時代から中世までの名作が入っており、読者からは〝散策に持参できる〟などと好評で、新しい読書スタイルが生まれたことを推測させる。

アルドゥスは、イタリアのベネチアで印刷所を開き商業印刷の父と呼ばれたが、今も使われるイタリック体やアンティカ体の開発者として知られている。また、初めてページの順番を表すページ番号、いわゆるノンブル（仏nombre）を本に取り入れた人物としても名を残している。それまでは、ページに順番をつけることは神の秩序を乱すものとされていたため、渡り文字として前のページの最後の一節を次のページの頭にもう一度書いたり、文頭の文字を大きくし、欄外の飾りを変えるなど数々の工夫をしていたのである。

本の背（スパインspine）は15世紀にできたとされるが、16世紀末になって、それまで本の小口や天に書かれて

いたタイトルが本の背に刻み込まれるようになる。その結果、本の並べ方も現在のようにタイトルの書かれた背側を前面に向ける方式に変わっていく。イギリス式では背文字が下から上へ書かれたが、これは本を横にしたときに左から読めるので読みやすかった。しかし、上から下へ書かれるアメリカ式が登場すると、次第に人気を呼び、20世紀半ばにはアメリカ式が圧倒的に採り入れられるようになる。

それまでは本文などの余白部分に本の題名を印刷しておき、それを切り取って表紙に貼りつけるか、そのまま仮扉(ハーフタイトル)として使っていた。今日の巻頭のタイトルページの始まりである。

## ページを切り開くためのペーパーナイフ型マーカーの誕生　——近世・ヨーロッパ

17世紀から19世紀末までの本屋では、本は印刷された紙を折り畳んだままで切らないアンカット状態で販売することが多かった。製本した本では重いため、印刷済みの折り帖を折った状態のまま密閉できて水に濡れる心配のないワインの樽に詰めて運び、それを地元で製本していた。きちんと製本されたものは値段が高いことから、庶民は必要な部分のみを買い取って読んでいた。カール・マルクスの『資本論』の初版は１８６７年にドイツ語で出版されたが、フランスでは　週刊分冊として安く売られていたという。

また、仮綴じ本とは、折り帖を糸でごく簡単にかがり、その背に薄手の表紙をニカワで軽くとめたものをいう。また、製本された本でも、この当時は折り帖を化粧断ちしないままのものが当たり前の状態だった。そのため、どうしても天や小口に袋状になる部分ができてしまい、それを切り開くためのペーパーナイフが必要になる。

そこで生まれたのは、ペーパーナイフ型のブックマーカーである。もちろん刀剣ほどの鋭利さは不要だが、フォリオ判（二つ折り）の超大型本も含めた大判の書籍用から、郵便物の開封にも使える小型のものまで各種発売された。

一般的な読書用としては、ページに挟むための切込みを入れた小さなブックマークが使いやすく人気を呼ぶことになる（91ページ写真参照）。中には自家の紋章を入れたり金銀象嵌を施した高級品まである。またビジネスマンの机には、ペンと並んで封筒の口を蠟で封緘するためのシールスタンプ、そしてブックマークが華麗な卓上セットとして置かれているのがステータスの一つになっていた（75ページ写真参照）。ちなみに、日刊新聞の始まりは17世紀末だが、当時はアンカットのまま配達され、セレブの家庭では執事がそれを切り開き、インクが手につかないようにアイロンをかけてから主人の部屋に届けるのが朝の日課だった。そのために、30㎝くらいの銀製や象牙製、あるいは長さ1mはある鹿の角製などのペーパーナイフが常備されていた。

その一方で、当時の貴族や富裕層の家庭では、製本職人に依頼する以外に奥方が本の装幀をすることが当たり

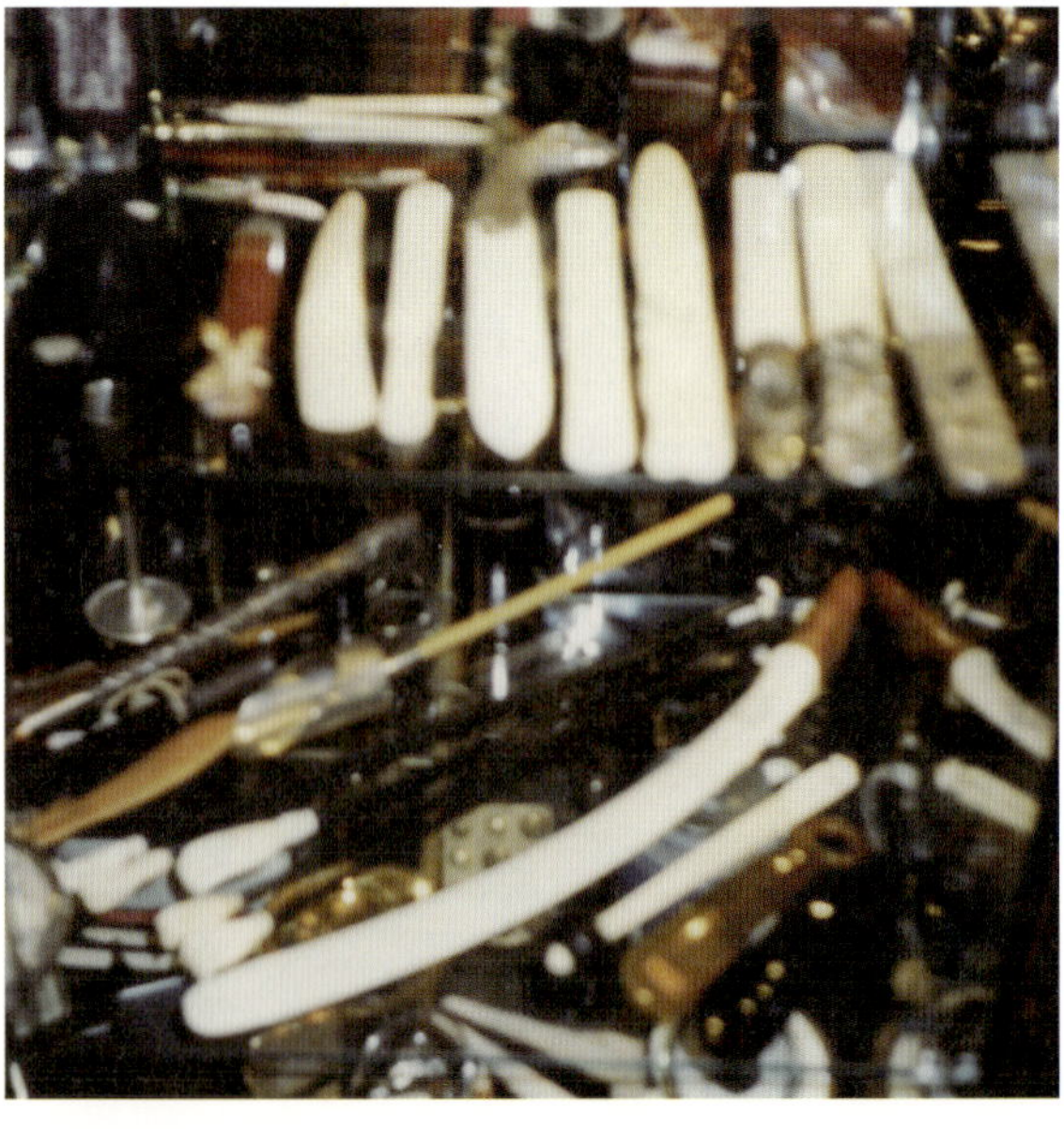

パリの骨董店の店頭に並べられたペーパーナイフの数々。中央にある長さ1mほどのものは、鹿の角や獣骨などで作られている。大きな本や新聞などを切り開くのに使われた。

前のこととされ、その家独自の装幀で書棚全てを揃えるのが自慢であったという。17世紀、ナポリの法律家ジュゼッペ・ヴァレッタの個人図書館には、見事に揃った1万冊の蔵書があった。またパリの国立ギメ美術館では、全てモロッコ革を使い、オレンジ色に統一された美しい装幀の本が部屋の壁

（右）1900年頃フランスで使われていたアール・ヌーボー様式のペーパーナイフ。メーカーのティファニー社は1851年頃からアメリカのニューヨークで銀器を作り始めた。長さ27.8㎝、重さは22.4ｇある。
（左）アザミの花の中にロレーヌ十字をデザインしたブックマークも1900年頃。（長さ10.5㎝）　２つともパリのコレクターより手に入れた。

いっぱいに飾られているのを、今でも実際に見ることができる。ギメ氏は19世紀後半に東南アジアや日本の美術品の蒐集で知られた大富豪であった。

また、20世紀の人ではあるが「ロボット」という言葉を初めて使ったチェコの劇作家カレル・チャペックは、デザイナーの兄とともに美しい装幀の本を作っている。チェコは東欧の出版大国で、家庭などでの自家製本も盛んに行なわれていた。

ところで、日本では「フランス装」のことをページの折り帖を綴じただけの簡単な本だと思われているが、実は、製本職人の手で丁寧に作られた美麗な装幀のことで、決して軽装な書物ではない。フランスのしゃれたイメージを取り入れた和製の造語らしい。

## ブックマークは下から差し込むのが常識だった

### ——近世・ヨーロッパ

紙製しおりに穴を開け、飾りのリボンをつける場合、日本では上のほうにつけることが常識といっていいが、実は、ヨーロッパでは下につけることが多かった。本が大きく、机に置いて読むことが多かったため、タッセルつまり房つきのブックマークを差し込む場合、上からでは飾りの房が本に隠れてしまう。そこで、下から見えるように挟み込むのが当たり前だったからである。また、本の背に貼り込むリボンタイプの紐しおりも本の下部から紐が見えるように垂らしていた。紙製しおりが主流になっても、間違って下にリボンをつけたのでは?……と思わせる製品がたくさん残っている。ただ、製本がしっかりされるようになり本を立てて置くことが多くなると、タッセルつきや紙製、金属製も含めて上から差し込まれることが多くなった。

19世紀までは、印刷した本のページの一部がアンカットの状態で製本されていた。そこで読書にはペーパーナイフが必需品であった。上に見える本には、紙しおりが挟まれている。ベルギーの首都、ブリュッセルのGÉNERALE書店が近年に配布したもの。（長さ15.3㎝）

日本で金属製などのハードタイプのブックマークがあまり受け入れられなかった理由は、和書、洋書の時代を通じてアンカット、つまり切って開かなければ読めないタイプの本を経験しなかったことにあるようだ。そのためか、今でもペーパーナイフを使う習慣はほとんどないといっていい。実は、和綴じの書物にも製本上はアンカットの部分があるのだが、どれも一面刷りの印刷面を外側にして折ってあるため、読む場合に切り開く必要はなかった。

ところで、日本人から見ると、欧米の映画のシーンで、〝なぜ小さな封書までナイフ状のもので開くのか〟と不思議に思った人も多いはずだ。ヨーロッパで紙といえば、小さな物でも羊皮紙、あるいは、古い麻や亜麻、その後は綿布などを煮溶かして漉いた紙が使われていた。本に使うような羊皮紙や高級紙でもやや厚めで大きかった、という紙の歴史がある。また、現代から見れば不思議な慣習といえるが、きれいに製本された後もアンカットのページがあるものが多く、どうしてもナイフ状のカッターが必要だったからである。しかし、19世紀の後半になって機械漉きの紙が普及して、薄く切りやすくなったため、厚紙製ブックマークで十分役立つようになった。しかし、デザイン的にその先端がナイフのように尖っているものも多くある。中には紙製なのに「ペーパーカッターつき」と表記されているものもあり、ペーパーナイフを多用していた名残りを見ることができる。

その他、あらかじめ読むページに挿しておき、開くときに使うターナー（turner　90ページ写真②参照）という握りのついた物差し状のものも多く使われた。

## エリザベスI世女王に絹のブックマークをプレゼント　——近世・イギリス、フランス

16世紀、イギリスのエリザベスI世女王時代には、多くの刺繍装幀が行なわれ、女王自身も刺繍や装幀の仕事に加わった。最初の英文聖書の発行者であるC・パーカーが、1584年、女王にフリンジつき絹製ブックマークをプレゼントした記録がある。同様のものが教会の聖書用として贈られ、現在も残っている。

18世紀になると、ヨーロッパでは王宮の中に印刷機を設置し、王妃や王女と並んで国王までが自分のための印刷物を作り始める。フランスのヴェルサイユ宮殿では、ルイ15世が王立印刷所を設立し、王妃マリー・レッツィンスカが印刷作業をして楽しんだり、ポンパドール夫人も印刷機を見事に操って、かわいい刷り物を作っている。イギリスでは1781年にジョージ3世が王宮内で印刷していた。

ところで、こうした王室の人々や貴族が収集した書物が思いがけない所に流れ出てくるという意外史を紹介しよう。パリのセーヌ川の河畔には延々3㎞に渡って、古本商が軒を並べる。とはいっても堤防の上に緑色の箱を

パリ・セーヌ川のコンクリート堤防ぞいに並ぶ900店の緑色の箱型店舗の本屋さん。ブキニストと呼ばれ長い歴史を持つ。専門的な書籍を扱う店もあり、多くのファンがいる。店舗は幅2m、奥行き1.6mと決められている。開業を希望する人が多く、順番待ちしているという。

並べただけのブキニストと呼ばれる小さな店だが、900店もある。その歴史は古く、16世紀にポンヌフの橋の上で本のマルシェ（古本市）のような形で始まった。人気が出るにしたがって書店組合から抗議を受けるようになり、1649年に本を並べることが禁止されるが、人気は根強く、禁止と容認が繰り返された。

ところが、1789年にフランス革命が起こると、王室や貴族の邸宅から大量の書物が世の中に流出してくる。その一部が、セーヌ河畔のブキニストの箱店でも売られることになって、フランス中の本の愛好家がこぞって買いに来るようになり、現在のような人気古書店街として認知されていく。なお、1店当たりの大きさと使用料が決められたのは1930年のことである。

# 第Ⅵ章　18世紀、女性が小説に熱中する「読書革命」が起こった

## 本の流通網が整備され、ベストセラーが生まれる
——近世・ヨーロッパ

印刷技術の発展とともに、印刷物の販売ルートが確立されてゆく。主要都市には書店ができていたが、書店のない地方には行商人が回って行き、国際的なベストセラーが生まれるようになった。その一例が１６０５年にスペインの作家セルバンテスが書いた『ドン・キホーテ』である。主人公キホーテは、下級貴族の郷士だが、当時人気だった『騎士道物語』を自分の何丁もある広い農地を売って１００冊も購入。それを読んで自分が主人公の騎士になったと思い込み、従者サンチョ・パンサと連れ立ってロバで旅に出る物語である。初版が出てから16年間と

16〜19世紀にかけて、ヨーロッパの地方では行商人（英語ではChapman）が本を売り歩いた。小型本で印刷も紙も良くないが、ベストセラーも生まれたという。実はこれ「本のマルシェならDauphine街へ」と、パリ随一の骨董街クリニャンクールからのお誘いしおりである。（長さ20㎝）

いう当時としては異例の速さでヨーロッパの主要国で翻訳され、売り上げを伸ばしていき、現在でも、「近代小説の扉を開いた作品」と賞賛され、文学作品ながら聖書に次ぐといわれるほどの売り上げ部数を誇っている。

ところが、当時は著作権もなく、書き手の境遇は決して恵まれていたとはいえない。ベストセラー作家セルバンテスも、版権を出版社に売り渡していたために、収入も社会的地位もあまり恵まれない状態に置かれたままだった。イギリスでは作家に資金を援助する政治家や貴族などのパトロンがつくのは当たり前で、16、17世紀のエリザベス朝では、劇作家のシェークスピアにもパトロンがついていた。

18世紀のパリでは、貸し本屋が読書室を兼ねており、5万冊を超える所蔵本を誇った人気店もあった。そこでは小説が好まれ、1726年に『ガリヴァー旅行記』の第一刷が1週間で完売したが、その多くは貸し本屋向けだった。1751年から20年かけて『百科全書』が刊行される。1835年のバルザックの名作『ゴリオ爺さん』は2巻本で、価格は15フラン、約1万円だった。また、宇宙への関心も高まり、ジュール・ヴェルヌの小説『月世界旅行』が1865年に出版され大人気となった(ちなみに、世界初のSFは、17世紀、シラノ・ド・ベルジュラックの『月世界旅行記』『太陽世界旅行記』である)。ところが、盛業に見えたフランスの出版業は、1856年、約70軒の出版社、印刷所が倒産した。それはフランス革命で出版統制のタガがゆるんで生産過剰を招き、小説は売れるが1千部くらいの少部数しか刷らず、その大部分を貸し本屋に卸した結果である。

## 18世紀までベッドで寝ながら本を読むことは厳禁だった ——近世・ヨーロッパ

「18世紀の終わりに読書革命が起こった」と、ドイツの社会歴史学者ロルフ・エンゲルジングは分析している。

宗教書中心の集中的な読書から、知識を得たり気晴らしになる雑多で世俗的な本を熱中して読む、いわゆる拡散的な読書へ移行した、という。読書の習慣は、もはや家長が家族を相手に聖書を朗読する図にそぐわないものとなってしまった。その背景には、豊かな中産階級の登場がある。その上、19世紀になるとヨーロッパの主要国では、労働時間の短縮、教育機関の充実によって、本の読者が労働者や女性さらに子どもにまで広がっていった。

1796年、聖職者ヨハン・R・ゴットリープは、「読者たちは男女を問わず、本を片手に起床し、また就寝し、食卓でも本を離さず、仕事をするときも近くに置いて、散歩にも携え、一度始めた読書は終わるまで片時も中断しようとしない……」と嘆いている。小説『赤と黒』を書いたスタンダールは手紙の中で、「地方の女性で、毎月5冊か6冊の本を読まないものはない。その多くの者が、15冊から20冊読む。小さな町でも、2、3箇所の閲覧室（貸本屋）を持たないところはない」と、驚きを語っている。当時のドイツ人旅行者も「パリでは皆が読んでいる。とりわけ女性たちがポケットに1冊の本をしのばせている。馬車の中で、遊歩道で、劇場の幕間に、カフェで、風呂場で読書している」と書いている。しかも、トイレで本を読むことさえ一般化することになる。

「読書は友達」と呼びかけるイタリア・ミラノの読書推進団体BCM。読書についての啓蒙活動を行なっているが、これは特に女性向けのようだ。Illustrazioni di Italia Curti制作。（長さ18.8㎝）

こうした女性の読書ブームが、一つの社会現象を引き起こすことになる。18世紀以前は、ベッドに本を持ち込むことや寝ながら本を読むことは禁止されていたが、女性たちが小説に夢中になって、ベッドに入ったまま読むことが当たり前になった。さらにはサロンで読むために軽くて暖かい部屋着「リズーズ」(liseuse)を羽織ることが流行するようになる。リズーズという単語はフランス語の「読む」を意味するリール（lire）から生まれたのだが、そうした女性らの読書姿はフランス社会によほど衝撃的だったらしい。なぜなら、今でも「読書家」、それも精読する人という意味の単語としてリズーズが生きているからだ。リズール（liseur）と言うことも多いが、部屋着ファッションとしてのリズーズは古風なものになってしまっている。

さらに、リズーズが「ブックカバー」や「しおりとして使えるペーパーナイフ」という意味まで派生するようになる。本のページを切り開くために使うペーパーナイフの中で、小さく可愛いものを選んでしおりとして使う人が増えたことを意味する。金属製ブックマークが普及する一つの転換点となる出来事といっていいだろう。

1789年、フランス革命でいわゆる「人権宣言」が採択されたが、それは市民権のある男性だけのものだった。そこでオランプ・ド・グージュ女史らによって女性の人権宣言が必要であると主張される。しかし彼女は、その後反革命の罪で刑死。裏面には女性の読書についての彼女の意見を掲載。フランスの出版社Casterman社の10周年記念しおり。(長さ15㎝)

## 近代的辞書の登場が、読み・書くことを一層楽しくした

### ――近世・ヨーロッパ、アメリカ

中世から近世にかけて印刷本が多く出回り、庶民の手にも渡り始める。しかし、文章の中の単語は、極端にいえば著者自身が書いたとおり、あるいは出版元の考えるとおりに綴られ、本によって違いがあるのが当たり前だった。たとえば、それぞれの地方による発音の違いや訛《なま》りのまま表現されることが多かった。すでに15世紀には、正字法（正書法、オーソグラフィー orthography）として言葉の書き方が研究されており、いろいろな辞書もあったが、一般の人の書き方、読み方にはあまり影響を与えなかった。

自分の国の言葉のばらつきに一つの基準をまず示そうとしたのが、地方によって違いの大きいフランスであった。１６９４年にアカデミー・フランセーズが、何と40年もかけて『フランス語辞典』を作りあげた。その目的は「フランス語を規則的で誰にでも理解可能な言語に純化し統一すること」であった。この辞書は、改訂を加えながら、現在も発行され続けている。

イギリスでは、あまりに時間がかかることから誰も手を出さず、著名な文学者サミュエル・ジョンソンが個人で9年間かけて、１７５５年に『英語辞典』を作り上げた。４万語が収録され、シェークスピアの作品などからの引用例を11万語も取り入れるなど本格的なものであった。ところどころにユーモアあふれる言葉やユニークな解説がちりばめられており、そちらのほうが話題になったほどだ。しかも、『オックスフォード英語辞典』が出るまで１３０年も使われるほど信頼されていた。

ところでジョンソンは、研究費用にとても困っており、ある貴族のもとに援助を頼みに行ったところ、門前払いをくらわされた。ところが7年後、辞書が完成間近なのを知ったのか、資金提供をしたいと申し出があった。

ビジネスマンのオフィスや書斎の机を飾ったブックマーク（下）と封蠟用シールスタンプ（上）のセット。ともにクワガタムシのデザインとガラス技術が秀逸。1930年代に紳士が持つ逸品として人気があった。フランス製。（ブックマークの長さ12.7㎝）

そのときジョンソンは、その貴族の提案に対して真っ向から拒絶する書簡を送りつけている。その内容がきわめて痛快だとして評判になり、金持ちによるパトロン制度という当時の出版界の慣習にも大きなカウンターパンチを浴びせることとなった。なお、その手紙を夏目漱石がエッセイ「文学者の地位」で翻訳紹介している。

独立後のアメリカには、旧宗主国イギリスと同じではないという気分が横溢していたといわれる。

教育者だったノア・ウェブスターは28年間かけて、1828年、アメリカで使われているスペルや発音、文法を中心にして、『アメリカン英語辞典』を作り上げた。しかし売れずに、借金をして第二版を作り上げた後すぐに亡くなったが、その後の多くの辞書に影響を及ぼしている。colour（英）とcolor（米）のようなスペルの違いや、musickが、現在のようにmusicと変化して共通英語として残っているのは、まさにこの辞書のおかげといえる。

## 本の値段が下がり、「メシより読書」という読者が急増！　――近代・ヨーロッパ

18世紀中頃、イギリスで始まった産業革命によって、蒸気機関のパワーを利用した廉価なクロス張りの製本技術が発明される。この頃に生まれたブラデル製本では、綴じ紐の代わりにテープを使ったり、まるで本文を包み込むように表紙を貼りつける〝くるみ製本〟を取り入れることで、コストが20分の1から30分の1で済むようになっていった。それとともに、背表紙にコブのように見えていた背バンドを目立たなくすることで、背の装飾や文字を入れやすくなるなどすっきりした製本が可能になった。同時に本の大量生産が始まって価格が安くなり、一般庶民にも手に入りやすくなっていく。表紙の革も薄く作れるようになったが、本を開閉する際に最も負担のかかるジョイントの部分の革が裂けやすくなったという。

イギリスでは18世紀に入ると小説が数多く出版されるようになる。パトロンのつかない作家の本は売ることもままならないという社会システムが次第に崩れ始めたという背景もあって、作家たちは、金払いのよい演劇作品を書くようになった。中産階級の増加によって本を買う

蒸気機関車型の飾りカードに刺繍用の台紙を貼りつけた手製のブックマーク。モデルは19世紀後半、ヴィクトリア女王時代の王室お召し列車を牽引したウインザー号で、現在、ウインザー城近くの駅で保存展示されている。次のエドワード王は王室専用列車を嫌ったことで知られる。（長さ16.5㎝）

人が増え、作家が〝食える〟ようになっていったのである。当時のある批評家は、世間の人々の行動を分析して、「読書が食事より重要な必須事項として、上位に置かれた」と書いている。

19世紀に入ると、産業革命の成功で鉱工業が興隆し、植民地支配で収益を上げることで、大英帝国の最盛期と言われた。中でも、ヴィクトリア女王の在位期間（1837〜1901年）を「ヴィクトリアン」として称える英国人は多い。同時にこれは、豊かな中産階級、つまり読書する人々が増えることでもあった。

## シルクリボンから紙製へ、ブックマーク人気の移り変わり ——近代・ヨーロッパ

19世紀初期のイギリスではブックマークはシルクリボンに貼られた刺繍用カードが一般的で、多くは家庭で作られたが、お祈りやお祝いの言葉などを刺繍した素朴なものだった。その後、絹織物産業が盛んなコベントリー市でジャカード織りのブックマークが開発され、1851年にはシルクリボン製ブックマークの大展示会が開かれるほど人気を呼ぶ（82〜83ページ写真参照）。有名なスティーブングラフス社は、王室行事やシェークスピアの肖像、あるいは楽譜つきの流行音楽などをテーマにした900種類ものブックマークを作り、当時の新聞評で〝リッチ＆エレガント〟ともてはやされている。その後40年間に英国内ばかりでなくアメリカなどで開催された10回近い国際博覧会に大きな織機を持ち込み、その場で製作が実演された。

近年、このシルクリボン製ブックマークを復元製作したJ・J・CASH社によると、ジャカード織りの型紙が1種類につき2220枚も必要で、1枚織るのに30分かかるほど手の込んだものだったという。

シルクリボン製品は、値段が高いこともあって1880年代に次第に衰退していき、それに代わって厚紙製が

多く発行され始める。その理由は、書籍用紙が薄く漉かれるようになったことで、ブックマーク自体もさほど硬いものは必要なくなり、少し厚い紙製でも十分実用になったからだ。さらに、本の普及によって宣伝媒体として広告代理店が注目し、多様なデザインで大量に作られるようになる。マッチ、石鹸、幼児用食品、壁紙などの家庭用品、あるいはファッション、保険、海外旅行など、実に多彩なデザインで、切り抜きタイプなど楽しいものや、1879年にはカレンダー付きが出ている。最近でも、当時の社会風俗の研究対象として注目されている。

なお「ブックマーク」という単語が英語の辞書に初出するのは1838年である。

## 植民地から輸入された美しい素材がさらなる人気を呼ぶ
——近代・ヨーロッパ

18世紀後半になると、1770年代のイギリスの産業革命、76年アメリカの独立宣言、89年フランス革命と、世界を揺るがす大きな出来事が続いて起こる。こうした世の中の変化とともに、一般家庭での読書も、それまでの聖書に代わって世俗的著作が増えていく。それにともなってブックマークも広く普及し始めることになる。

19世紀に入ると、アフリカ、アジア、南北アメリカあるいは太平洋の島々への植民地の広がりとともに、各種素材の輸入が増えてくる。銀、銅、錫、象牙、皮、鼈甲、様々な高級木材、硬い紙など多種多彩であった。フランスやデンマークでは、美しい宝飾品を作る職人が珊瑚、縞瑪瑙《めのう》(アゲイト)、アンバー(琥珀)、アメシスト、ルビー、あるいは真珠やパーリーシェルなどの貝殻を使い、デザインや技法を駆使して魅力的な製品を開発して女性のファンを増やすことになった。女性向けには、ペンダントの飾りをそのままブックマークのヘッド飾りにした華麗なものも作られた。また、男性用では、シルバーで自分の紋章やオリエントやエジプトなどのシンボルを描いたり、狩猟に使っている犬笛に描かれた狼の横顔に合わせて象牙で細工したものがある。こうした点から、多くの本好きが、デザイナーに自分用の好みのブックマークを発注していたことが裏づけられる。

しかし、鉄や銅はサビが浮いて本の用紙を傷めてしまうことから嫌われ、いろいろな合金が開発された。銀の場合でも、純銀では加工しにくい上、すぐに黒く錆びてしまうため、いわゆるスターリングシルバーのような合金にして初めて装飾品に使うことができた。特にイギリスの銀器メーカーを中心に１８８０～１９２０年に盛んに作られた。しかもそれらには、14世紀から公的機関によって製造年号とメーカー名、それに品質保証のホールマークが小さな製品といえども必ず刻まれており、クオリティが保証されている。それによる信頼もあって、現在でも各社のカタログには個性あふれる自慢のブックマークが並んでいる。

２００２年に、エリザベスⅡ世女王の即位50周年記念のブックマークが発売されたが、大小あるのでどう違うのかを聞くと、「小さいのはお子様へのプレゼント用です」という答えが返ってきた。

2002年、エリザベスⅡ世女王即位50周年記念。イギリスを含む16か国の君主として、2012年には即位60周年を祝った。在位期間は歴代君主として最長で、最高齢（1926年生まれ）。誠実な人柄で、人気が高い。銀製一部金メッキ。英・バーミンガム製。（ブックマークの長さ10.0㎝）

## セルロイドやベークライトの発明がカラフルな製品を生んだ

――近代・世界各国

産業革命後、化学工業の発展とともにセルロイドが生まれたのは、1856年。イギリス人のアレキサンダー・パークスが「パークシン」という名前の合成物を製品化したのが最初という。その後、アメリカ人のジョン・ウエスレー・ハイアットがビリヤード玉の代用品として利用するために、1870年に樟脳を主原料にセルロイド(celluloid)を発明した。歴史上初めて熱で形を変えることのできる樹脂である。

明治10年(1877)には、ドイツから日本に導入されたが、おもちゃに多く使われ人気が上昇し、輸出向けも多くなり、世界一の生産国になっている。その後は人形や映画フィルムなど、多方面に使用された。しおりにも、セルロイド製が数多く残されている。ところが、セルロイドは摩擦などによって発火しやすく、実際に、映画館で映写中にフィルムから出火するなど危険なことから昭和25年(1950)に使用禁止となった。

それに代わって、多用されるようになったのが、ベークライト(bakelite)である。

ベークライトは、1907年にベルギー系アメリカの化学者レオ・ベークランドが石油化学の研究過程で発明したフェノール系の樹脂で、「プラスチックの時代」を開いたといわれるほど人気となった。面白いことに、植物系のセルロイドとは正反対に、人工的に作り出されたプラスチックには、熱を加えると固くなる性質があり、そのため工業製品から家庭用品まで広く使われるようになった。1930年頃から多彩な色を出せるようになり、「プラスチックの宝石」と呼ばれていた。アールデコ時代を迎え、女性の装飾品として人気を博した。その結果、カラフルなしおり・ブックマークが多く作られ、広く普及することになる。

『Hold That Thought Bookmarks』アメリカのデザイナーがクロス・ステッチによるブックマーク制作を完全ガイドする。Sandy Orton著。Leisure Art、2008年刊。

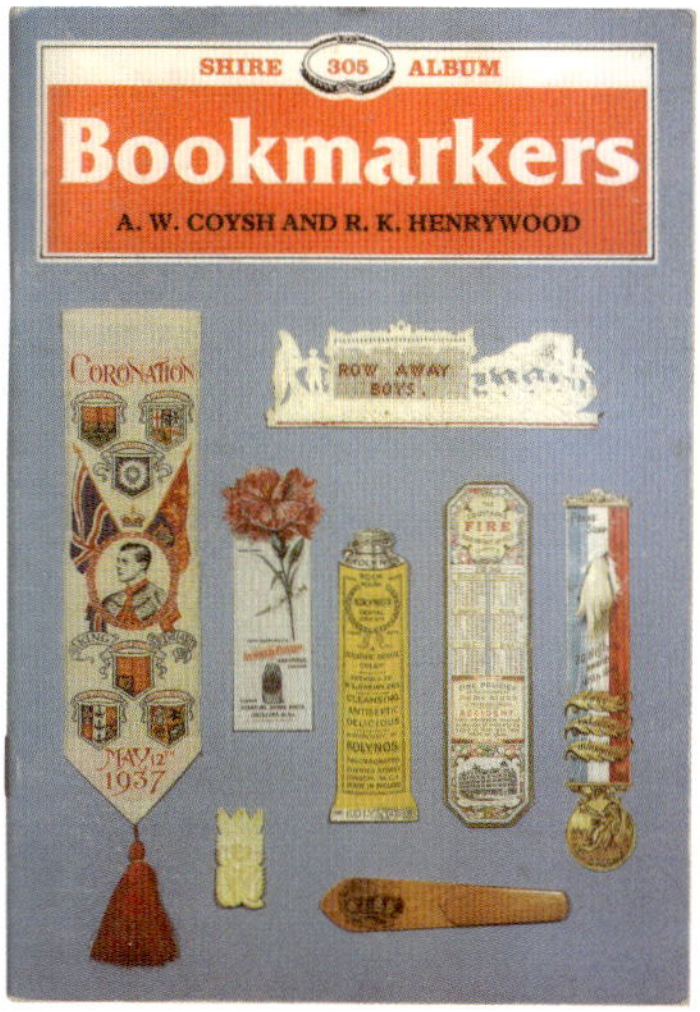


『Bookmarkers』A.W.Coysh他著。Shire Publications.Ltd、1994年刊。その20年前にハードカバーを出版。本文写真は白黒だが本格的なブックマーク本として人気に。

『Twelve William Morris Bookmarks』近代デザインの父、ウィリアム・モリスの作品をConnie Clouch Eaconデザインで12点紹介。Dover Publicacions.Inc、2000年刊。

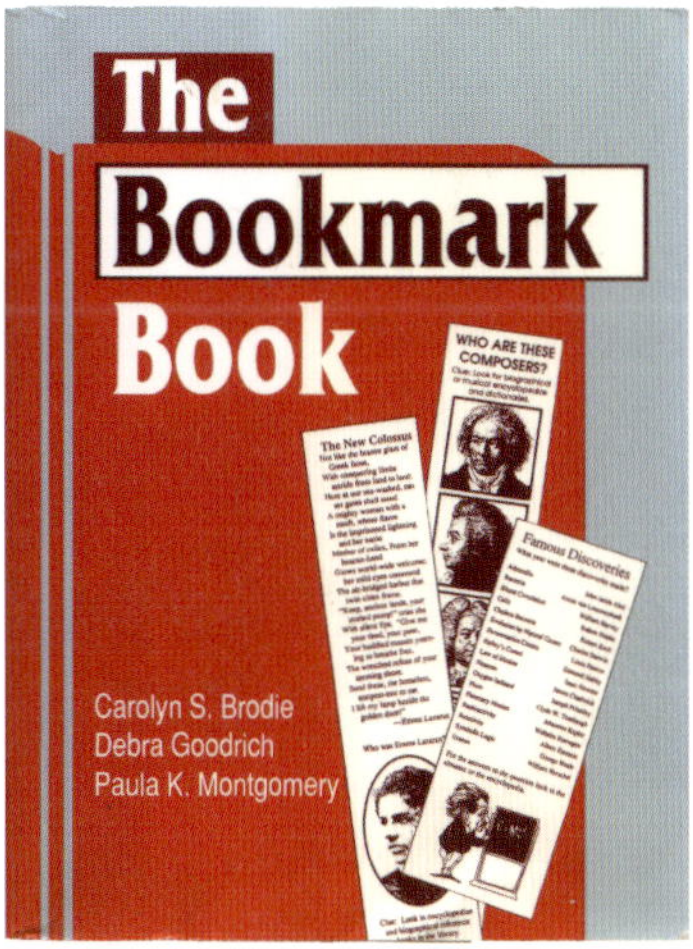


『The Bookmark Book』Carolyn.S.Brodie他2名著。各分野の多彩な300枚のブックマークを切って使うカット＆クリップ方式。Libraries Unlimited、2010年刊。

# 精緻な刺繍で人気を呼んだシルクリボン

②

①

①英国王エドワード7世（在位1901～10年）とデンマーク王女アレクサンドラの1863年の結婚式を記念する絹製ブックマーク。王位に就いたのは60歳になってからで、短い在位だが、優れた外交感覚で、エドワーディアンと呼ばれる一時代を築いている。（長さ19.2㎝）②シェークスピア生誕300年記念。1564年イギリス中南部に生まれ、21歳でロンドンに出て7年後には気鋭の劇作家として認められた。その後、引退までの約20年間に『ハムレット』など四大悲劇を始め、数々の名作を残した。引退から4年後、42歳で亡くなった。下は生誕の家。1864年制作。（長さ24.5㎝）2枚ともスティーブングラフス社製。

⑤

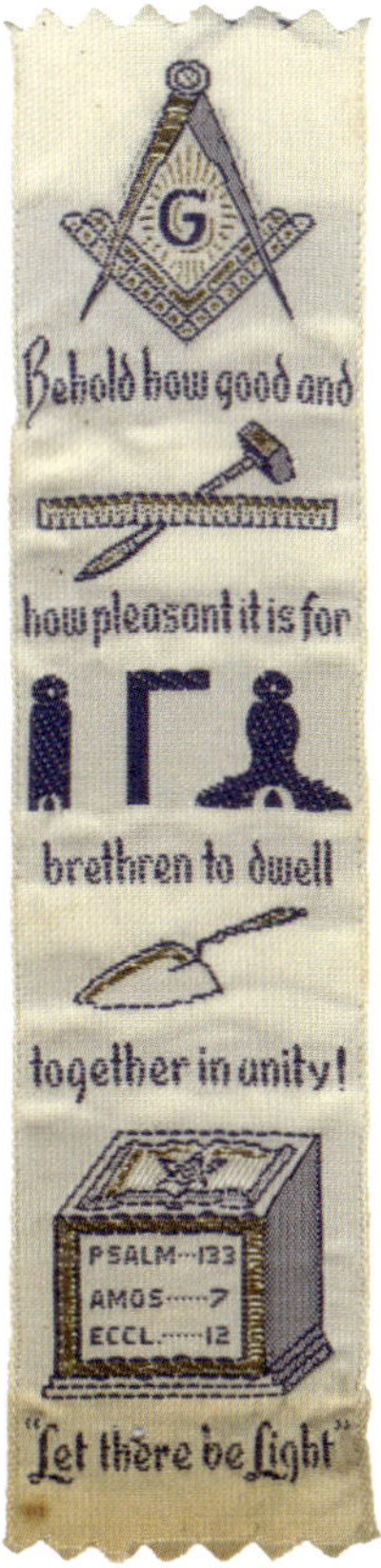


④

③

③1838年頃の人気曲「ジ・オールド・アームチェア」の譜面入り絹製ブックマーク。精緻な刺繍技術が見事。作詞はイライザ・クックで、貴族のサロンなどで歌われ詞の内容が素晴らしいと評された。1871年、スティーブングラフス社製。（長さ26㎝）　④ヴィクトリア女王の在位60周年記念。63年と7か月の在位期間は、当時英王室最長で、全世界に覇権を広げて繁栄をもたらしたと称賛されている。1901年に死去。これは1897年、スティーブングラフス社製。（長さ10㎝）　⑤世界各地に数百万の会員を持つ友愛団体フリー・メイソン（秘密結社）のブックマーク。始まりが石工職人のギルドなのでシンボルとしての定規とコンパスをはじめ工具などを図案化している。アメリカにて購入、1950年代の作とされる。（長さ14.6㎝）

# いつの時代も可愛い子どもたちが主人公

①

②

①リッチモンド・レンジはオーブンなどのメーカーで、「うちのママは、とってもおいしいパンが焼けるって自慢してるの」と少女に言わせている。椅子の腰掛け方が少し変わっている。1912創業。イギリス製。（長さ15.6㎝）　②1890年、HOYT'Sジャーマン・コロン社のPR用。アメリカ・マサチューセッツ州でオーディコロンや歯磨き粉などを製造していた。「本のページの記憶とともに、香りの記憶も残ります」とうたっているので、香りつきかも。（長さ11.5㎝）

④

③

③ダジェット・チョコレートは、19世紀末、ヨーロッパ移民の多いアメリカのマサチューセッツ州で創業、その後、大きな菓子メーカーに発展する。なお印刷技術上、金をぼかす技術が高い評価を受けた。(長さ12.5㎝)　④可愛い子どものイラストで人気を呼んだH・J・ハインツ会社の缶詰宣伝シリーズ。別にキュウリ型の小さな金属製チャームがついていた。1876年アメリカで創業し、紙製ブックマークの最初の広告として名高い。(長さ12.5㎝)

# 海へ山へ観光地へ！ バカンス旅行の定着

②

①

①アルプス山脈は、峠越えの苦難が多く語り継がれてきた。しかし、1912年にユングフラウ鉄道が世界最高点まで開通し、道路トンネルの開通やケーブルカー開業もあって観光客が押し寄せるようになった。アルピニズムという言葉も生まれる。（長さ16.5㎝）
②風光明媚なリビエラ海岸は仏伊両国にまたがるが、フランス側をコート・ダジュール（紺碧海岸）と呼んでいる。海岸保養地としてヨーロッパのみならず世界中から多くのセレブたちが訪れる。ニース、カンヌなど人気の都市やモナコ公国がある。2点ともフランスの旅行会社PLMのPR用ブックマーク。1920年代の発行。（長さ16.5㎝）

④

③

③1913年、オランダのデン・ハーグに民間資金で「平和宮殿」が建設され、中に常設仲裁裁判所や国際司法裁判所などが集められた。その完成を記念した農業国オランダの観光宣伝ブックマーク。(長さ13㎝)　④パリで人気のミュージック・ホール「ムーラン・ルージュ」(赤い風車)。1889年のパリ万博開催の頃、ダンスホールとして開業。画家ロートレックが数多くの踊り子の絵を残しているが、華麗なフレンチカンカンのショーでも人気を博した。この絵は、ファッション・イラストレーターとして人気のエデュアール・ハローズのプログラム表紙絵(1924)のマグネットタイプのブックマーク。(絵柄部分の長さ12㎝)

⑥

⑤

⑤バグパイプを演奏するスコットランド兵。1938年、フランスでは鉄道が国有化されて観光旅行への勧誘が盛んになった。裏にはパリのサン・ラザール駅からロンドンまでの夜間と昼間の行き方のガイドがある。パリのMAYEUX社制作。（長さ17㎝） ⑥1837年以来イギリス王室の公式宮殿であるバッキンガム宮殿。近衛兵の5つの連隊が順番に警護するが、その交代式が観光客に人気となっている。イラストHidenbrand。フランス製。（長さ16.7㎝） ⑦左ページ、「フランスの超特急TGVはパリ〜ストラスブール間を2時間半で結びます」とPR。アメリカで活躍したフランス人イラストレーター、トミー・アンゲラーを起用して、エッフェル塔と線路を描くだけで、フランス国鉄SNCFのひねりの効いた紹介になっている。（長さ18㎝）

⑧

⑦

⑨

⑧「洋上の宮殿」とうたわれたフランスの豪華客船ノルマンディー号。1932年進水、全長313m、8万3千トン。アメリカ航路に就航したが、ドイツの宣戦布告で改造中に火事で沈没した。フレンチライン社の宣伝ブックマーク。L,MULLER文具店制作。中央部分は切り抜ける。（長さ18.5cm、本体長さ15.5cm） ⑨1930年代フランスの流線型4-6-2型蒸気機関車。当時、競合する交通機関が発達したことから、鉄道会社が合併して国有鉄道となり、イギリスなどへの観光客誘致のキャンペーンを始めた。このイラストはベルギー生まれの名機関車ラ・ドゥース号をイメージして描いたようだ。イラストHidenbrand。（長さ18.5cm）

# 華麗な金属製ブックマークは本への愛情表現!?

①殻を破ってかえったばかりのヒヨコのかわいいデザイン。手元を小さな彫刻で飾るのは、ヨーロッパで人気を呼んでいた。日本の根付の意匠を取り入れている。1929年イギリス・バーミンガム製。(長さ12㎝)　②彫金を施したブックマークは、明治時代に日本から輸出されたもの。持ち手の部分を左右に回すと長くでき、大きな本を開くターナーになる。イギリスで購入。19世紀後半。(長さ15.6㎝、彫金部分7.3㎝)　③古代エジプト・ファラオの棺をカラフルなエナメルを駆使して表情も豊かに再現したイギリスのシルバースミス(銀器職人)の傑作。前面にある人物飾りは、古代エジプトの女神イシス。左の裏面はエジプト文様が美しい。1925年、バーミンガム製。(長さ9.6㎝)

④(右) カラフルなロシアンエナメルの仕上がりが魅力。19世紀後半、ロシア製。アメリカで購入。リボンは失われている。(長さ8.5㎝) (左) パリの帝政ロシア時代の骨董を扱う店で手に入れたもの。金と黒でユリの花をデザインし、抑えた色合いの中に気品がある。エナメルはフランスのリモージュやスイスから各地に広がったという。19世紀末。(長さ11㎝)

⑤インドの王族の飾りを取り入れた華麗なデザイン。小さな貴石の止め方も見事で手抜きがない。イギリスでは植民地となったインドの文化が流入し、装飾品の製作技術も見事に取り入れている。(左)は裏面だが細工も美しい。19世紀末頃、イギリス製。(長さ15.3㎝)
⑥宝石、貴石を多用したインド風装飾。抑え目に見えるデザインだが、本のページを挟む部分の飾りにも心を配っている。19世紀末頃、イギリス製。(長さ11.5㎝)

⑦アゲイト（縞瑪瑙・しまめのう）を握りの柄模様に見立てたアラビア風のサーベル。瑪瑙には、金運、行動力の意味がある。1890年頃、イギリス製。（長さ12.1㎝）　⑧持ち手の部分に小粒のダイヤを貼りつけたように見えるが、全て打ち出しのスターリングシルバー製。アラビア風の華麗な味わいがある。こうした高級品には、アンティークショップの収集家向け証明書がついてくることが多い。1897年、イギリス・チェスター製。（長さ8.5㎝）

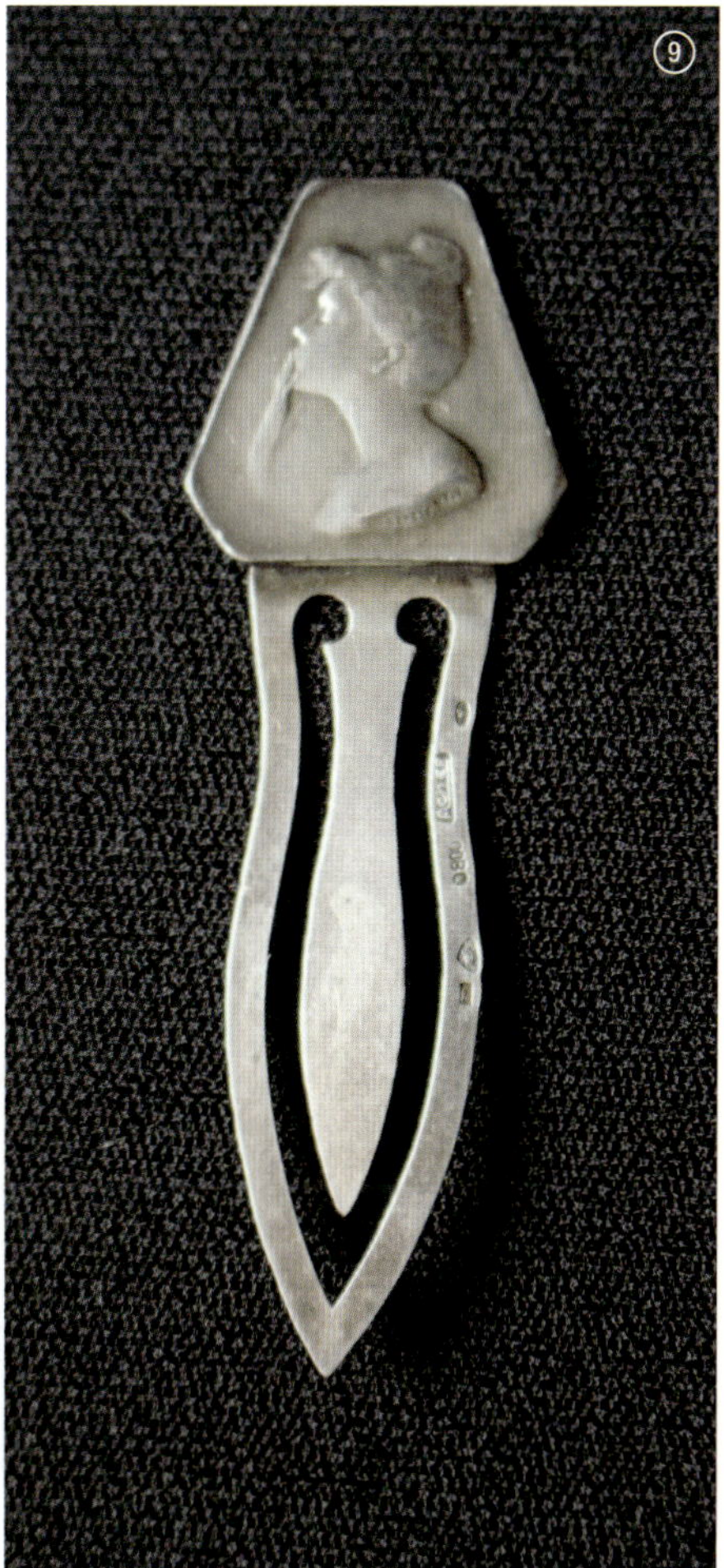


⑨美しい女性の横顔を浮き彫りにしたドイツ製レーゼツァイヒェン（ブックマーク）。主にフランスで販売された。20世紀前半、銀合金製。製作者のマーク入り。（長さ6.5㎝）　⑩頭のアゲイト（縞瑪瑙）の独特の模様が、ユダヤ教信者の男性がかぶる帽子キッパに似ていることから、アメリカのユダヤ系の富豪に大切にされた。アゲイトは天然もので美しい縞を描くものが珍重される。19世紀後半、イギリス製。（長さ9.5㎝）

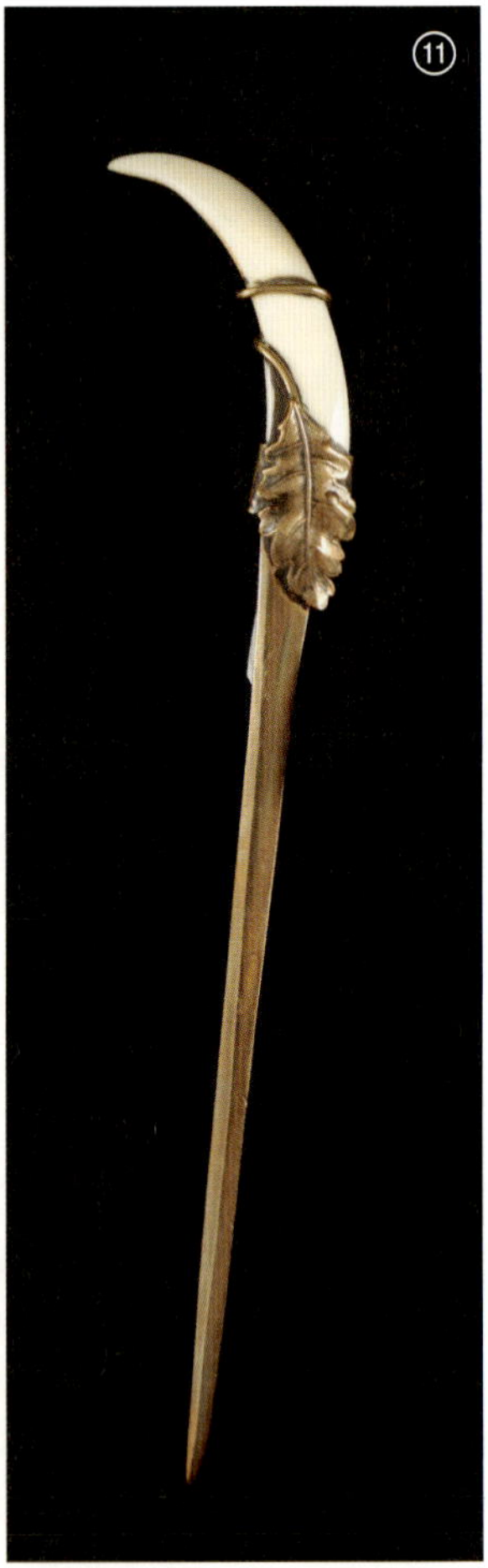


⑪アフリカや南アジアから輸入した虎や豹などネコ科の野獣の牙を、蔦のツルで包むように絡ませて強調。男性用の装飾品によく見られるデザイン。19世紀後半、イギリス製。(長さ18㎝、牙の部分5.5㎝)　⑫荒々しいアメジストの岩を這い登るトカゲ。紫と金のコントラストが美しい。トカゲは隠れた敵を意味する。アメジストには邪悪を振り払う力があり、古代ギリシャ以来人気がある。20世紀前半、イギリス製。(長さ10.5㎝)　⑬斜めに入った模様の上を登る蛇の姿が美しい。南太平洋では真珠の母貝となる白蝶貝はパーリーシェルとも呼ばれる。養殖技術の進歩からヨーロッパには19世紀に多く輸入された。1920年代、フランス製。(長さ10.8㎝)

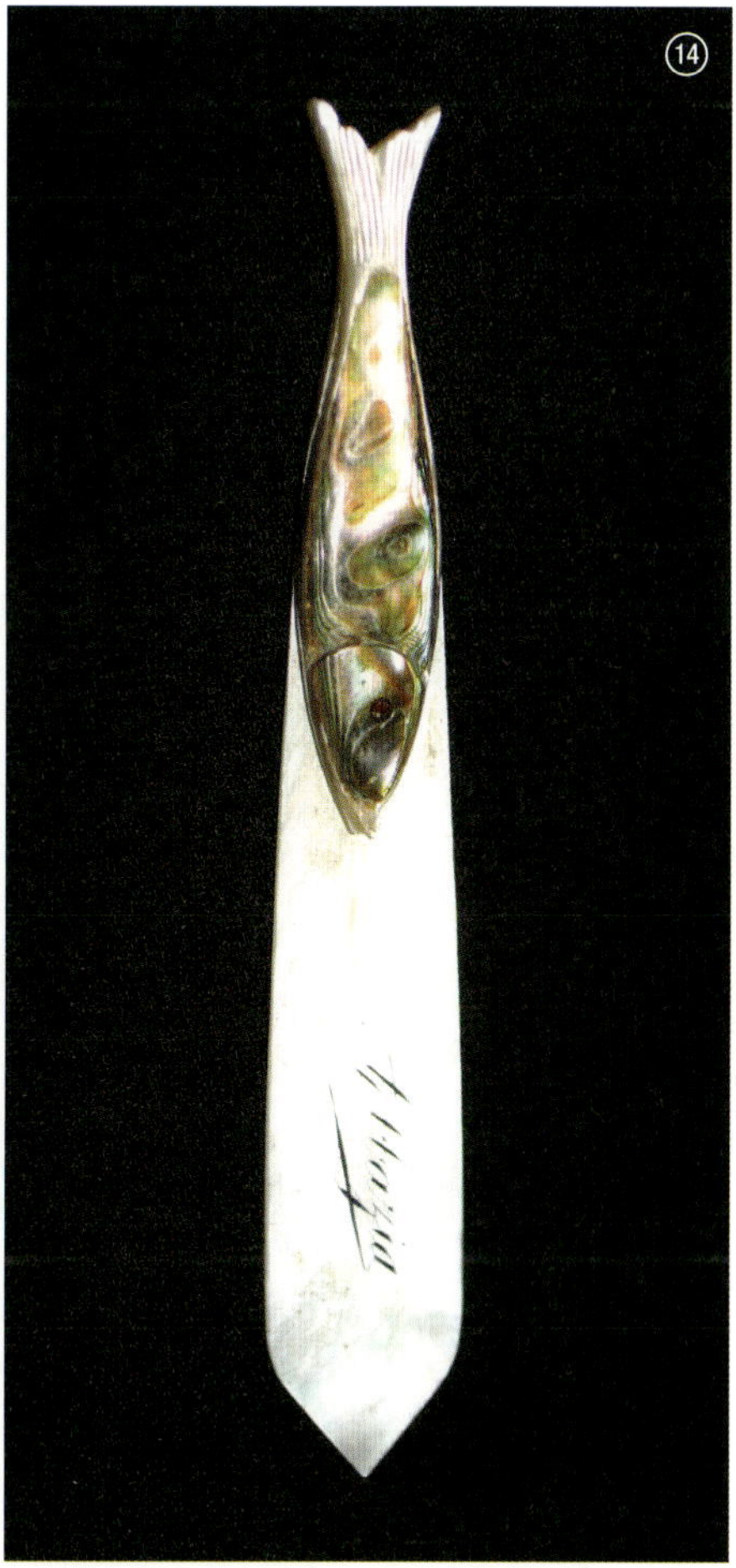

⑭白蝶貝の色の違いをアレンジして、鯖と思われる魚の形に表現した。イタリア周辺の観光地のお土産品と思われる。西洋骨董評論家の岩崎紘昌さんが、楽しいデザインに惚れて秘蔵していたもの。20世紀前半。(長さ9.6㎝)　⑮古代エジプトで生まれた木象嵌（もくぞうがん）は、ローマ帝国で盛んになりヨーロッパへ、さらにシルクロードを通じて日本にも伝わり、箱根細工のような木材のモザイクに発展する。その技術が万博などを通じ世界へ再拡散し、今、各地に美しいモザイク技術がある。19世紀後半、イギリス・ケント州製。(長さ12.5㎝)

# 大切な本を守る祈りが込められた逸品の数々

①巻きつく蛇が不気味。蛇には長寿や生命の再生（脱皮することから）という意味があり、その霊力を信じる人は多い。ただ、キリスト教の影響で悪の象徴とされる場合も。ブロンズに銀メッキ。1910年、フランス製。（長さ12.8㎝） ②ヨーロッパで守護神として人気があるドラゴン。翼は有り無しがある。本来は人間の敵だが英雄に退治され守護神となる伝説が多い。フランス王室ゆかりのユリの紋章と王冠がついている。20世紀初め、フランス製。（長さ9.5㎝）

③イタリアのヴェネチアングラスを飾りに使った２本のセニャリーブロ（しおり)。古代オリエントから伝えられてきたとされるモザイクの技術が、ムラーノ島のガラス技術に現在も生かされている。20世紀前半、イタリア製。手前はイタリア移民の多いアメリカで購入。(長さ手前8.4㎝、奥8.7㎝)

④ギリシャ神話で宇宙を支えるアトラス神。戦に敗れた罪で天空を西の果てで背負わされることになった。アゲイト（縞瑪瑙）を天空の広がりに見立てている。瑪瑙は水晶と同じ成分と性質をもち古くから利用された。19世紀後半、イギリス製。（長さ9.5㎝）　⑤苺をテーマにした木彫。素材はアフリカのマコーレ、赤みを帯びた色からチェリーマホガニーとも呼ばれる。葉などの曲線を表現するウッド・カービングの技術が見事だ。1930年代、イギリス製。（長さ9.8㎝）

⑥セルロイド製動物シリーズ、孔雀とインコ。手彩色で数多く出回っているが、色合いが品によって違うのは、自分で彩色する方式からなのだろうか。20世紀前半、フランス製。(長さ手前のインコ8.5㎝、奥の孔雀11㎝)

# 見事な工芸テクニックを誇るフランス近世の傑作選

可愛い天使とカーネーションをデザイン。メタルドールと呼ばれる金属に金メッキした華やかな1880年代フランス製マルクパージュ（ブックマーク）。プリカジュールと呼ばれる高度なエナメル技法を使い、細い金の縁取りをした中にエナメルを流し込み、その後に表面を覆う箔を取り去ることで透明感が出てくる。リボンは後づけ。（本体長さ11㎝）

シルバーレースと呼ばれる高度の技法で製作。流れるようなアカンサスのデザインが美しい。上部の王冠の右にMの文字が見えるが、コンテマークと呼ばれ、フランス南部の伯爵領を表す。19世紀後半、フランス製。（長さ11.5㎝）　挟んでいる本は、19世紀末から20世紀初めにはやった小口印刷と呼ばれる技法で物語の一場面が見えている。

# 第Ⅶ章　本を巡って引き起こされた数々の悲喜劇

## 愛書狂の登場、本のために殺人や窃盗まで犯す人も
——近世～現代・世界各国

▽書籍狂(ビブリオマニー bibliomanie)というあまり名誉ではない呼ばれ方をされる人たちが、19世紀に現れる。

その中でも有名なのは、ドイツのライプツィヒ近くに住んでいた牧師ヨハン・ゲオルク・ティーニウスだ。神学の学識豊かで記憶力にも優れ、著書も何冊かあって評判は高かった。唯一の趣味が本の収集で、蔵書は数万冊を誇り、古書の売買にも手を出していた。ところが1812年、教会のある町の近郊で一人の商人が、その1年後には老婦人が殴り殺され、債券が盗まれる。目撃者がいてティーニウス牧師に嫌疑がかかり逮捕された。本人は否認、証拠は出ないまま二つの事件あわせて22年の牢屋暮らしをよぎなくされることになる。しかし、その間に記憶力を生かして2冊の神学書を書き下ろし話題を呼んだ。

▽またスペインの神父ドン・ビンセンテは、ポプラト僧院にいた1834年頃、激化する内戦に巻き込まれ、大切な蔵書を破壊されてしまう。それがトラウマとなったのか、バルセロナで古本の売買を始めるが、ある時、古書市で1冊の本を競り落とそうとして負けてしまう。ところが3日後、なんとその競売本を手に入れた男の家が焼け、その家の主が死体となって見つかった。その後も、愛書家が次々殺される奇妙な事件が続いた。結局10人も殺し、ビンセンテは死刑に処された。この事件の新聞記事を寄宿舎生活をしていた14歳のフランスの少年が読

み、『愛書狂』という短編小説に仕立て上げた。彼の名はフローベール。後に、この小説の構成手法を取り入れて『ボヴァリー夫人』を書き、写実主義のリーダーとして名声を得ている。
▽1803年、イタリア・フィレンツェの貴族の家に生まれたリブリは、20歳でピサ大学数学教授に就くなど異才を発揮していた。ところが、政治の混乱による急進派の弾圧を恐れてフランスに亡命した後も、その知識を賞賛されてリブリ伯爵と呼ばれるようになる。パリ大学教授となり、レジオン・ド・ヌール勲章まで授与される。実力が認められ、フランス全土の公共図書館所蔵の写本目録を作成する仕事に就くと、自由に図書館に出入りできる立場を利用して写本を盗んだり破り取ったりし、それを展示したり、時には売り払ったりしてしまう。後に裁判にかけられるが多くの人はそれを信じず、首相や作家のメリメが彼を弁護しようとする。ロンドンに逃げるが、結局、有罪判決を受け、持ち逃げした書物をフランス大使に返還する。だが、その後また機知に富んだ悪だくみを企てたという。
▽また時代は遡るが、イギリスの靴職人、ジョン・バグフォード（1657～1716年）は、奇妙な書物収集家として知られていた。彼は生涯をかけて「印刷史」を書きたいと願い、そのための参考にと数々の本を買い集めたが、中には図書館から盗んだものもあったらしい。どの本も全てタイトルページだけを切り取り、他は捨て去った。その総ページ数はなんと2万5千ページにもなるといわれている。彼はそれを二つ折り本で60巻に製本した。現在、大英博物館に所蔵されているが、歴史的に貴重な古書のものもあるという。だが、ただ並べただけで印刷の歴史は書かずに終わった。
▽19世紀になって、手写本の収集や研究が盛んになるとともに、ビブリオクレスト（biblio-clast 書物破壊者）と呼ばれる輩が出てくる。その手口は、美しいページを切り集めて1冊の本にする。あるいは自分の本棚に入らない

からという理由で、はみ出す部分をノコギリで切り取ってしまう、などである。何と犯人には学者や収集家が多く、よい古文書を手に入りやすくしているのだ、などと嘯《うそぶ》いているからたちが悪い。

▽北宋、南宋時代(10〜13世紀)の中国の本は、「宋版」と呼ばれて珍重されるほど、工芸的な美しさがあり、コレクターも枚挙に暇《いとま》がないほどだ。明《みん》代(14〜17世紀)に、科挙の進士に合格した朱大韶という役人がいた。宋版の収集家として知られたが、袁宏著『後漢紀』をぜひ手に入れたくなり、大金を積み珍貴な品を差し出したが、断られ続けた。その書は添え書きも立派な上、古い金襴《きんらん》の籤《せん》(しおりの様なもの)がつけられていたのでますます欲しくなり、ある決断をする。それは愛情を注いでいた愛妾を差し出すことであった。その結果、ようやく本を手に入れることに成功した。

しかし、去り際に愛妾は、一編の詩を残していった。「私は思いがけなく出て行くこととなりましたが、これは故事にある馬と引き換えた話に比べてもまさるものと信じています。いつか、もしお会いすることがあっても哀しみ嘆くことはありません。春風に吹かれる路傍の枝のようなものですから」という内容であった。

フランスの「個人向け短期国債を買いましょう!」というキャンペーン用マルクパージュ。モロッコなどに住むベルベル人の持つ装飾短剣の鞘の形のようだが、幸運を呼ぶと信じられている。国債が増額された1980〜90年代のものか。(長さ19.3cm)

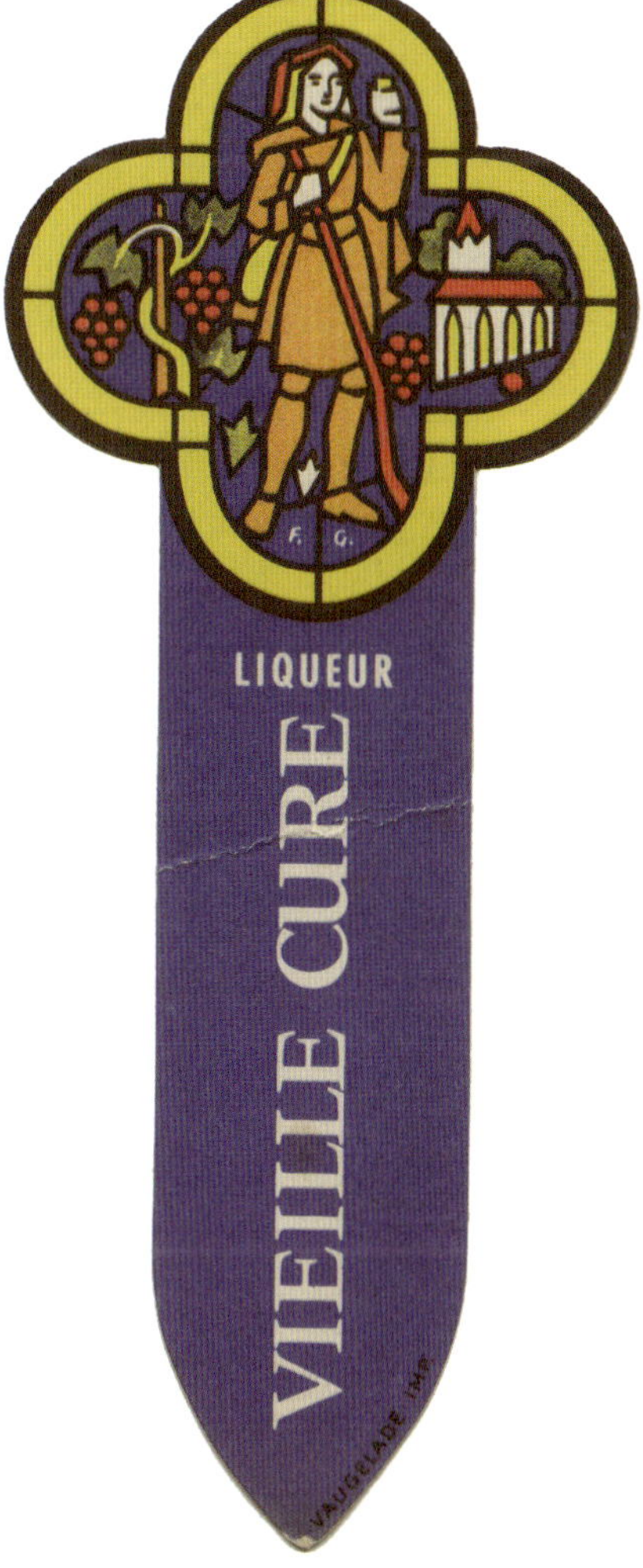


フランス・ボルドーにあるワインメーカー「シャトー・ヴィレキューレ」。17世紀からワイン造りの歴史を持つが、現在はアメリカ資本。19世紀末のものだが十字架形と尖った先端にペーパーナイフ時代の名残りがある。(長さ19.5㎝)

1705年創業のサクランボの果実酒メーカー「Cherry Rocher」は、フランス・リヨンに広大な農場と醸造所を持つ。カクテル用だが、スペインのシェリー酒と誤解されやすい。本の下から差し込むと店名とオカミさんの姿が強調される仕掛けがある。(長さ17.5㎝)

▽ブルガリア出身のエリアス・カネッティ著『眩暈《めまい》』（1935年）の主人公ペーター・キーンは、蔵書2万5千冊を妻に騙し取られる。そのため大きなショックを受け精神に異常をきたしてしまう。周りの援助でようやく本を取り戻すが、すでに現実と幻想の区別がつかなくなっており、自らの蔵書に火をつける……。
▽19世紀末のパリで、アールヌーボー様式の極致とまで称賛された本の装幀家、オクターブ・ユザンヌ。古書蒐集でも知られ、その知識をふんだんにちりばめた短編『シジスモンの遺産』は、今でも読み継がれる傑作である。
物語は稀覯書収集家シジスモン氏の死に始まる。主人公ギュマールは故人の所蔵本を買い取ろうとするが、無念にも売却禁止の遺言つきで従妹の女性に相続された。そこで、その女性との結婚を決意するが、かなりのお歳で〝古板同然に干涸びたまさに怪物〟のような女性だった。それでもと心を決め結婚生活に入るが、なんと花嫁は本が大嫌い。水やカビ、さらに鼠などあらゆる手段で破壊しようとする。しかし、ようやく入り込んだ書庫で見た貴重な本は装幀も美しく並んでいた。だが！！！！結末は、ポプラ社刊「百年文庫」の『本』で。

## かけていた眼鏡からブラジャー そしてベーコンまで、珍談奇談がいっぱい
——近世～現代・世界各国

しおり・ブックマークについての資料の中には、不思議な記述がいくつも登場する。読書する人々にとって少々オジャマ虫的存在だったのかもしれない。
★イギリスの文学者メアリー・ラッセル・ミッドフォード（1787～1855年）は『文学再構成』の中で、「私はブックマークを持たなかった。直感的に読んだ部分を折り返したものよ」といっている。この折り返しのこと

を英語ではドッグ・イア(dog-ear 犬の耳)と表現する。近世のヨーロッパでは未製本のセクション(シグナチャー)を買って読み捨てるのが一般的だった。高額な製本代が節約できるし、ブックマークも必要ないからだ。最近でも、ある大学教授は、ペーパーバックを読みながらページを破り取っているという。「荷物を軽くできるしブックマークを使わなくてすむ」という理由からである。

★ルネサンス時代の学者が書いた本の収納方法についての記述には、「本の特定箇所を示す印として紙片を挟むことがある」と書かれている。

★イギリスの「墓場派」に属する詩人のエドワード・ヤング(１６８３〜１７６５年)は、本を読んでいて心を打たれる一節に出会うとそのページを折り込むくせがあった。彼が死んだ後、その書斎を見た人は、そこにある多くの本が折り込みだらけで半開きになっているのを見て驚いたという。

★イギリスの学者ジョージ・セルデン(１６９４〜１７７８年)は、研究を中断されると、そのとき読んでいた本の間に、自分が掛けていた眼鏡を差し挟んだ。そしてそのまま忘れてしまうことが多かった。彼の蔵書はオックスフォード大学に遺贈されたが、調べたところ、書物の間から眼鏡が12個も見つかった。

★『図書館』の著者、アルベルト・マングェルは、「痕跡は消さずにすべて残しておく。前の所有者の残した汚れ、旅人が走り書きしたメモ、見返しに書かれた名前、しおり代わりのバスの切符。古いものも新しいものもすべて残しておく」という。最近のイギリスの例では、乗車券、ポストカード、紙切れ、さらにはヘアピンまであった。

★イギリスの文人チャールズ・ラムが友人に送った手紙に、「自分の本はよくなじんでいて、どこにしみがあり、どこに折り返しがあるかを知っている。それにバターつきパンをお茶の横に置いて読んだりすると、その痕跡がはっきりついていたり、パイプ煙草の粉が挟まっていたりする。こういう本は最上の楽しみを与えてくれるものだ」と書いているが、このパンは意図的に差し込んだものか、単なる失敗かどうかは不明である。

★最近でも、アメリカ中西部のある図書館で、返却された本の中からブックマークとして使われたベーコンが1枚挟み込まれたまま見つかって、大騒ぎになったことがある。ただ、ベーコンではなくお札が見つかった場合、それがへそくりかどうかは入れた人に聞かなければわからない。

★終戦直後、古本商の八木福次郎は買い取った美術書の間から百円札2枚を見つけた。「すぐ売主に連絡して返したが、栞《しおり》のためではなくへそくりだった」と『古本薀蓄』で書いている。だが、戦後のハイパーインフレの真っ只中で、隠している間に百円の価値は激減していたことだろう。なお古本にお金が挟まっていた場合、代金を払って手に入れたもので、警察に届けた場合は自分のものになる可能性があるという法律専門家の見解もある。

★日本の作家、山崎ナオコーラは新聞コラム「栞が導くいろんな世界たち」で「コンビニのレシートや新聞の投稿欄の気に入った文章を切り取って、読みさしのページに滑り込ませたりしている。あるいは、読んでいて眠くなり、脱ぎ散らかしたピンクのブラジャーを、本の間に挟んで、そのまま眠り込んでしまったこともあった」と書いている。

★また、本に書き込みをする人も多い。モンテーニュ（1533~92年 フランスの思想家）は、その本を再読する価値なしと判断すると、その理由について自分の考えを書き込んだ。ヴォルテール（1694~1778年 フランスの哲学者・作家）は、どんな本でもその良否を判定して書く癖があった。

普通こうした書き込み本は嫌がられ、ほとんどの古書店では引き取ってくれない。ただ、歴史的人物の所蔵本や有名作家の書き込みのある自著の場合、歴史的価値があるとして高く評価される場合もある。

最近、一般の人が読後の感想を書き込んだものを、「痕跡本」として愛知県の「古書　五っ葉文庫」が売り出し、注目されている。もちろんその日の心境を綴ったものが多いそうだ。その書き込みがどんな状況で書かれたかを読み解きたいというのが、不思議な人気の秘密だという。

## 様々な理由で多くの本が焼かれ、著者や発行者が迫害されたことを忘れてはならない

——古代～現代・世界各国

ここでは、本について起きた悲劇的な出来事のうち主なものを時代順にただ並べることにとどめ、読者の皆さんの判断に任せることとしたい。もちろん本の悲劇はこれだけではないことも忘れないでほしい。

☆アレクサンドリア図書館といえば、今や存在そのものが一つの伝説といっていい。当時から憧れの神話的存在となっていたので、地中海を囲むあらゆる国々から学者や好奇心あふれる人々が訪れたのである。しかし、そこに所蔵される70万巻のパピルスに書かれた著作物、作品数にして3万点余りは、紀元前47年のある日、ローマのカエサル（シーザー）率いる軍隊が松明《たいまつ》で放った炎にたちまち包まれ、その大半が灰塵に帰してしまった。

同様に、初代ローマ皇帝アウグストゥスが築いたポルティクスやパラティウムの図書館、皇帝ウルピウス・トラーヤヌスの作ったウルピア図書館などのローマの大図書館も、蛮族の侵入などによって破壊された。現在、パピルスの断片がわずかに残っているだけだが、どのような書物がローマ人に読まれていたかは、それらを手がかりに想像するしかない。

☆「焚書坑儒《ふんしょこうじゅ》」とは、紀元前213年、秦の始皇帝が行なった儒家に対する思想弾圧である。医術、卜占《ぼくせん》、農事などの実用書以外の民間にあった書物を焼き捨て、翌年、始皇帝に批判的な学者460人を坑に埋めて殺したとい

われる。転じて学問や思想に対する弾圧を意味する言葉として今に生きている。

それだけでなく、中国史には焚書の実例が数多く記録されている。大規模なものだけを列挙すると、後漢の董卓、北魏の大武帝、梁の武帝、元帝、随の煬帝、明の成祖、清の乾隆帝など理由は多様だが焚書を行なった。それ以外にも各王朝末期の戦いや暴動によっても多くの書物が失われた。その結果、今度は資料が足りなくなって正史が書けなくなり、全国から本を集める集書を実施せざるを得なくなるという悲喜劇が繰り返されてきた。

そうした中で、日本に渡った本が実は中国本国には存在しない貴重なものだったというエピソードは数多くある。たとえば、中国・浙江工商大の王教授の最近の研究によれば、8世紀、日本の遣唐使の一行は、驚くほど本を欲しがったという。仏典5千巻を持ち帰った僧玄昉《げんぼう》を始め、数多くの渡航者たちが大量の経巻や資料を携えて帰った。日本ではそれを写経所で写して各所に配ったらしい。日本の平安時代には、欠けている巻を指定して買い求める例も増え、日本に貴重な書物がもたらされることになった。
☆1204年、東ローマ帝国は第4次十字軍に攻撃され、帝国が分裂してしまう被害を受ける。カソリック教徒の十字軍は、なぜか同じキリスト教徒であるギリシャ正教系の東方教会を異教扱いし、弾圧した。その結果、多くの聖書や書物が燃やされてしまった。
☆その東ローマ帝国は1261年に再興されたが、今度は1453年にオスマントルコのメフメト2世によって首都コンスタンチノープルが攻略される。しかも、兵士たちに勝手気ままな行動を許したばかりか、「あらゆる教会にある聖書やコンスタンチノス皇帝の書庫にある書物を、残さず海に投げ込め」と命令した。当時、皇帝の書庫にあった筆写本は12万冊に及んでいたといわれるが、その全部が水中に消えた。
☆1455年のグーテンベルクの印刷術発明以降、各国政府の高官や教会の関係者は、印刷術が人間の考えや行動に大きな影響を与え、新しい思想と信仰を伝えるのにかなりの力があることを実感し、大きな革命が起こるかもしれないという危機感さえ持った。イギリスのある高官は、「今のうちに全ての印刷機を破壊してしまわなければ、我々は印刷機によって滅ぼされてしまう」と言った。

印刷に従事する人たちは数々の脅しや迫害にもめげず、「人は真理を知れば、真理はその人に自由を与えるだろう」というある学者の言葉に支えられて、印刷を続けた。そのため多くの人々が鞭刑や手かせ足かせ刑などの迫害や拷問を受け、さらに火あぶりの刑によって命を落とした。それでも印刷者たちは、真実と信じるものを出版し続けた。「我々の主張を公にするのは、我々の権利であるというよりはむしろ義務である。我に二十六の小さな鉛の兵隊(活字のこと)あり、これをもって世界を征服せん」と言ったと〝本の碩学〟の庄司浅水が書いている。

ポーランド・クラコフ市にある歴史博物館のブックマーク、第二次世界大戦中（1939～45年）のナチス・ドイツ軍の行動記録を紹介。同市にはユダヤ人のゲットーがあり、多くのユダヤ人を救済したシンドラーの工場もある。なお、アウシュビッツ強制収容所は53km西にある。（長さ19.5cm）

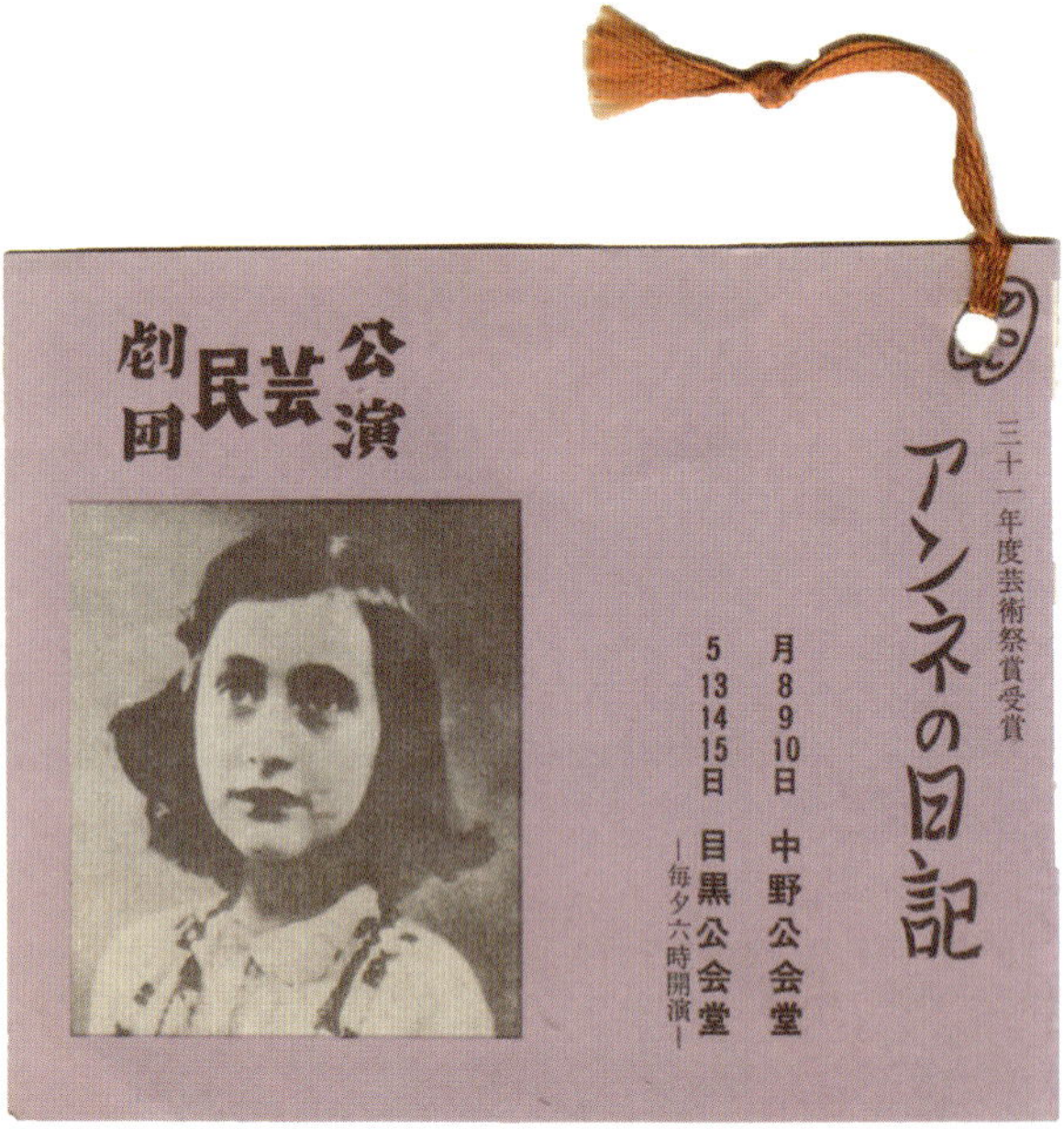


ナチスの迫害を逃れてドイツからオランダに亡命し、屋根裏で潜伏生活を続けたユダヤ人少女アンネ・フランク（1929～1945年）。彼女が苦難の日々を綴った『アンネの日記』は世界的ベストセラーとなった。これは劇団民藝の「アンネの日記」の昭和31年（1956）、第1回公演のPR用しおり。これまで13回の公演を行なったほどの定番人気作品。（本体長さ9㎝）

この大変革の時代に本造りに携わった人々の、心意気やあふれるような熱気を感じさせる。

☆1517年、ルターの『95か条の論題』をきっかけとするプロテスタントによる宗教改革は、本の発展という意味では大きな後退をもたらした、といっても過言ではない。教会や修道院の建物は破壊され、備品は焼かれた。本も燃やされるか、紙くず同然の扱いを受けた。あまりに大量に処分されたため、本棚はガラガラとなり、印刷本が出回るまで穴は埋まらなかったという。

☆「本を焼くものは、やがて人を焼くようになる」は、19世紀ドイツの詩人ハンリッヒ・ハイネが15世紀のスペインとポルトガルでの焚書について『アルマンゾル（ある悲劇）』の中で書いた言葉だが、なぜか1933年のナチスによる焚書についての表現として使われることが多い。ナチスはマルクスなどの社会主義関係、あるいは非ドイツ的な詩人・作家のケストナー、劇作家で詩人のブレヒトなどの出版物を集めて燃やしたが、その中にハイネの作品も入っていた。

☆日本でも、本を焼くという直接的行為ではないが、精神的な焚書が行なわれていたことは、忘れられがちである。しかし、戦前には、特別高等警察（特高）によって反体制主義者や共産主義者の発言や文章、手紙類に対して極端な弾圧が行なわれた。また、戦後はＧＨＱによって、戦争を少しでも肯定する著作物や武士道を賞賛する本などが出版禁止にされたことは、しっかり記憶しておく必要がある。

最近、世界の紛争やテロで犠牲になる少年兵が問題となっている。このベルギーの絵本『ちいさなへいたい』（De kleine soldaat、パウル・ヴェルレプト作、野坂悦子訳、朔北社）は、兵器のおもちゃで遊んでいた少年が現実の戦場につれていかれ、悲惨な状況や死体を目にする。幸い我が家に生還した少年は、悪夢に悩まされ続けることになる、というお話である。著者の体験が元になっている。（長さ18㎝）

# 映画という魅惑の世界の隆盛

②

①

①②アメリカのほぼ全ての映画、演劇関係の賞を受賞したイギリスの女優オードリー・ヘップバーン。イギリスで舞台に立っていたが、1951年にニューヨークのブロードウェイの『ジジ』に出演し、注目を浴びた。その後、『ローマの休日』を皮切りに映画、舞台で活躍する。後半生はユニセフの活動に熱心だったことでも知られる。（右）『ローマの休日』。共演グレゴリー・ペック、ウイリアム・ワイラー監督、1953年パラマウント映画。（長さ17㎝）（左）『戦争と平和』。共演ヘンリー・フォンダ、メル・ファラー。キング・ヴィダー監督。1956年、米伊合作パラマウント映画。（本体長さ14.2㎝）

④

③

③「20世紀のセックスシンボル」と称されたアメリカの映画女優マリリン・モンロー(1926～1962年)。女優、歌手として活躍、奔放な生き様も話題を残した。これは少女時代から死の間際までの日記『FRAGMENTS～魂のかけら』のPR用。本では詩、随筆、手紙などを収録している。フランス製。SEUIL制作。(長さ19.4㎝)　④『地上より永遠に』『王様と私』などでアカデミー主演女優賞に6回ノミネートされて有名になった女優、デボラ・カー。美貌とエレガントさで「英国のバラ」と呼ばれた。1951年制作のMGM映画『クオ・ヴァディス』公開記念。なお、94年、アカデミー賞名誉賞を受賞。(本体長さ9.4㎝)

⑦

⑥

⑤

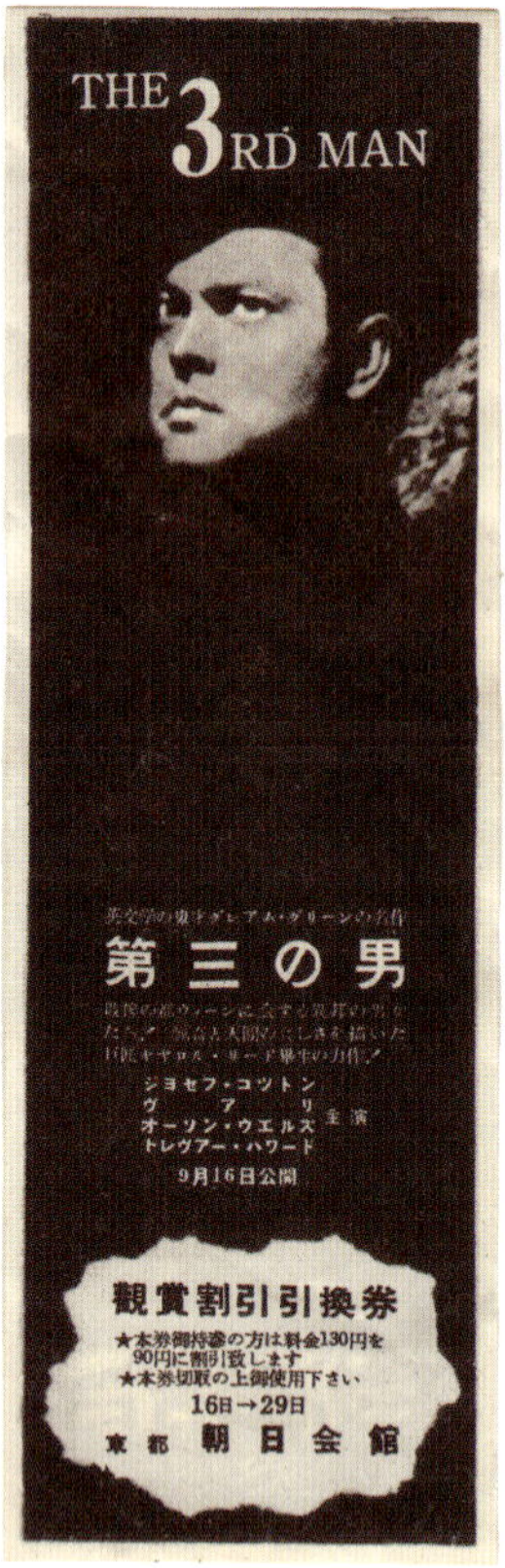


⑤映画『第三の男』は第二次世界大戦後のウイーンを舞台にしたフィルムノワール。ジョセフ・コットン主演、キャロル・リード監督、アントン・カラスのチター演奏が印象に残る。カンヌ国際映画祭グランプリ受賞。日本公開1952年。（長さ15.8㎝） ⑥大人になろうとする乙女の青春を描いたロマンス映画『初恋』。主演はナタリー・ウッド。数々の名作に出演したが、恋多きことでも知られた。43歳で撮影中に水中に落ち死亡。アービング・ラパー監督、ワーナー・ブラザース、1958年公開。（本体長さ18㎝） ⑦喜劇王とたたえられるイギリスの映画俳優、チャールズ（チャーリー）・チャップリン（1889～1977年）。完璧主義者といわれ監督、コメディアン、脚本家、プロデューサー、作曲家など多彩な活躍をし、数々の名作を残した。写真は1931年の『街の灯』より、イタリアのEmilio Modric Editore制作。（長さ20.8㎝）

⑩

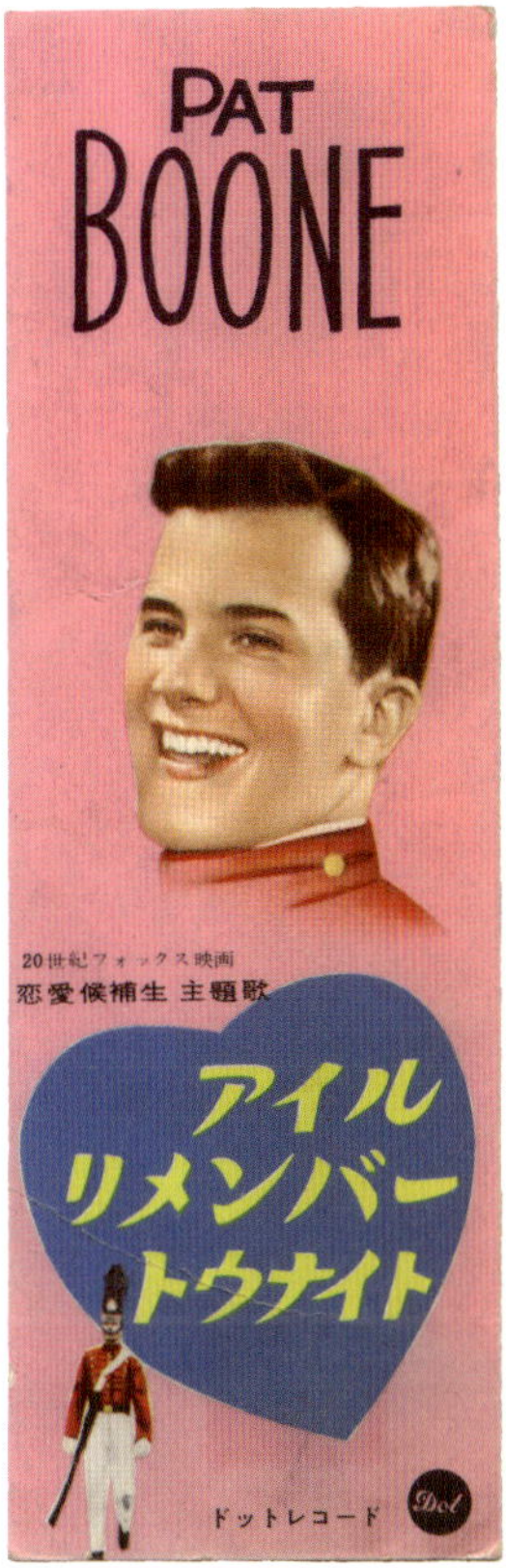


⑨

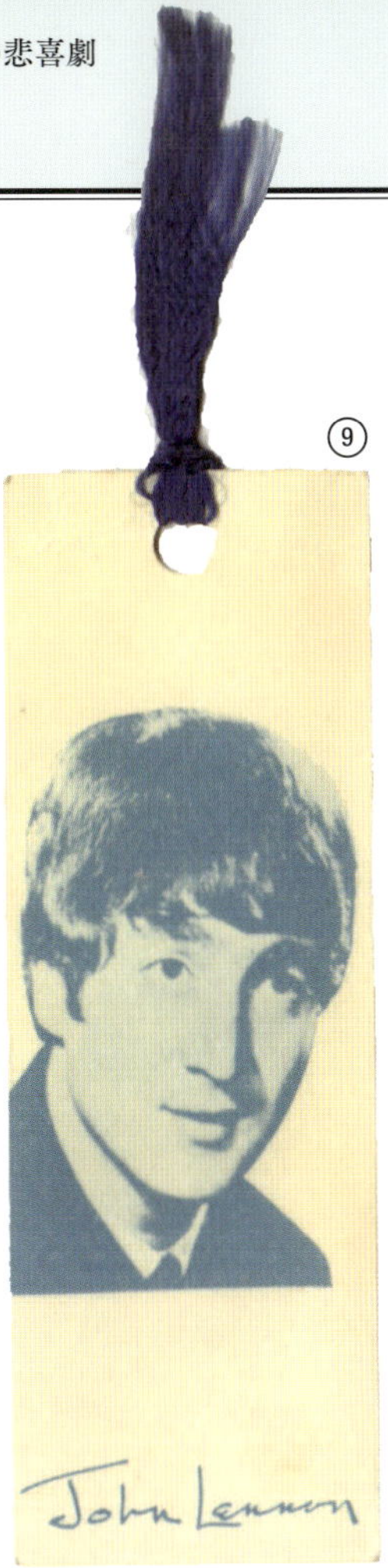


⑧

⑧『メトロポリス』。100年後の「ディストピア」を描く、モノクロ無声字幕付きドイツ映画。SF映画最初の作にして最高傑作と称賛される。フリッツ・ラング監督。日本公開1927年。フランスのシネマテークのコレクション。カラーなのは1984年のジョルジオ・モロダー版のPRのためか。（長さ18㎝）　⑨ザ・ビートルズのボーカル、ギターのジョン・レノン。日本人のオノ・ヨーコと結婚した。1980年にニューヨークで殺害された。74年草思社刊の単行本『回想するジョン・レノン』に付録として挿入されたもの。（本体長さ9㎝）　⑩『アイル・リメンバー・トゥナイト』は、主演の歌手パット・ブーンが歌う『恋愛候補生』の主題歌。清潔で折り目正しい歌手として人気だったが、ある時、そのロッカー風ファッションで、保守的なキリスト教徒に糾弾されたこともある。ドットレコードのPR。（長さ18㎝）

⑪

⑫

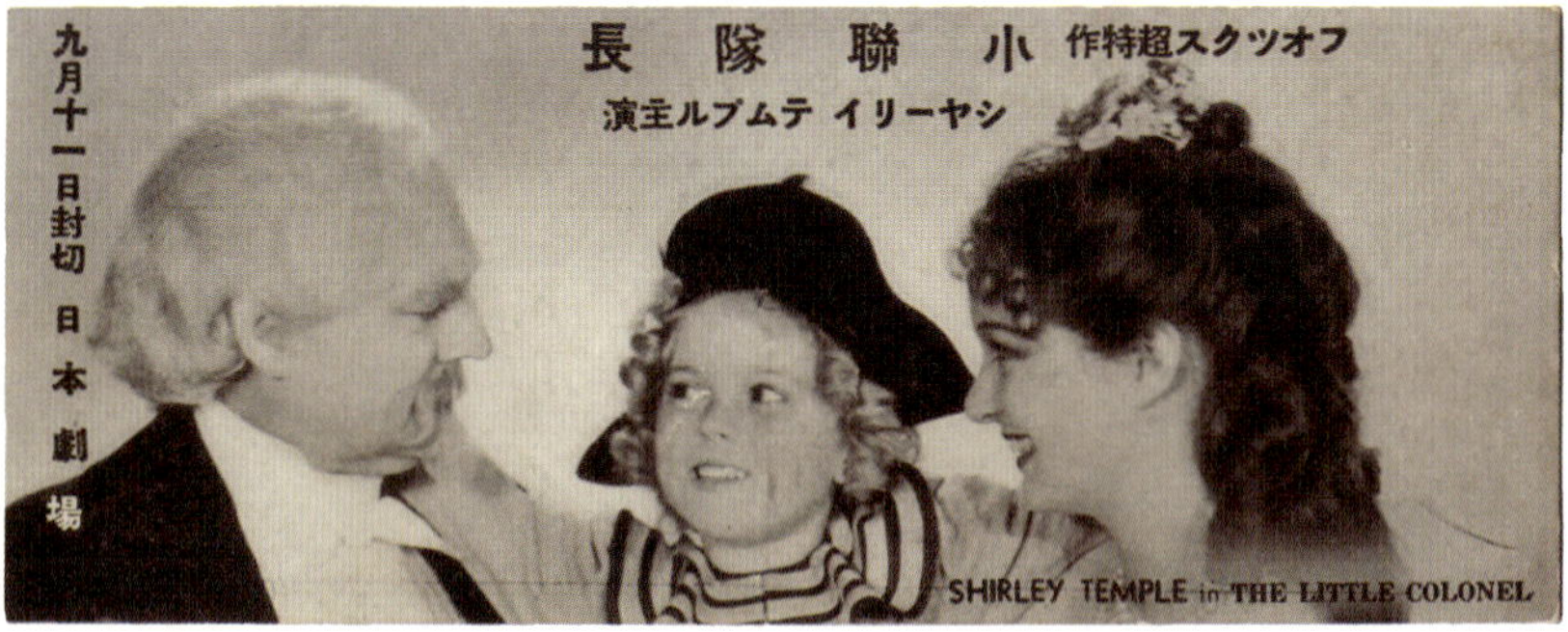


⑪ミュージカル映画『サウンド・オブ・ミュージック』。家族愛を描き、主演、ジュリー・アンドリュースの「ドレミの歌」などの歌声とアルプスの美しい風景が印象的だった。監督ロバート・ワイズ、1965年、20世紀フォックス。（長さ18㎝）　⑫ミュージカルコメディ映画『小聯隊長』。アメリカの象徴ともいわれた名子役、シャーリイ・テムプルが主演。当時№1のタップダンサー、ビル・ロビンソンの階段でのタップが話題となった。D・バトラー監督、1935年公開、20世紀フォックス。（長さ15㎝）

⑮

⑬

⑭

⑬『情熱の狂想曲』で主演のドリス・デイ。1942年、18歳でジャズシンガーとなり、4年後に「センチメンタル・ジャーニー」をヒットさせる。映画出演も数多く、歌えるスターとして活躍。（長さ7.9㎝） ⑭1938年の『格子なき牢獄』で人気になったフランスの女優コリンヌ・リュシェール。『美しき争ひ』は同年の公開。戦後、雑誌の企画で〝わが青春のアイドル〟の№3にあげられた。ヘチマコロンの宣伝用。（本体長さ15㎝） ⑮『西部の王者～ローン・レンジャー』。「ハイヨーシルバー」「キモサベ」などのセリフで一世風靡した西部劇。ラジオ→コミック→TV→映画の順で制作された。これは1956年の映画版。クレイトン・ムーア主演、S・ヘイスラー監督、 ワーナー・ブラザース。（本体長さ15.6㎝）

## 忘れえぬ名前、各界の著名人たち

②

①

①現代物理学の父といわれるドイツの理論物理学者のアインシュタイン(1879～1955年)。「相対性理論」で知られるが、人の生き方に対する数々の名言も残した。ここには「私は神の考えを知りたい。それ以外のことは瑣末なことだ」とある。Emilio Modric Editore 制作。(長さ18㎝)　②アメリカ合衆国第35代大統領、ジョン・F・ケネディ。キューバ危機など数々の歴史的事件を処理した実力は、評価が高い。1963年に46歳の若さでダラスで暗殺される。娘のキャロラインさんの駐日米国大使就任を機に、平成27年(2015)国立公文書館で開催された「JFK-その生涯と遺産」展のPR。(長さ16㎝)

④

③

③キューバ革命の英雄、チェ・ゲバラ。アルゼンチン生まれで医師免許を取得後、28歳でキューバ革命に身を投じた。革命成立後は南米の革命を目指すが39歳で没した。写真はキューバ革命が成立した1959年撮影。同年の7月に日本も訪問した。LEM制作。（長さ21.0㎝）　④〝ザ・キング・オブ・ロックンロール〟のエルヴィス・プレスリー。50年代、「ハートブレイク・ホテル」などのヒット曲で世界の若者たちを熱狂させたが、1977年、42歳の時テネシー州メンフィスの自宅で突然死した。筆記具メーカーPodの店頭PR用。EPE制作。（長さ19.5㎝）

⑦

⑥

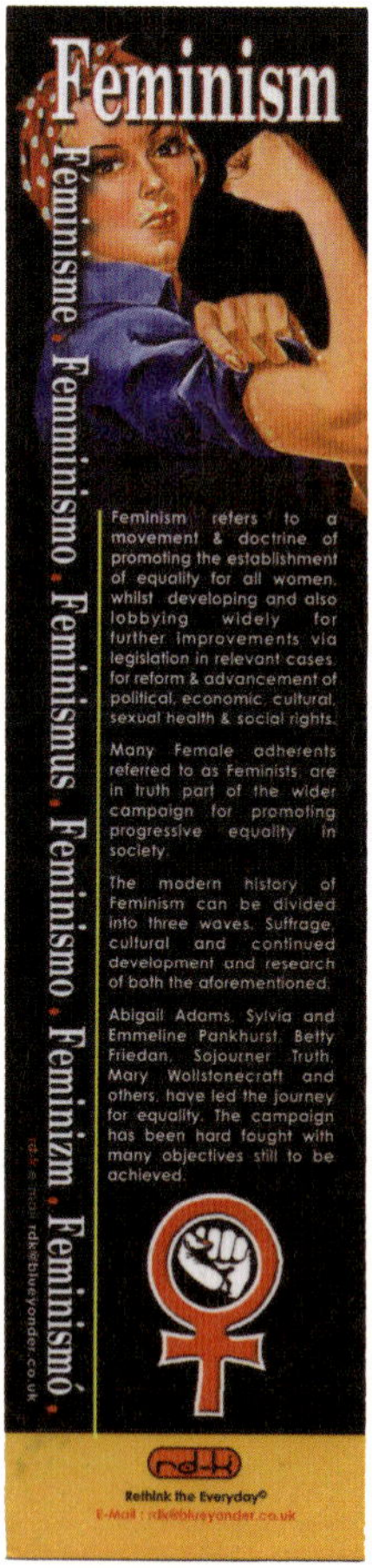


⑤

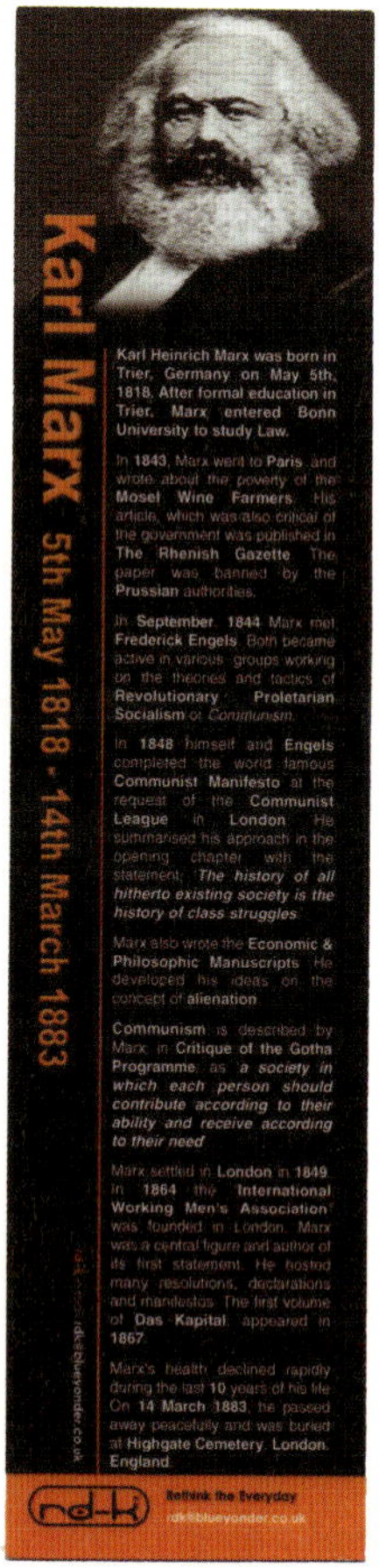


⑤⑥30種以上ある著名な社会主義者を紹介するシリーズの中から、(右) はカール・マルクス (1818～1883年)。『資本論』を著したことで、社会主義思想のバックボーンとなった。(左) はフェミニズムなど女性の権利回復運動の女性闘士を描いたもの。ロンドンの左翼系書店で、その名も「ブックマーク」で購入。(長さ各21.1㎝)　⑦画家・藤田嗣治(レオナール・フジタ)が1921年に描いた「自画像」(部分)。フランスで描いた女性の肌が「乳白色の肌」と絶賛され、画壇の重鎮に。しかし、戦時中の戦争画が、戦後になって猛烈に非難を浴び、再渡仏した。SIMONOWコレクションの収蔵品。(長さ21㎝)

⑨

⑧

⑧ポスターを芸術の域にまで高めたといわれるフランスの画家ロートレック。シャンソンの人気歌手イヴェット・ギルベールのポスター用素描(1893年)。本人に「こんなに醜く描かないで」とぐちられたとか。マドリードのMuseo Thyssen Bornemisza制作。(長さ20㎝)　⑨19世紀中頃、フランスを中心に日本芸術への関心が高まり、その影響を示す数多くの作品が生まれた。このボストン美術館所蔵のクロード・モネ作『ラ・ジャポネーズ』はその象徴的作品。平成26年(2014)世田谷美術館での「華麗なるジャポニスム展〜印象派を魅了した日本の美」展の広報しおり。(長さ15.9㎝)

# 人々の心をとらえた物語とコミック

②

①

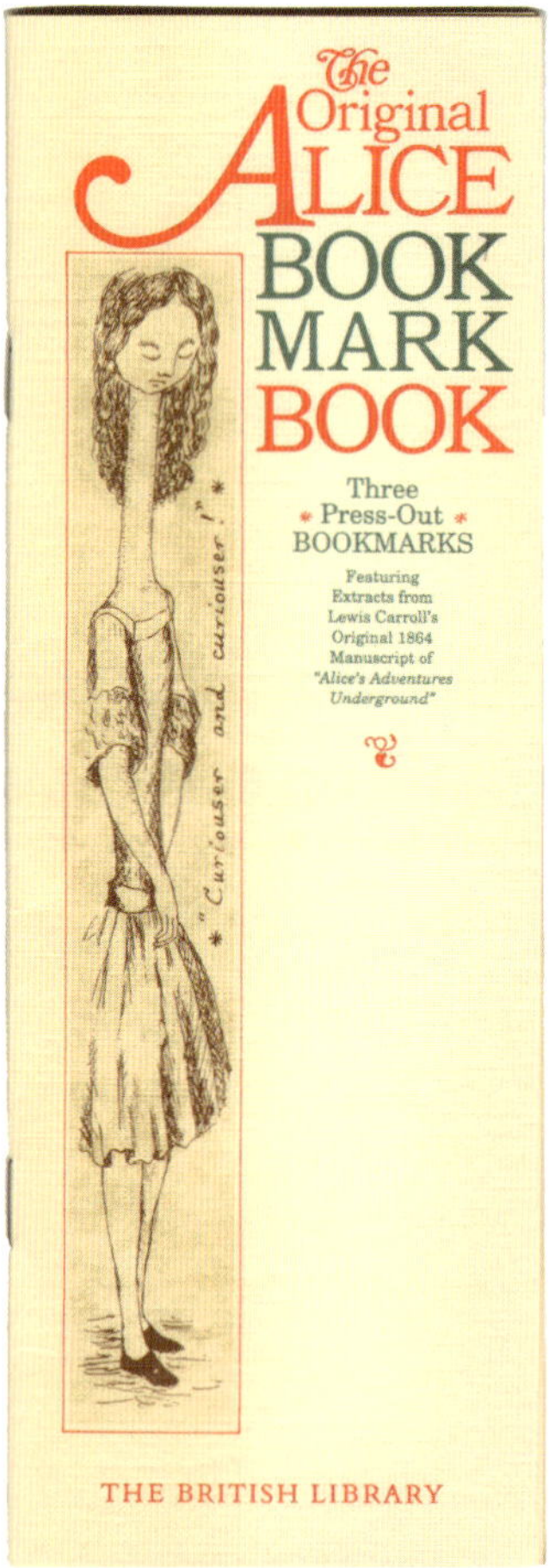


①②『地下の国のアリス』(1864年ルイス・キャロル作)の6枚綴りのブックマークの2点(大英図書館制作)。著者は、実は数学者ドジソンの筆名で、知人の少女アリスのために書いた児童小説。この著者自筆のイラストは、ファンタジーに溢れており、作品にぴったりだと高い評価だったが、周りの評判を気にして画家のジョン・テニエルにイラストを依頼し、翌1865年に『不思議の国のアリス』として出版した。(長さ19.5㎝、カバー21.6㎝)

④

③

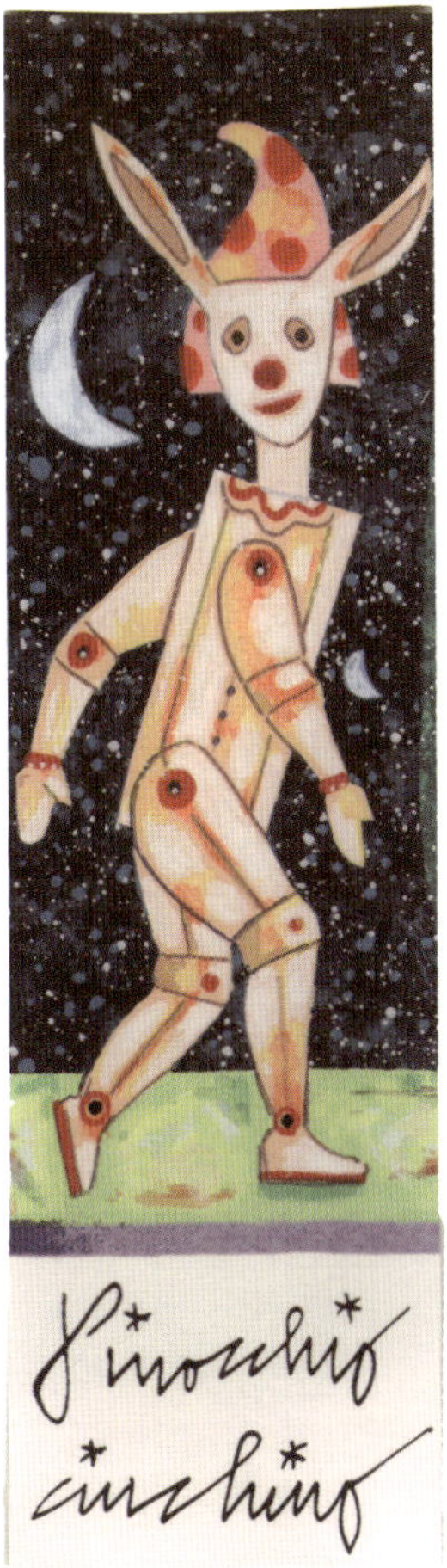

③『ピノキオの冒険』はイタリアのカルロ・コッローディが1883年に書いた児童小説とされるが、政治への風刺を含んでいる。現在に続く人気の秘密は1940年のディズニー映画『ピノキオ』のストーリーと主題歌「星に願いを」によるところが大きい。Enlito Modric Editoria制作。(長さ21㎝)　④フランスの女性作家コレット(1873～1954年)。「性の解放」を叫び、実生活でも奔放だった。代表作『ジジ』がブロードウエイでミュージカル上演されるとき、オードリー・ヘップバーンを見い出している。没後、フランスの国葬になった。(長さ17㎝)

⑥

⑤

⑤ロードレーサーに乗った、首が動く人形ブックマーク「チャンピオンの夢」。人気のツール・ド・フランスは1903年に始まり、走行距離3300㎞、高低差2000ｍを平均時速40㎞超で走る高速レースである。20世紀後半、フランス製。(長さ14.2㎝)
⑥『名探偵コナン』。青山剛昌作の推理漫画。『少年サンデー』(小学館)連載。主人公で高校生探偵の工藤新一は謎の組織によって体を縮小されて江戸川コナンとなった。元の体を取り戻す活動の中で、数々の難事件を解決していく。フランスで配布のマルクパージュ（ブックマーク）。(長さ14.8㎝)

⑧

⑦

⑦人気コミック『ONE PIECEワンピース』。尾田栄一郎作、『少年ジャンプ』（集英社）連載。海賊になった主人公の少年、モンキー・D・ルフィが「一つなぎの財宝、ワンピース」を求めて活躍する。愛、友情、冒険の物語は世界で大ヒット。フランスのGlénat社のPR版で、裏にパリでのジャパンEXPOの紹介がある。（長さ17.3㎝）　⑧ポケットモンスターのキャラクター801種類の中のネズミのポケモン、『ピカチュウ』。高さ40㎝体重6㎏。映画、ゲームなどで世界的人気者。キャラクターの名称は世界で統一使用されている。任天堂アメリカのPRブックマーク。（長さ13.7㎝）

# 北欧のどこか温かなユーモア

②

①

①②デンマークの童話作家アンデルセンが1837年に発表した童話『裸の王様』と36年発表の童話『人魚姫』のユーモラスな姿に、読書が邪魔される？ ただ、原作では王様はアンダーウェアをつけている。コペンハーゲンにある人魚姫の銅像は1913年にできた。倉敷市にあったチボリ公園(2008年閉園)で販売された。(長さ王様8㎝、人魚姫6.6㎝)

③

④



③樺の木を薄く切り抜いたムーミンパパとスニフ。ムーミン谷にすむ妖精の一家の物語である。フィンランドのトーベ・ヤンソン兄弟の小説と漫画から1945年に生まれた。（長さパパ10.4㎝、スニフ10.6㎝）
④エドヴァルト・ムンクの『叫び』。2013年に生誕150周年（1863年生まれ）を祝ったノルウェーの国民的画家。盗難騒ぎがある程の人気で、これはムンク美術館のリトグラフの人物を切り抜いた紙製。1997年日本で販売。（長さ12.8㎝）

# アメリカ的 ゴーイング・マイ・ブックマーク

②

①

①アメリカの森林保護局のクマのキャラクター「スモーキイ」。多発する山火事防止のキャンペーンで、マッチやタバコあるいは焚き火の火の用心を訴えている、1968年発行。(長さ21.3㎝)　②アメリカ全50州シリーズ。各州の特徴をとらえた絵柄で50枚描かれ、見るだけで楽しい。アリゾナ州の愛称は「グランドキャニオン・ステート」。ネイティブ・アメリカンの人口は全米2位で、彼らの踊りが描かれており、〝保護の精神〟を提唱している。イラストAaron Leighton、Lindgren Smith 制作。(長さ21.1㎝)

③

④

③「ルート66をぶっとばせ」の通る州――を掲げるニューメキシコ州。ルート66は、シカゴからカリフォルニアまでの大陸横断国道、非常に人気のあったルートだが、現在は廃道に。州の愛称は「魅惑の地」。ヒスパニック人口が多く、スペイン語が準公用語。イラストRobert Rodriguez、Ringdren Smith制作。(長さ21㎝)　④1939年オハイオ州の「ジュニアPROM(プロム)」。アメリカ、カナダの高校で開かれる公式ダンスパーティ「ジュニア・プロムナード」の略。ジュニアは2年生を表わし(シニアは卒業時)、父母が全面的に支援する。1962年の映画『ロリータ』で一躍有名に。(3枚組み本体長さ16.8㎝)

⑥

⑤

⑤全米図書館協会が毎年絵柄を変えて配布を続けているシリーズで、絵に合わせたキャッチコピーが楽しめる。「本を縛ったままにしないで、早く返して」と、小人国に捕まったガリバーに言わせている。絵はJohn Rush。（長さ15.2㎝） ⑥「読もうぜ」シリーズ。絵柄は『原始家族フリントストーン』で、1960年から世界的に大人気のTVアニメ。日本では61年から「恐妻天国」の名で放送された。Hanna Barbera-pro.の作品。（長さ12.7㎝）

⑧

⑦
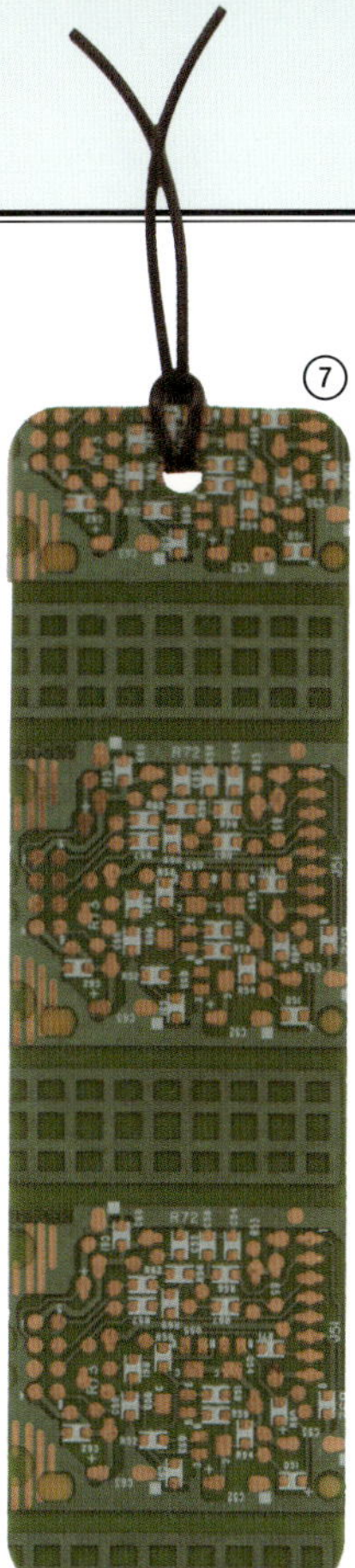

⑨

⑦IC機器のプリント基板（フィリップス社製・70年代）を廃物利用したもの。現在は小さく薄く高密度化されている。オーストラリア人の発明、日本の特許は昭和11年（1936）と古い。（本体長さ15.2㎝）　⑧人口、面積とも全米2位のテキサス州の歴史的な3種類の州旗を描いたカウボーイブーツ。一番上は、1836年メキシコから独立した当時。一番下は、現在のもので1933年に制定。ブーツ部分は金属製。David & Howell.co制作。（本体長さ6.8㎝）　⑨ローヤル・タイプライター。10万台も売れたヒット商品。1950年代のケンタッキー州の販売店の宣伝だが、60年代に電動式が現れ、やがてワープロが登場して姿を消す。（本体長さ14.6㎝）

特別コラム

# 書斎、蔵書票、読書用眼鏡、そして手帳

## ［書斎①］自分だけの城〝書斎〟を持つことへの憧れ

14世紀イタリアに始まり16世紀にヨーロッパに広がったルネサンスは、人々の知的好奇心を大きく刺激した。文芸復興ともいわれるようにその広がりは読書にも影響を与え、一般庶民も数十冊の蔵書を持つようになる。こうした中で豪華な装幀の本を収集して愛蔵し、愛撫するように大切にする愛書家と呼ばれる人たちが目立ち始める。フランス語のビブリオフィル（bibliophile 愛書家）という言葉は、辞書には1740年に初めて出てくる。中でも有名なのはフランスの財務長官ジャン・グロリエ（1479〜1565年）である。彼は集めた本を多くの人に公開したことでも知られている。彼の装幀は、モロッコ革と呼ばれる山羊の皮で装本したグロリエ装幀として後世に大きな影響を与えた。また『モンテ・クリスト伯（巌窟王）』で知られるアレクサンドル・デュマ（1802〜1870年）は、印税を本の購入に注ぎ込み大コレクションを作り上げたという。

こうした個人の図書室と並んで書斎を持つことが人気を呼ぶ。これは隠れ家、夢想の場所とされ、「そこで生きる術をわきまえるべき一つの世界が出現した」といわれるほど、当時の教養ある人々の憧れであった。しかし意外にも、そのルーツは中世の修道院の写本室にあった。多人数がいてうるさい大部屋を避け、回廊の片隅の日当たりのいいくぼんだ場所などに自分の読書スペースを作る例が多くなり、それが次第に読書用の個室として使

われ始める。貴重な本を隠すなどの弊害もあったが、各地の修道院に定着していく。

それらは個人用の読書席あるいは小部屋という意味でキャレル（carrell）と呼ばれた。その後、ルネサンス期のイタリアの人文主義者たちが、これを真似てスタディオーロ（studiolo）と呼ばれる書斎を作っている。現在のフランス語ではエチュード（étude）。音楽の練習曲と同じく、語源は「学ぶ、調べる」で、英語でも同様にスタディ(study)である。

日本では、明治期になって、中国語で図書室や資料編纂所を意味する「書斎」を部屋そのものの意味で使うようになった。明治4年(1871)の人気の翻訳書『西国立志編』に「我が書斎」と出てくるが、小説に登場するのは意外に遅く、明治33年(1900)の国木田独歩『小春』が初出である。

本の背バンドの形状から16～17世紀か。ロウソクは蜂の巣から作る蜜蠟が匂いや煙が少なく修道院などで使われた。19世紀にノーベル文学賞を受賞したドイツのモムゼンは、この絵のように伸ばした髭に火が移り蔵書が4万冊燃えた、とニーチェが書き残している。パリの書店の最近のブックマーク。（長さ21㎝）

## ［書斎②］書斎を舞台に多くの名作、傑作が生まれた

イタリア・ルネサンス期の外交官で政治理論家のマキャベリ（１４６９～１５２７年）は、一時メディチ家に反抗したとして投獄されるが、その後釈放されて、フィレンツェ郊外の山中で隠遁生活に入る。夜になると書斎にこもるのだが、先ず、着衣を清めるために着替え、「古《いにしえ》の人々が集う宮廷に入ります」と言う。そこで温かく迎えられ4時間もの間退屈を感じず、「あらゆる苦悩を忘れ、貧乏への恐れも死に対するおののきも消え去って」そこに浸りきって過ごす、と手紙に書いている。その後、ここで『君主論』を著し、再び世に迎えられることになる。

イギリスでは、18世紀中頃から貴族や富裕層が邸宅に書斎を持つことが流行した。それらはデン（den）と呼ばれ、主人と執事以外は家族や親しい友人でも入れなかった。デンとは本来動物の巣穴のことだが、隠れ家という意味で使われるようになったという。名探偵のシャーロック・ホームズを生み出した医師で作家のコナン・ドイルは、読者に向けて、「もし蔵書が貧しく部屋がみすぼらしくとも」という前置きをした上で、「その中に入って扉をとじ、外界の心配事をすっかり締めだして、今は亡き偉大な人々の心やすらぐ仲間に加わったなら、君たちはもう魔法の門をくぐって不思議の国に入ったのである。もはやそこまで苦労も悩みも追っては来ない」と『シャーロック・ホームズの読書談義』（１９０７年）で言っている。

18～19世紀の文豪ゲーテの書斎は、フランクフルトのゲーテハウスの中に保存されている。幼少から青年期の大半を過ごし、『若きウェルテルの悩み』（１７７４年）を執筆した場所としても有名である。なお、建物は第二次世界大戦で連合軍の空襲によって破壊されたが、戦後、ファンや市民の努力で再建されたという数奇な運命を持つ。家具類は疎開していて無事だったものなどを使って復元している。

美男子として知られたゲーテ（1749～1832年）の横顔。これはフランクフルトのゲーテハウス（博物館を併設）の入場券だが、「ゲーテを体験」と書かれている。ブックマーク（ドイツではレーゼツァイヒェン）として本に挟む人も多い。（長さ15㎝）

この他、多くの著名人の書斎が知られているが、ここでは文章になった作家の思いを紹介しよう。

「私は書斎を領地としておれば十分だった」と、シェイクスピアは『テンペスト』（１６１２年頃）の中でプロスペローに言わせている。

『海底二万マイル』（１８７０年）の作者、ジュール・ヴェルヌは作中の潜水艦ノーチラス号の中で、「あなたはここに六、七千冊の蔵書をお持ちなんですね」と捕虜となったアロナックス教授が感心すると、「一万二千冊です。これが私と地上を結びつける唯一のきずなというわけです」とネモ船長に答えさせている。さらに、このノーチラス号が処女航海に出た日には「人類はもう何も考えず、何も書かなくなったと、私は信じたいのです」と、愛書家の心根を代弁させている。

また、本好きのフランス皇帝ナポレオン（１８０４年即位）は、作家の発掘に力を入れていた。移動の際は馬車の中に本棚を作り、気に入らない作品は窓から投げ捨てたといわれている。かつてアレキサンダー大王が読み終わった巻物を馬の上から捨てた、という故事にならったのかどうかは、歴史の検証が待たれる。

## ［蔵書票］今や美術品？ 本から独立したミニ芸術の世界へ

印刷術の普及で本が大量に出回るようになっても、一般の読者にとっては、さほど安くはなかった。そこで印刷物を折ったままのアンカットや仮綴じの半製品を買ってきて読んでいた。お金に余裕がある人々は製本職人に依頼するか家庭で自家製本をすることで、特徴ある装幀でそろえるので、所有者も一目でわかった。しかし、本の量産化とともに売買も盛んになると、所有者名を明示した蔵書印や蔵書票が貼りつけられるようになっていく。

１４８０年頃、ドイツのＨ・ブランデンブルグが僧院に蔵書を寄付し、それに紋章入りの盾を持った天使の図案のラベルを貼付したのが、蔵書票の最も古い例とされる。いわゆるラテン語の「Ex Libris エクス・リブリス」で、「(何某所有の)本のうち」という意味を持つが、所有者の名前または紋章を記したり、手書きのサインを入れたものもある。そこには時折、所有者の切なる願いとも呪いの言葉とも読める文章が書かれていた。たとえば、１４５０年に作られ、現存する中で世界最古といわれる木版刷り蔵書票には、ハリネズミの図柄を飾るリボンの上に「もしこの本を返さなければ、ハリネズミがあなたにキスをする」と書かれている。その他にも「私はこの書を愛する。これを盗む者は盗人であり、縛り首にされる」などと、愛書心があふれた言葉が多いのが特徴といえる。

描かれるテーマがさらに絵画的になってくるのは18世紀中頃とされ、多様な印刷法が取り入れられたが、色はシンプルな物が多かった。

日本で蔵書票が貼付され始めるのは20世紀に入ってからで、棟方志功などの著名作家も加わりカラフルな木版画が増えてきた。現在、日本書票協会が作られており、世界大会も催されている。今では蔵書票そのものが美術品として活発に取引きされるなど、まさに本から独立した趣味世界が出来上がっている。最近は、次第に大きなものが作られるようになり、はがき大のものまである。

## ［読書用眼鏡］日本に眼鏡を持ち込んだのは宣教師フランシスコ・ザビエル

全人類の6分の1が近視であるという試算もあるほどだが、さらに本を読む人々を悩ませたのは、加齢による老眼であった。このため古代から、アリストテレスを始め多くの著名人が読むことに苦労した経験を書き残している。近眼だったローマ帝国第5代皇帝ネロはエメラルド製の眼鏡をかけていたというが、闘技場で剣闘士たちの闘いなどを観るためのサングラスだった、という説もある。その後も、水晶や緑柱石（緑の物はエメラルド、透明で淡いブルーはアクアマリンと呼ばれる）を使った眼鏡、拡大鏡が使われたようだが、きわめて高価なため一部の貴族や富裕層しか使えなかった。

ただ、「老眼による苦しみは神による試練」だとして、それを矯正する器物を排除する社会的風潮も根強くあったという。現在のような眼鏡ができるのは13世紀のイタリアで、日本へは1549年にキリスト教の宣教師フランシスコ・ザビエルが初めて持ち込み、大名の大内義隆に献上したのが最初という。その噂を聞いた他の大名が、わざわざヨーロッパから取り寄せたという記録もある。

なお最近の研究では、漢字圏の国々の高校生の近視比率が、アルファベットを使う諸国に比べて圧倒的に高い、とする調査結果がある。日本が65・6％、中国が45・5％とずば抜けて高く、その他ではオーストラリアの37％が高いくらいで、アメリカの27・5％程度が平均的数字だという。

## ［手帳］ 古代ギリシャから18世紀まで使われた蠟板が原型

紀元前の古代ギリシャでは、手に持って書ける程度の板の真ん中を浅くくり抜いて蜜蠟を薄く敷き詰め、鉄筆で文字を書いた。いわゆる蠟板で、古代ローマでは小さな手を意味する言葉から「gugillaresグギラレス」（メモ用の書き板）という言葉が生まれた。その後も、15世紀のレオナルド・ダ・ヴィンチの『発見の手帳』など有名な手帳も数多く残っている。蠟板は紙が普及する18世紀まで細々と使われていた。

紙が大量生産されるようになると、メモ用の小型ノートが生まれる。これに日時や曜日を入れたのは、1796年イギリスの文具商ジョン・レッツである。ロンドンなどの港に出入りする船の情報や金融情報を書き込んだ。日本では、福澤諭吉が文久2年（1862）にパリで購入して持ち込んだ『西航手帳』が最初であるという。それまでは、江戸時代から懐中日記などがあったが、手帳という日本語は、明治7年（1874）、政府発行の『警察手帳』が始まりとされる。一般向けには、明治12年に大蔵省印刷局が『懐中日記』を出すが、その際モデルにしたのがフランスの日記帳だったという。日本文具資料館（東京都台東区）には、明治15年頃の「軍人勅諭」がのった『軍隊手帳』などが展示されているが、大福帳のような和式の伝統を受け継いだのか、縦開きスタイルのものが多い。さらに、ページを押さえるためか、ループ型の紐しおりがつけられている。

今では多くの単行本につけられている紐しおりは、19世紀にイギリスの手帳についていたものを見て取り入れたようだが、いつ頃から日本の本につけられたかは不明である。日本の出版物にも読者サービスとして多くの本の背に貼り込む形でつけられるようになった。ただ、海外の書籍や聖書のものは、1～5㎝もある太いもの多いので、、手帳型の細いリボンが多くなったと考えられる。

現地ルポ

# フランス北部のしおり人気を支える〝美人〟姉妹

「シニエ（しおり）の美しさと多様さに魅せられてコレクションを始めて20数年、きちんと整理したものだけでも2万枚以上あります。それを皆さんに見てもらおうと毎年展示会を始めてからもう15回になります」と、二人で口をそろえるように語るダニエラ姉妹。フランスの北部、ベルギーとの国境に接するダンケルク市に住むお二人は、元中学校の数学教師。会の名は「サロン・インテルナショナール・ドゥ・シニエ」。

しおりはフランス語でsignet（シニエ）と呼ばれている。その1枚の大きさは長さ18～20㎝、幅7㎝と大きいものが一般的で、25㎝程度のものも珍しくない。日本の15㎝前後に比べるとかなり大きく、写真や絵を入れても美しく見栄えがする。それが今でも多くの人々を魅了する人気の秘密らしい。

第15回の展示交換会は、20

フランスのシニエ収集家姉妹。撮影やデザインしたものも含め幅広く収集、その数2万5千枚にのぼる。年1回の展示会を開くが、そのコレクションを美しく編集した本は紙製編と金属製編の2冊ある。

ヨーロッパではなぜか数枚のシニエで一つのテーマを構成するクイズ型と呼ばれるものが多い。たとえば、フランスの国連平和維持軍（PKF）のものは何と12枚で警護、建設、通信、医療などの全部隊を紹介している。さらにそれらを並べると、透明なビニールで印刷された平和維持軍のマークが大きく浮かび上がる。そんな凝った仕掛けのものも珍しくない。

１３年４月13～14日に、市役所のマロ・レ・バン地区支所のホールを借り切って行なわれた。シニエ約１千枚がテーマ別のパネルに入れて展示されている。全てダニエラ姉妹の収集したもの。お二人の眼鏡にかなったものだけあって、シリーズや数枚続きのクイズ型と呼ばれる凝ったものなど、見飽きない構成になっている。また会場には手編みレースや手書きによるシニエ作りの実演コーナーもある。展示作業は仲間のボランティアが協力してくれるが、諸費用は姉妹がそのために立ち上げたしおり制作企画会社の売り上げでまかなっているという。写真撮影も企画も自分たちでするという行動力は、二人が70歳近い女性ということを忘れさせる。

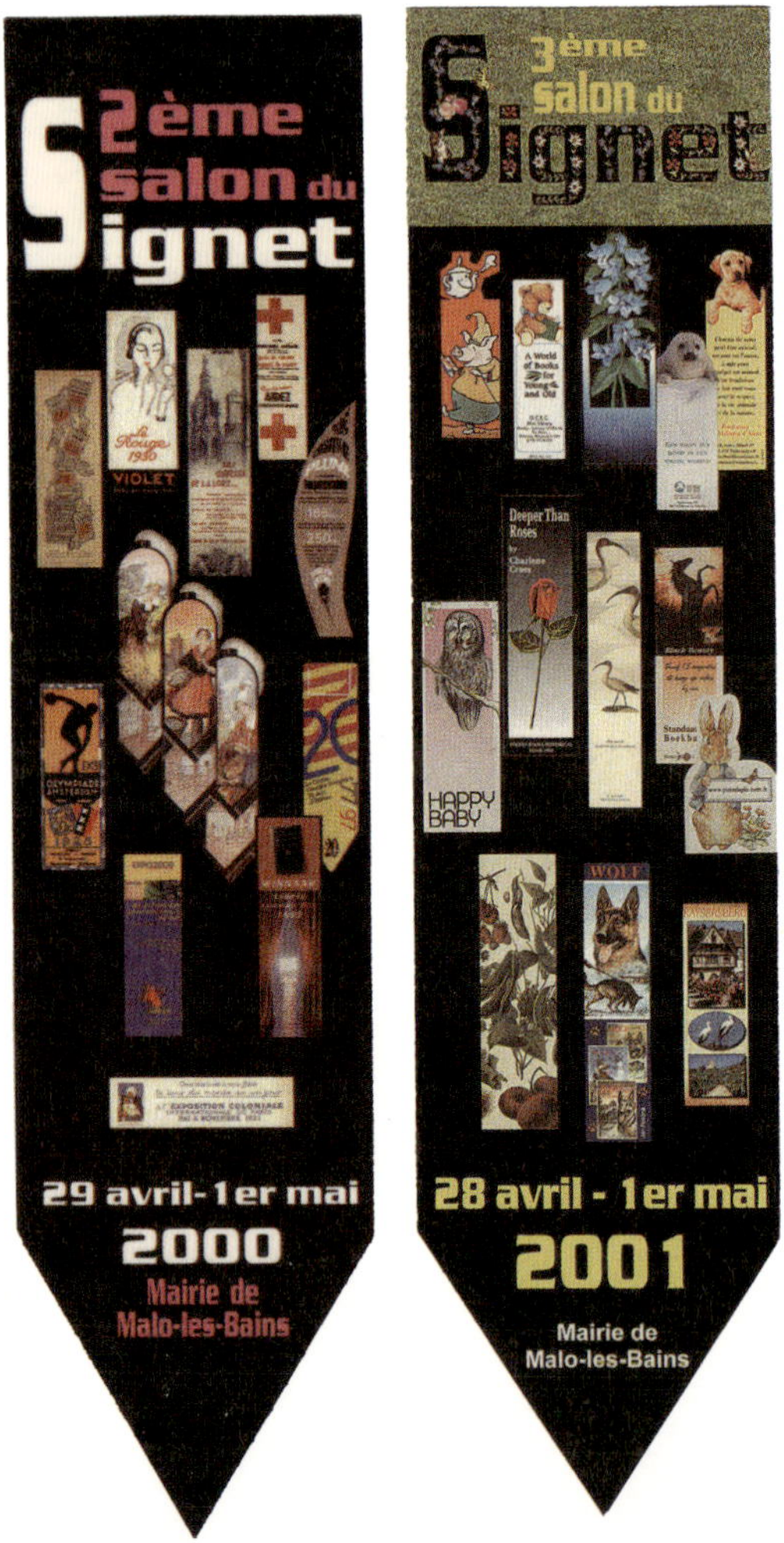


毎回の展示に合わせ右の動物や左の人物など、テーマ別にシニエを作りPR用に配布している。その他、北フランスの風景や歴史的建造物などを自分で撮影、シニエとして作って販売することで展覧会を開く資金にしている。

前夜祭には地元マロ・レ・バンの区長さんを始め、50人近いゲストが集合。2日間で300人ほどの入場者が訪れた。もう一つ注目すべきは、同時に開かれるコレクターの交換会。ほとんど自然発生的に始まったそうだが、ヨーロッパ全域から50人近い収集家が集まり、コレクションでダブったり余ったりしたものを持ちより、自分が持っていないものや珍しいものがないか、目を皿のようにして探しまくっている。もちろんダニエラ姉妹もその中に参加している。一人で1万枚以上持ち込む人がいて会場全体では優に10万枚を超えるかもしれない。その全てが国別、トピック別にきちんと分類されているが、2日間では見切れないほどのボリュームである。

注目すべきところは、金銭は一切動かないことである。大体同じくらいの枚数や価値と認められれば物々交換形式で商談成立。その雰囲気が気楽なのか、女性の参加が多く、主婦が収集したものをご主人が手伝って交換の交渉や絵柄選びをするなど一家挙げて参加する例が多く、和やかな雰囲気が会場にただよう。

実は、フランスやドイツはしおり大国といえるほどで、出版社はもちろん、企業、行政機関からEUやPKFのような国際機関までが数多く発行している。また周辺のベルギー、オランダにまたがるフランドル地方は、歴史的建造物が多く、同時に〝ミッフィー〟や〝タンタン〟などの有名なコミック・キャラクターが数多くある。そのせいかしおりも魅力的で楽しいものが多い。また、目の前に広がるドーバー海峡を渡れば、シルバー製品など独特のブックマークを誇るイギリスが近い。飛び交う言葉もさまざまだが、交流には何の支障もない。決して高価なもの、珍奇なものを売買するのではなく、交換が中心。さまざまな趣向を凝らして、自分だけのしおりの収集を楽しむ、そんなコレクター世界の魅力を強烈に印象づけられたサロンであった。

最後に、姉妹は「フランスでも出版不況。とはいっても、まだまだシニエ（しおり）は人気です。これからもサロンは続きますよ」と言いつつ、電子ブックをPRするシニエを手渡してくれた。

# 世界それぞれの国の個性と魅力

②

①

①インドネシアの水牛の革製ブックマーク。ワヤンとはバリ島の影絵芝居の一つ。上部に見える人形ワヤンを操って叙事詩『ラーマーヤナ』などを一人の演者がガムラン音楽に合わせ徹夜で演じる。（長さ15.8㎝）　②ハワイの女神「ペレ」は、ハワイ諸島の神々の中で最も有名な火の女神。今でも噴火を続けているハワイ島キラウエア火山のハレマウマウ火口に住み、火山に対する人々の畏怖心と信仰を集めている。（本体長さ17.6㎝）

④

③

③トルコの特産品、キリム絨毯のミニチュア版。シルクで精緻に編み上げた。産地によって模様が違っていて、このお土産版にも多彩なデザインがある。コレクション向きかも。(長さ23㎝)　④ベトナムの民芸品、スダレ風ブックマーク。竹を細く裂いて丁寧に編み上げ、その上から絵の具で描き上げている。民族衣装アオザイを着た女性の後ろ姿が描かれ、このシリーズの魅力の一つになっている。(長さ18㎝)

# ウイ・アー・キャッツ

③

②

①

①黒猫は、欧米では、不吉なものとして嫌われてきた。魔女の使いとされたからだという。しかし、イギリスなどには幸運の象徴としてパレードまでして祝う地方もある。シルバーの上にエナメルを焼きつけた作品。1923年、ロンドン製。(長さ7.3㎝)　②フランスの詩人、小説家、画家、映画監督等々多くの肩書きを持つジャン・コクトー（1889～1963年）。犬より猫が好きだと公言して、いくつかの詩や絵を残している。上を向いたポーズが今でも人気で、教会の祭壇画にも使われている。1959年の作品。(長さ21㎝)　③天才画家と呼ばれたピカソ（1881～1973年）。愛猫のシャム猫〝ミノー〟は有名だが、『鳥をくらう猫』や『ドラ・マールと猫』をはじめ、線描画でも多くの傑作を残している。フランス製。（長さ17㎝）

⑥

⑤

④

④江戸の浮世絵師、安藤広重（寛政９年〜安政５年 1797〜1858）が『浮世画譜』に描いた猫の百態。他には「猫の鰹節渡り」で軽業師を、「顔を洗う猫」では役者を茶化すなど鋭い視点も見せた。（長さ 17㎝）　⑤スイス生まれでパリの版画家スタンランが1896年に描いた『ルドルフ・サリの黒猫の巡業』。キャバレー「黒猫」の人気猫。そこには芸術家が集い、作曲家サティがピアノを弾いていた。（長さ 15.5㎝）　⑥古代エジプトの猫女神バステト。サッカラの遺跡から見つかった紀元前600年代の坐像のレプリカ。人間を病気や悪霊から守り、豊穣を司る。猫は紀元前４千年頃、エジプトで家畜化された。金属製、大英博物館の売店で購入。（本体長さ８㎝）

# 本の中の動植物園

②

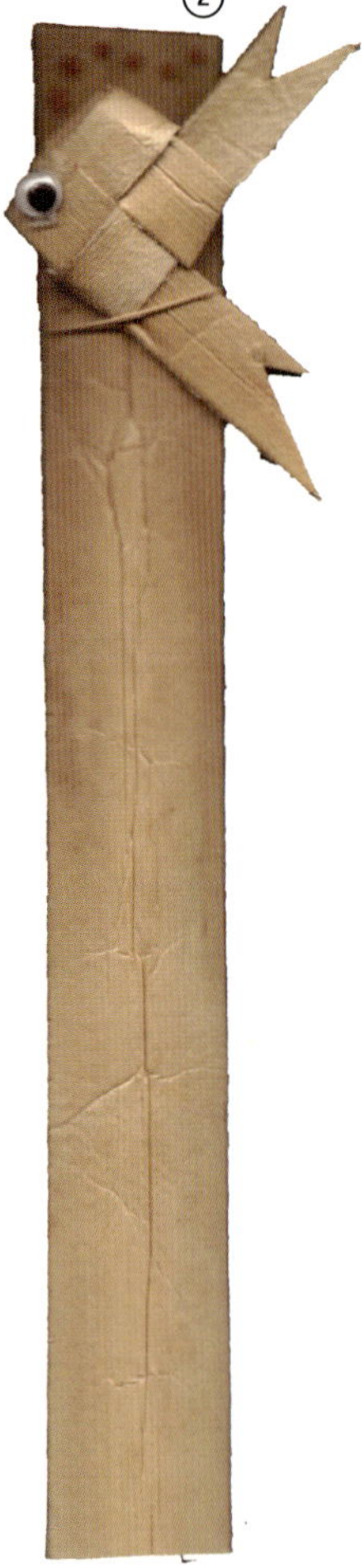

①

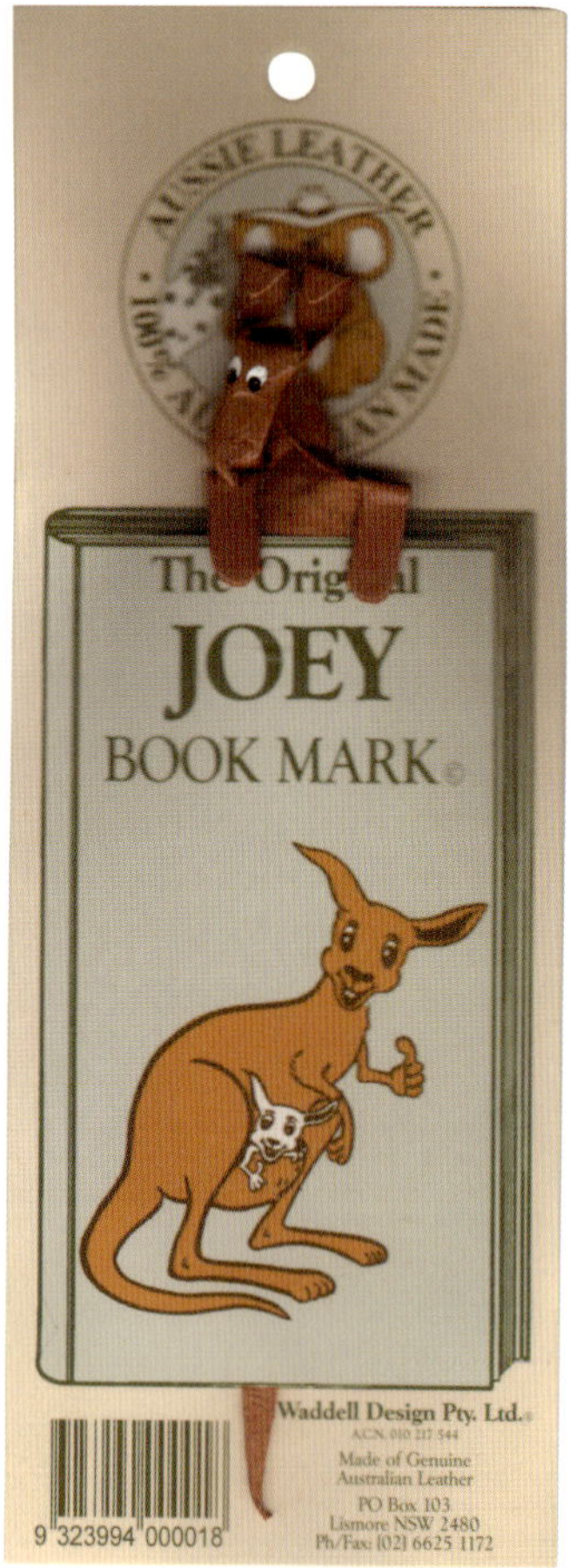


①オーストラリアの国獣カンガルーをそっくりにかたどったブックマーク。「JOEY」（ジョーイ）は有袋類の可愛い子どもを意味する。カンガルーの革を100%使ったと強調した人気のお土産。Waddell Design 制作（本体長さ16.5㎝）　②ハワイの熱帯魚を表現したパンダナスの葉の郷土色あふれる民芸細工。ハワイで聖なる木として崇められるコアの木もブックマークとして多く使われている。（長さ19.2㎝）

④

③

③北欧の羊型ブックマーク「スイート・ドリームス」。寝つけないときに1頭、２頭とヒツジを数える？　Scandinavian Bookmarks制作。（本体長さ18.4㎝）　④フランス東部のストラスブール市の名物、コウノトリ（シュバシコウ）。同市は第２次大戦中にドイツ占領下にあったことから、独仏の文化交流や市民の郷土愛が強い地域として知られる。ペーパーナイフとブックマークの双方に使える観光土産。木製に彩色。（長さ24.4㎝）

⑤⑥アフリカの内陸国ウガンダの木の内皮を使った民芸品。イギリスの元首相チャーチルが「アフリカの真珠」と呼んだほど自然景観に恵まれ、マウンテンゴリラやチンパンジーの生態を観察できる公園が有名。(右)サバンナの夕景。(長さ19.3㎝) (左)キリン。(長さ17.8㎝)

⑦象の革を使ったアフリカ・タンザニアのブックマーク。同国北部には、大きな鳥獣保護区や野生動物公園がある。さらにキリマンジャロ山、タンガニーカ湖など観光資源が豊かな国。(長さ18㎝)　⑧東欧ハンガリー伝統のカロチャやマチョなどの刺繍が施された布製しおり、カラフルでふっくらとした仕上がりに独特の魅力がある。首都ブダペスト市の名入り。(長さ右・市名入り22.3㎝、左・花23.5㎝)

# 世界のブックドール・コンテスト

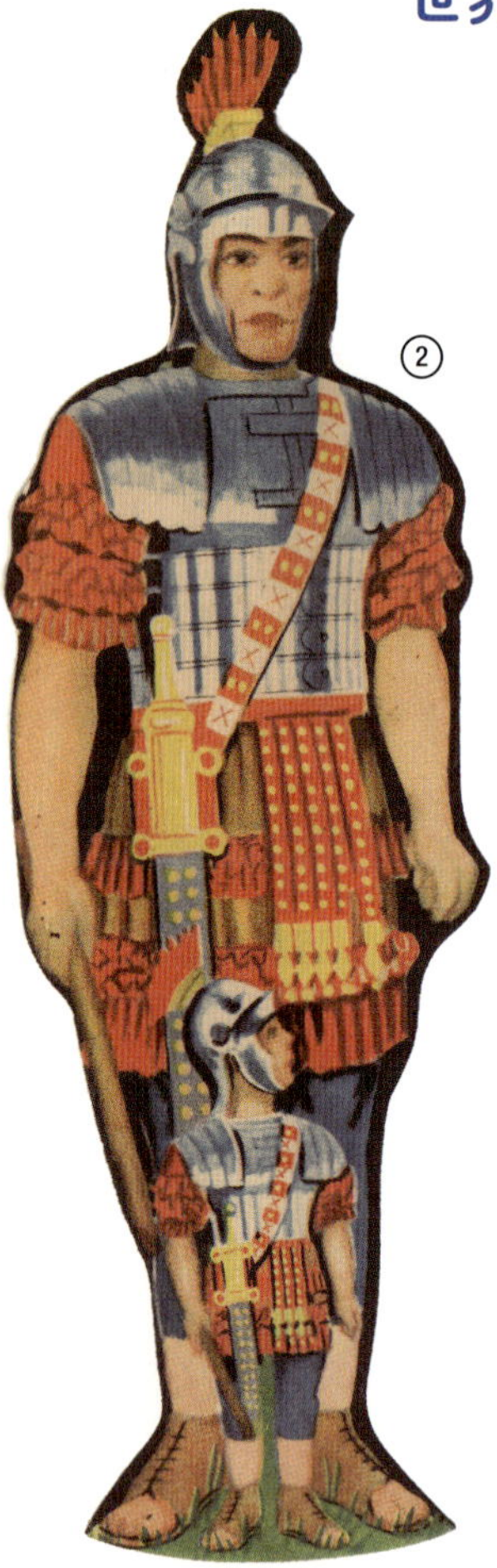


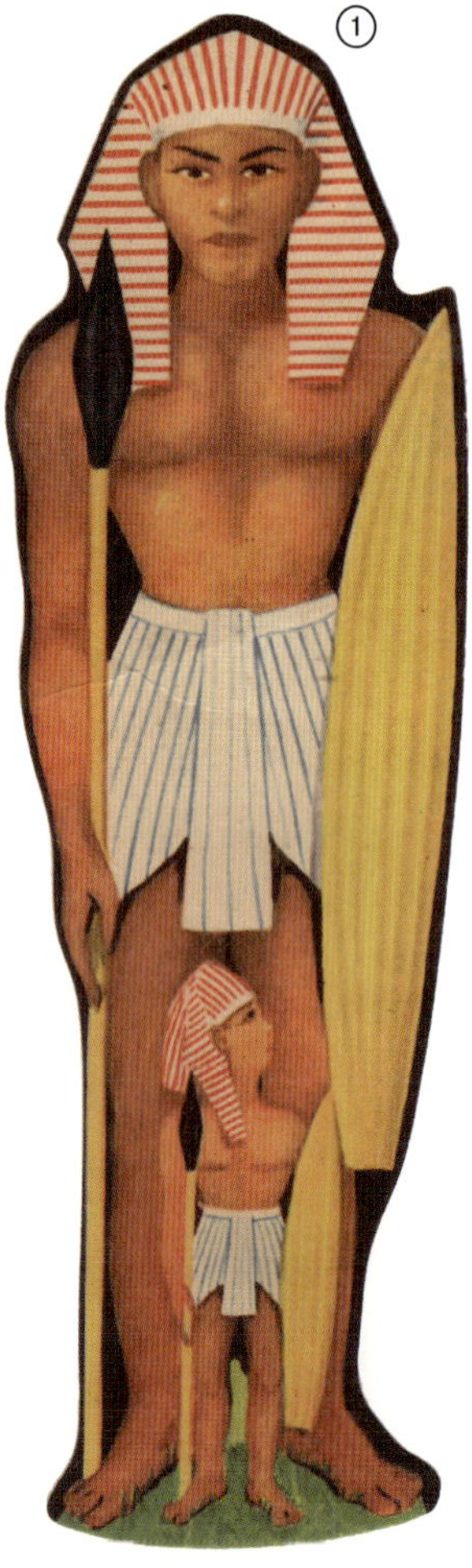


「古代の歴史ファッションシリーズ」フランスには、紙人形を並べて遊ぶゲームがあることがヒントになった。裏面に必須アミノ酸の飲み物の広告があり、80年代と思われる。よく見ると下に同じ格好をした子どものいるのが楽しい。右から①古代エジプト兵士　②ローマ時代の兵士　③イタリア・ヴェネチアの貴婦人 ④5世紀後半〜8世紀頃に現在のドイツ・フランスあたりを支配していたメロビング朝の兵士　⑤フランス帝政時代の親衛隊の軍楽隊将校。(長さ18.5〜19㎝)

④

⑤

③

⑦

⑥

⑥ビスクドールは、本来富裕な家で飾られていた、二度焼きした硬い陶器の頭部を持った人形で、主にドイツで作られた。19世紀にジュモー、ブリュなどの製品が人気を呼び、全てがフランス人形と呼ばれるようになる。これもドイツ製のブックマークだが「フレンチドール」と表記されている。イラストはFrasnz-Josef Holler。(長さ10.6㎝)　⑦日本の「皇軍慰問／御使人形」。裏面に慰問の文字があり、便箋、封筒とセットで戦地へ郵送された。内地の人々の代わりに戦地までお使いをする人形だった。裏にしおり用の止め具がついている。制作した大日本画劇(株)は、昭和12年に街の紙芝居屋さんが集まって作った会社。(長さ13.5㎝)

⑨

⑧

フランスで発売されているいろいろなタバコの紹介するシリーズ企画。⑧はカウボーイスタイルで、アメリカンテイストの「バルト」。⑨は、オリエンタルムードをかもす「スルタンズ」。1937年頃、人気のイラストレーター René Vincentを起用。おしゃまな少年の姿が可愛いと人気を呼んだ。フランスには1810年からタバコ専売制度があり、〝国営〟という文字が下に大きく入っている。(長さ15.4㎝)

青い瑪瑙で表現した蜘蛛とその巣が楽しい。子孫繁栄の意味があるとされる。20世紀初め、フランス製。（長さ9cm）

「しおり」は、多彩な顔を持つ人気の言葉

# 日本&北東アジア編

★★★

JAPAN

# 第1章　平安時代、紫式部は〝しおり〟を使ったか？

## 越後の枝折峠に隠されたしおりの意外なルーツ

――奈良時代～平安時代

越後と会津の国境《くにざかい》に枝折《しおり》という美しい名の峠がある。ＪＲ上越線小出《こいで》駅から魚沼市の湯之谷温泉郷を経て、山の斜面を巻くように緩やかに登って行くと、小さな峠に出会う。とはいえ、標高は1千mを超え、時には眼下を滝雲と呼ばれる雲が豪快に流れ落ちることさえある。峠を越えると銀山平に出る。その昔、千軒の人家と3つの寺、それに3軒の青楼《せいろう》で賑わう銀採掘者の町があったという。現在は、トンネルが掘られており尾瀬や奥只見への観光ルートとして賑わいを見せている。

この峠の名は、遠く平安時代の末に、道に迷った尾瀬三郎源頼国を地元の童が木の枝を折りながら道案内した、という故事から名づけられたと角川日本地名大事典にある。この峠には、山道で苦労した武士の伝説がいくつもあり、平清盛に京を追われた藤原房利は、最近、地元で石像まで作られるほど大切にされている。目印としての枝折りの風習は古代から各地で行なわれていて、滋賀県米原《まいばら》市の枝折地区は近世から明治25年（1892）まで枝折村と呼ばれていた。そこには、ある人物が山中に造った庵まで枝

標高1千mの枝折峠の頂上付近にあるバス停。雪深い奥只見周辺だが、登山客向けに夏から秋にかけ、上越線小出駅から南越後急行バスがある。

長野県千曲市に残る姥捨山の枝折り伝説を描いた古い絵図としおり。この姥捨（うばすて）の伝説は、仏教説話が元になっており、同様の物語がアジア各地にもあるという。千曲市観光協会が近年制作した。（本体長さ17.9㎝）

を折って道しるべにしたという言い伝えがあり、川の名前にもなっている。このほか茨城県笠間市の枝折川、高知県四万十市の枝折山などの名が残っている。

さらに、年老いた父母を近くの山に捨てるという「姥捨《うばすて》山」の民話が残る長野県千曲市の観光協会は、名勝「田毎《たごと》の月」とともに「栞《しおり》の故郷」でもあるとPRしている（上写真参照）。急な山道を息子におぶわれて登る途中、母親が何度も木の枝を折っている。何をしているのか？と訝る息子に、母は一言。「私は山に残るからいいが、お前さんが帰りに道に迷わないよう、目印に枝を折っているのです」と答えた。その優しい心根に打たれ、耐えられなくなった息子は、翌朝、山に母親を迎えに行く、という伝説にちなんだものだ。琉球では、こうした道しるべのしおりのことを「やんば」と呼んで、「山の葉」と書き、古謡にも歌いこまれている。

西行法師も、「吉野山去年《こぞ》のしをりの道かへて まだ見ぬかたの花を尋ねむ」（『新古今和歌集』春歌上・八六、元久2年 1205成立）と詠んでいる。

この歌が多くの人に強い印象を与えたのか、この後、枝折という言葉を入れた和歌が四十数首も詠まれた。さらに、江戸期の貞享5年（1688）、松尾芭蕉が伊賀上野から吉野山に花見に行き、「そぞろに浮き立つ心の花のわれをみちびく枝折となりて」（『笈の小文』）と書いている。

また、室町時代後期に公演記録（1465年）のある謡曲『鞍馬天狗』には、「手《た》折り栞を知るべにて 奥も迷はじ 咲き続く 木陰に並《なら》いて いざいざ花を眺めん」と謡われている。

春日大社伝統の杉の木「春日杉」に奈良の風景を描いた木製しおり。柾目が美しく出る高級材だが、春日大社が世界遺産に登録された今、伐採・加工はできない。都塗商会という制作会社名は、奈良市観光振興課調べでもわからなかった。戦前に作られたものか。（長さ本体右・奈良公園春日野5.7㎝、左・東大寺大極殿6.6㎝）

ところで中国では、道しるべにするために細く薄く削った板、あるいは木を斜めに切った通路の印を栞《カン》と言った。「木」の上に、平らという意味の「幵《ケン》」をのせた象形文字である。また、現代でも枝を折ることを「枝村折」、山道で目印に枝を折ることを「枝樹曲折」といっている。

栞《カン》が日本に伝わると道しるべの枝折と重なって、現在のように本に挟むものの表記は「栞」、「枝折」となったらしい。漢和辞典で栞を引くと、「しおり」という説明が第一義として出てくる。なお、本を出すという意味の「刊行」は、古くは「栞行」と書かれていた。

## 正倉院文書に使われた〝往来《おうらい》〟の役割

——奈良時代〜平安時代

古代中国の書物には絹布も使われたが、高価な上、長期保存ができないという欠点があった。そこで薄く削《そ》いだ竹や木の板を革の紐でつなげた簾《すだれ》のようなものが使われた。竹簡、木簡と呼ばれ、それを束ねたものは「冊」、つなぐ紐は「韋編《いへん》」とよばれた。晩年の孔子は『易経』を最も好んで、その革紐が擦り切れるほど読んだとされる。そのことを後世の『史記』では、「韋編三絶」と表現している。また、引っ越しや移動の際に荷車一杯の竹簡、木簡を運んだことから、多くの書物を持つことを「五車の書」と表現した。これは、紙の発明と

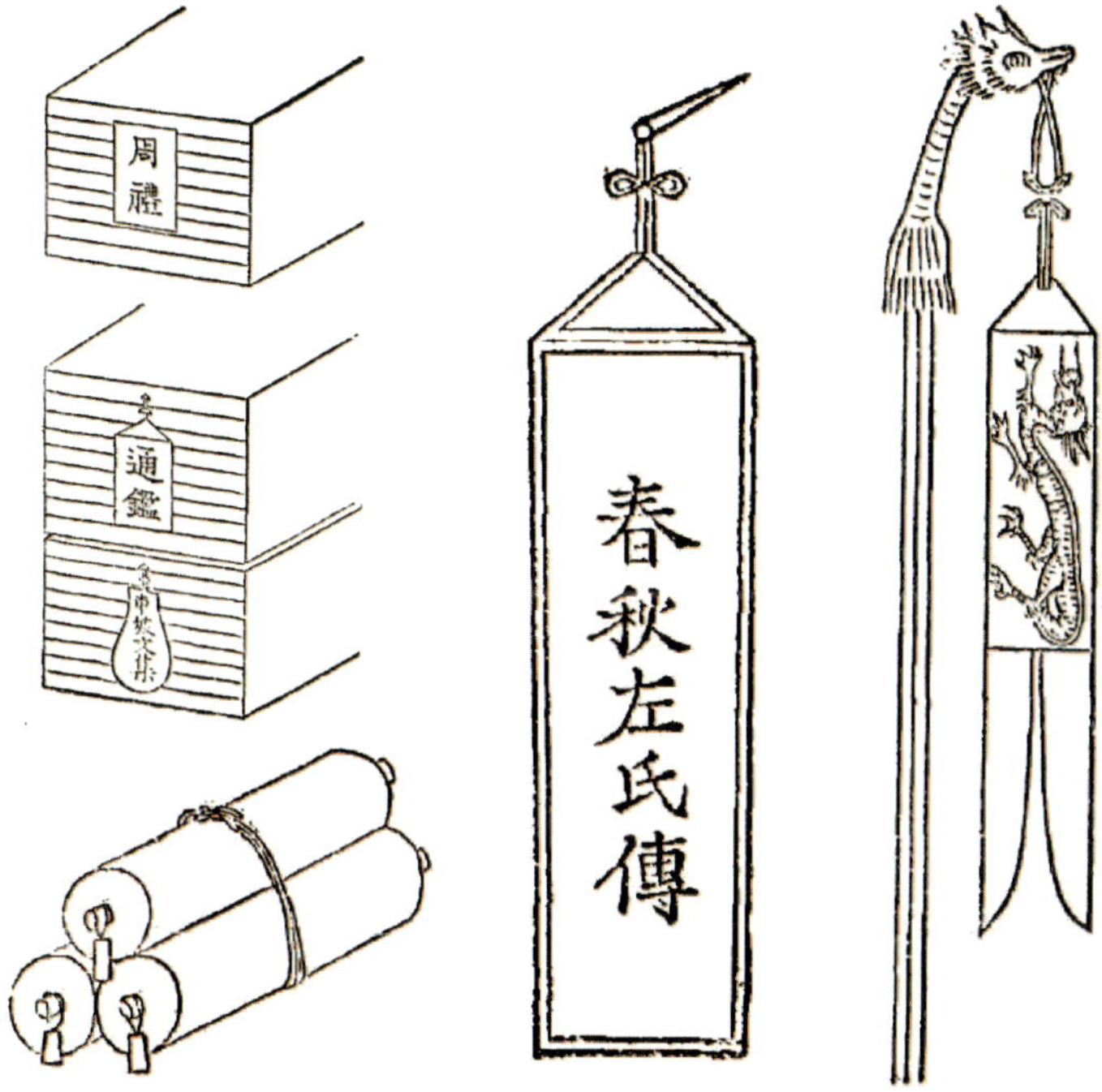


中国や朝鮮半島から渡来した「牙籤」（がせん）のいろいろ。左は冊子や巻子に挟む使用例で、右2例はアップにしたもの。象牙製が多いが、日本では手に入りにくく高価なため、木製や厚紙製に変わり、名前も「籤」となっていく。江戸時代後期の書物奉行で北方探検家の近藤守重の研究書『牙籤考』にくわしい。

ともに「万巻の書」へと変化する。

巻かれた竹簡には、書名や内容を書き込んだ竹や木の札の「籤《せん》」がつけられていた。それが後に仏教の経巻などとともに日本に入った。寺院の僧侶などが、竹、木や象牙、獣骨などを薄板状に削り、そこに書名などを記した。使うときは「籤」の上部に穴を開けて紐を通し巻子に結びつけたり、または冊子に挟んだりした。なかでも、象牙製は「牙籤《がせん》」と呼ばれて珍重されたが、その一方の端には象牙や獣骨で作った牙状のコハゼが紐でつけられており、その部分を書物に挟んでおいた。

なおそのつなぎ紐を、内容によって黄、青、緑などと色を変え、その内容が何であるかを示したが、その形は一定でなく、寺や書庫ごとに形状や書き方が違っている。これらは江戸期の文人たちに人気があったようで、江戸時代後期、紅葉山《もみじやま》文庫の書物奉行を務め、北方探検家としても知られる近藤守重(重蔵、1771〜1829年)がそれらを研究した『牙籤考《がせんこう》』を著している(前ページ図参照)。

もう一つの流れは、8世紀後半、天平文化を伝える「正倉院文書」の巻き軸として使われた「往来」である。木や竹製で矢のような形をしており、長さ37㎝で、羽根のような頭部の「題籤」には、巻いた文書の内容や年月日が書かれている。面白いことに連絡文書として使われた木簡を削ってリサイクルしているものもある。この往来(往来軸ともいう)という名は文書につけて各所に送ったことからついたらしい。その後、江戸期の寺子屋などで使われた初歩の教科書を「往来物」と呼ぶのは、室町時代後期、貴族の師弟の教科書として使われた「往来」が手紙の模範文書を集めたものだったことに由来する。

さらに当時、全国に影響力のあった奈良・東大寺には多くの書類が保存され、明治になって各所に散逸したが、往来軸のついたものがいくつも現存する。中でも『筑前国政所牒案』(早稲田大学図書館所蔵)は、現在の福岡県の観世音寺が借金のかたに奴婢5人を受け入れることを国が認めた文書で、本来の日付は天平時代の759年である。この寺が実に約400年後の1120年に東大寺の傘下に入ったとき、関係文書4枚が筆写、保存されている。このように事務的文書などをまとめて巻きつけ、何の書類かを示す題籤をつけて保管していたことがわかる。

また、平安から鎌倉時代にかけての『東寺百合文書』（京都府立京都学・歴彩館〔旧京都府立総合資料館〕所蔵）に数多く見られるのは、巻子本の軸木の頭部を駒形や平型に削り取り、そこに書物の名前や内容名を書き込んだ「軸木籤」である。タイトル部分に色の違う別の木を使って嵌め込んだものもある。ところが、東大寺由来の軸木籤（建長2年 1250）〔郵政資料館所蔵〕には四面あるタイトル文字のうち、巻かれた書類の内容とまったく関係のないものもある。籤の使い方のルールなど研究する必要がありそうだ。

その他、宮内庁書陵部所蔵の17世紀後半のある文書には「立籤《りつせん》」がつけられている。これは「往来」と形、目的が同じであることから、江戸期に呼び名が変化していったと考えられる。

京都の考古家で愛書家の藤井貞幹（1732〜97年）は考証随筆『好古小録』（寛政7年 1795）で、経巻のように巻子が何巻もある場合は「帙《ちつ》」で包んだと指摘している。竹帙、帙簀、書衣とも呼ばれ、正倉院にも残る。長さ1尺3寸（約40㎝）、幅1尺2寸。本が包めるくらいの竹製の簾に美しい刺繍の絹布が貼ってあり、内側に文様を描くこともあった。京都国立博物館に残る「神護寺経帙」では、書名を書き込んだ布の「籤」が括りつけてある。

これらの工夫は、万巻の経巻を容易に見分けるためのものだが、まさに文殊の知恵といったところか。その後こうした籤には箋の文字が当てられるようになり、現代でも付箋、便箋などとして使われている。なお、現代中国では一般的なしおり（ブックマーク）は「書籤」、簡字体では「书签《しゅうちぇん》」と表記している。

# 奈良〜平安時代、文章を読むとき使った「籤《せん》」とは何か

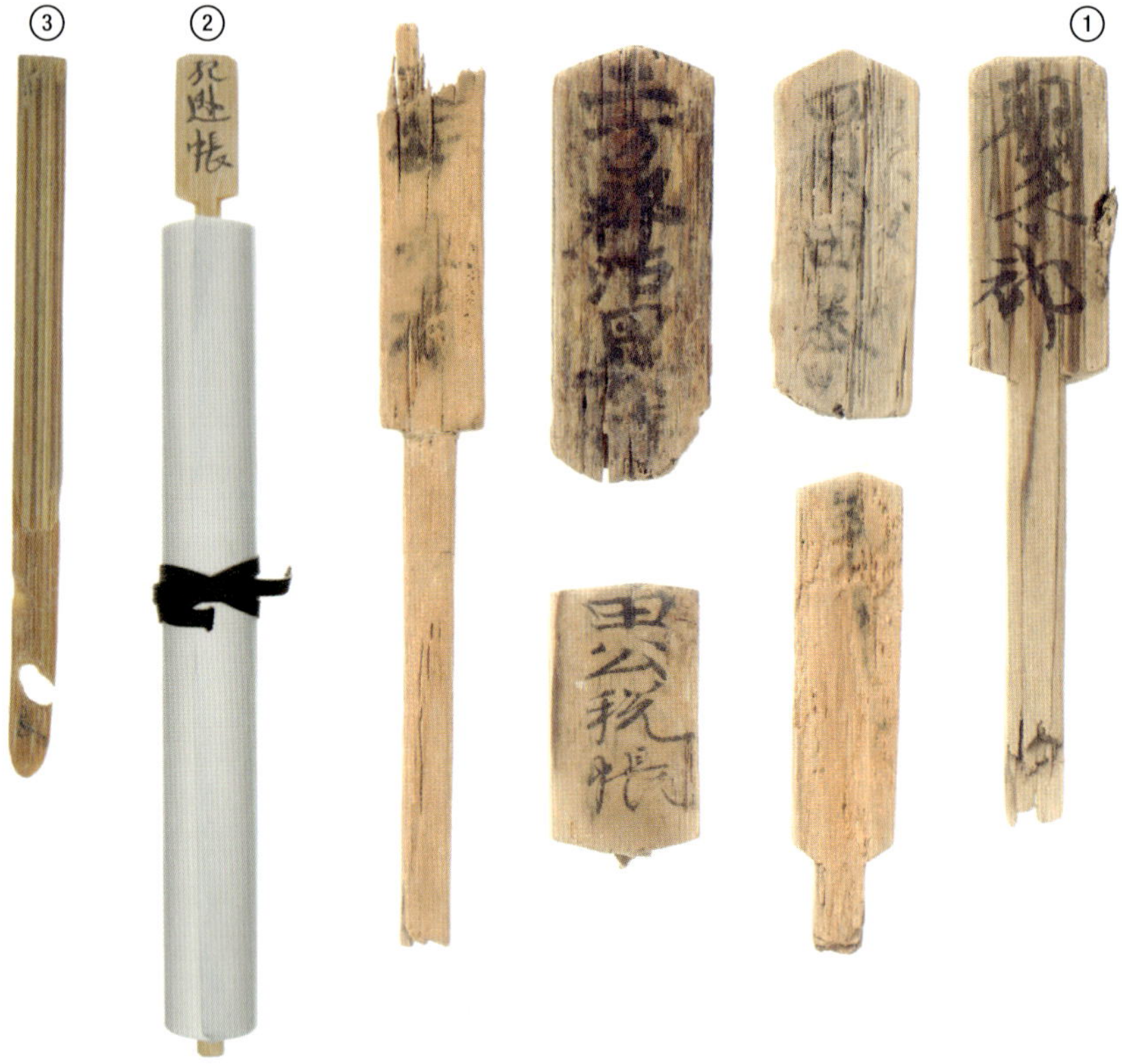

①但馬国府遺跡（兵庫県豊岡市）から出土した平安時代（9世紀初め）の「題籤（だいせん）」の頭部。国府への税などに関する文書を巻いたものである。 左の②の大きな紙を巻いた復原例では題箋《せん》に「死逃帳」と書かれ、死者や逃亡者の報告書とわかる。8世紀中頃に出来た奈良の正倉院には同様のものがあり、「往来」と名づけられている。室町時代に作られた能「安宅」では写真と同じように、心棒に紙を巻きつけた素朴な「往来」が使われている。（「往来」の長さ37.5㎝） これは後に歌舞伎十八番の一つ『勧進帳』として人気となるが、そこでは華麗な巻物仕立てになっている。 ③法隆寺所蔵の『随聞記略抄』寛治6年（1092、奥書）から見つかった「夾竿（きょうさん）」。竹製で長さ6.06㎝、厚さ1.5㎜あり、除目（じもく）と呼ばれる官吏などの任官儀式の際に、書類の上に置かれたり軽く挟んだりしたもの。国立歴史民俗博物館所蔵。

④

⑤

④京都・東寺の『百合文書』。これらは寛正6年（1465）に保存された貴重な文書群である。「造営有之」「雑掌請文」などの文書の内容が、巻物の軸木の先端を削った〝軸木籤〟の上に書かれているが、なぜかヤ函という名の箱に多い。写真の3例は軸木にタイトル駒がキャップのように嵌め込まれている。これ以外にも、以前の古い籤の形が矢羽根のように見えるものもある。所蔵の京都府立京都学・歴彩館（旧京都府立総合資料館）では百合文書の全てを修復しweb上でカラーで公開している。（籤の長さ約4.6㎝、全体長さ26.9㎝）　⑤清少納言の『枕草子』に出てくる「けふさん」で夾竿（きょうさん）ともいわれる。木や竹を薄く削って作られ、差込むようにして使う。現在は実物は残っておらず、江戸時代に伊勢貞丈が高野山で見つけたものをこのように模写した図をもって説明されることが多い。（推定長さ9cm）

## 清少納言が『枕草子』に書いた〝けふさん〟とは何か――巻子本の時代

――平安時代

『源氏物語』から100年くらい後の平安時代後期(1100年頃)に書かれた『源氏物語絵巻』「東屋《あずまや》」には「絵など取出させ給いて右近に詞《ことば》読ませたまうに」とある。これが日本最初の読書風景を描写した図とされるが、ここにはしおり様のものは描かれていない。「東屋」のシーンでは、詞書《ことばがき》つまり物語が書かれた冊子を読む女房・右近の右奥で、浮舟が絵の入った冊子を見て楽しんでいる。二人の前の敷物の上には同じように絵が入った冊子と詞書の入った冊子の計2冊が置かれている。巻子本も一巻見えるが、巻子本に仕立てるのは主に保存のためといわれている。表具師が絵と詞書を一巻の絵巻物に仕上げたのである。

以前、京都の博物館で開かれた源氏物語展に、「当時の宮中では、絹の端切れで作ったしおりを置いたのではないか?」という解説があったといわれるが、これも推測の域を出ていない。

奈良～平安時代に貴族社会で行なわれた「曲水の宴」の西陣織金襴しおり。流れに浮かべた杯が流れ去る前に歌を詠まねばならない。また『源氏物語』などには、流れに人形(ひとがた)を流す雛(ひいな)の行事なども書かれている。(本体長さ10㎝)

またあるテレビ番組で漫画家の黒鉄ヒロシ氏が、絵巻物の読み方について面白いことを実演して見せた。絵巻物を開くとき、物指しのような竹か木の棒を持ち、絵の部分にあて広げたり狭めたりすれば、現在のアニメ動画のような感覚で楽しむことができる、というのだ。こうすると確かに絵に動きが出てくる。ただし、この方法では絵が傷つきやすいので、普通は巻物を両手に持って、巻き取りながら遊んだのではなかろうか。

また、清少納言『枕草子』の成立年代には、書き加えなどがあって諸説あるが、平安時代の中頃、長保3年（1001）が有力である。その二〇段「清涼殿の丑寅《うしとら》のすみの」には、中宮が『古今和歌集』について聞いたのに誰も答えられずにいたところ「やがて皆読み続けてけふさんせさせたまう」とあり、さらに少し後に「不用なりけりとて御草子にけふさんさして」と書かれている。宮中でしおり状のものを書物に挟んだ状況が描かれている場面だが、「けふさん」は、「夾《きょう》（莢）竿《さん》」あるいは「夾算」とも書かれる。竹や木片を長さ9㎝、幅1・5㎝くらいに薄く削ったものを裂き割りして上部を糸などで巻き結んだものをいい、主に日記や記録集などの書物や巻子で、読みさしのところに挟んで使ったという。この「けふさん」は、現物は残っていないようで、江戸期の有職故実家《ゆうそくこじつ》・伊勢貞丈の『安斎随筆』の中の「高野山の書物の中から見つかったものを描いた図」（167ページ⑤参照）という記述が参考にされている。この文章のお陰か、江戸末期に愛好家が復元して広く世に知られていたという。

なお余談だが、『枕草子』を書いた清少納言は、中宮定子に仕え、博学で才気あふれる女房として知られていた。ところが、清少納言が宮仕えを辞めた数年後に中宮彰子の女房となった紫式部は、清少納言のことを「したり顔にいみじうはべりけるひと」で始まる200字にも及ぶ悪口雑言を『紫式部日記』に書き連ねている。〝いつの世も変わりなきものは……〟と茶々を入れたくなるエピソードである。

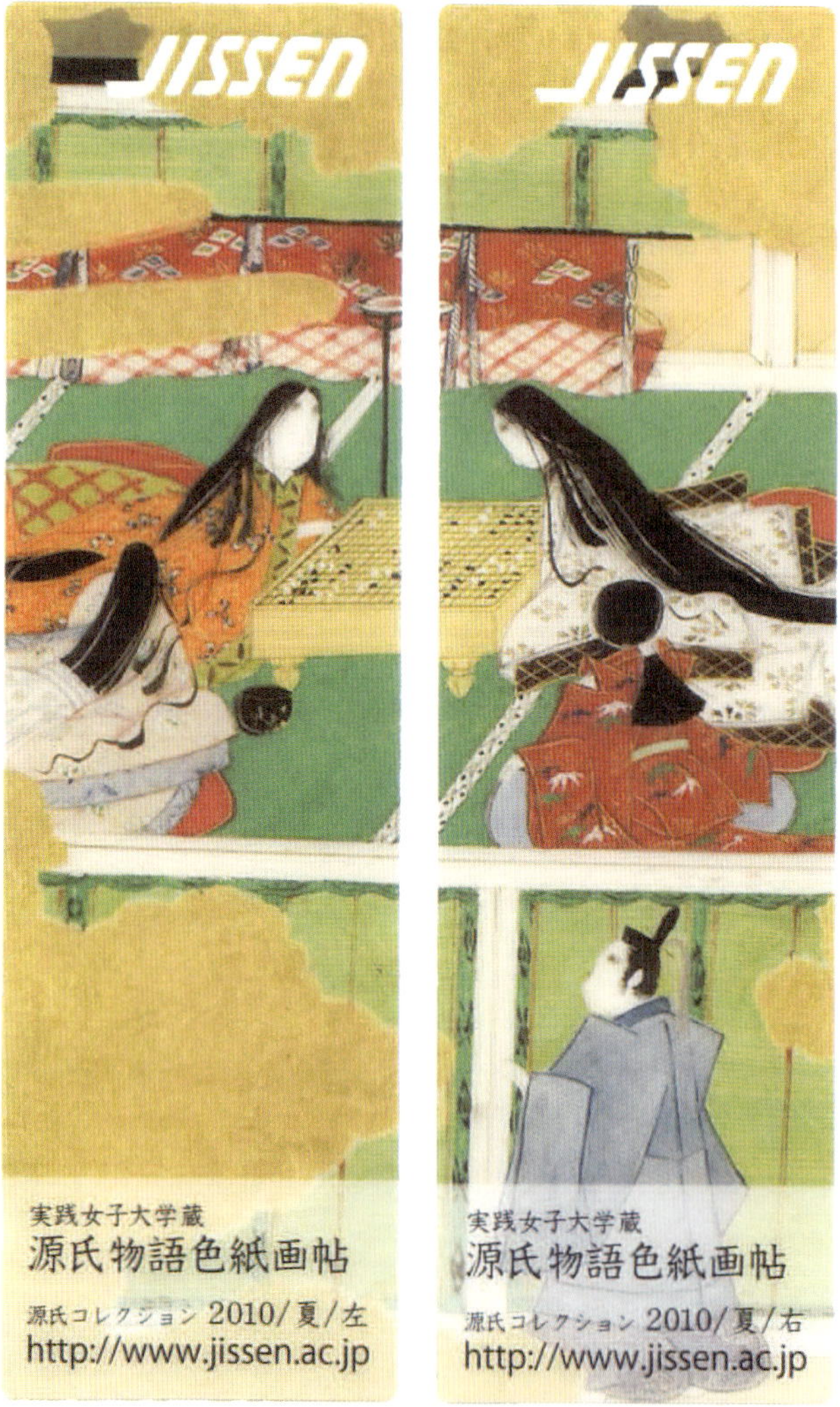


紫式部の『源氏物語色紙画帳』から、人妻である空蝉（うつせみ）が囲碁をする場面を覗き見する源氏を描く。江戸期の作とされるが作者は不祥。実践女子大学が所蔵する名品を『源氏コレクション』として、毎年２回配布、その第１回（2010年）のプラ製２枚組。（長さ12㎝）

## 役人の任命記録の訂正用に「夾竿《きょうさん》」が多く使われた ——平安時代

この夾竿のルーツは、実は意外にも平安時代の除目《じもく》にあると、國學院大學の新谷尚紀教授は指摘する。除目とは、中央の諸司や地方の官人を任命する儀式のこと。任官する役人たちの姓名や官職の記載が間違っているときには、直物《なおしもの》といって書き改める儀式をする。その際に書類の上に置くのがこの夾竿であるという。法隆寺から見つかった『随聞記略抄』（寛治6年 １０９２ 奥書）に挟まれていた夾竿は、長さ6・06㎝、厚さ1・5㎜の小さな竹製の篦《へら》のような形をしている（国立歴史民俗博物館所蔵、１６６ページ③参照）。不思議なのは尖った先の方に見える丸い切れ込みである。その部分を何かに掛けるようにして使ったのだろうか。平安中後期の公家社会で有職故実の書として名高い源高明の『西宮記《さいきゅうき》』や大江匡房の『江家次第』には、「除目」、「直物」の項にいずれも「夾竿《さん》を刺す」と書かれている。源師時の日記『長秋記』には、「木製で、ある人が10本ばかり持ってきた」と具体的に描写されている。

ところが、この「竿」の字は、「算」の字と同じで、ものを数えるという意味を持ち、夾竿の倍くらいの長さを持つ竹製のへら２７１本を並べて算する例が漢書に出ている。また、竿の字の竹冠《カンムリ》の下に「亠」いわゆるナベブタ冠《カンムリ》が書かれていてトウと読むが、これ自体に日本語では何の意味もない。中国では占いに使う卦算《ケイサン》つまり算木に似ていることから、これをケイサン冠と呼んでいたことはあまり知られていない。

話のついでだが、最近のある大学の国文科の『枕草子』読み下し解説の中に、「夾算とは竹の串、ゲームなどの得点を数えるのに使う」とある。清少納言もびっくりのトンデモ解釈ではないだろうか。

## 京都・冷泉《れいぜい》家の古文書に見える、日本古来の本造り
――鎌倉時代

歴史的に見ると、書物が巻子本から冊子本に変わるには、実はかなりの時間を要したようだ。中国では、3世紀中頃から4世紀の晋代に文字の書かれた巻物、つまり巻子本が出来上がったという。さらに8世紀、唐の玄宗皇帝の時代に、巻子本から冊子本への大転換が起こった。ただ、巻子本に比べて卑俗なものとしてあまり重用されなかったが、次の宋の時代になって、本の芸術として今でも注目されるほどの冊子本の全盛期を迎える。研究者によると、冊子本の原型は、7世紀に中国に入った景教(キリスト教ネストリウス派)の宣教師が持ちこんだエジプト起源のパピルス冊子本だという。当時、すでにヨーロッパに広がっていた羊皮紙の冊子本ではなかった。

日本に冊子本が初めて入ったのは、僧の空海が唐から持ち帰った『三十帖冊子』(国宝)だとされる。804～806年の在唐時代に書写したものも含まれ、時間的証明があるものとして貴重である。その後、平安時代に宋から冊子本が多く入った。印刷本が多く粘葉装《でっちょうそう》や胡蝶装といわれる綴じ方だったが、片面印刷の表面を谷折りにして背の部分をのりづけするため、印刷面の次に白いページが出る。延喜12年(914)頃に『古今和歌集』ができたときは巻子本が多かったと考えられるが、その後、印刷面を外にした袋綴じにするなど改良が加えられ、11世紀初め、紫式部や清少納言が活躍する頃には、書写本でも冊子本が多くなっていく。

1千年の歴史を経て、奇跡的に残ったといわれる冷泉家の古文書を見ると、鎌倉期の公家の世界では、半紙を折った物にさらさらと歌や文章を書き、それを糸や紐でごく簡単に製本した。それを皆に見せたりしたが、その中からさらに良いものを選び、冷泉家の人々などの名筆家が書写して巻物や書物に仕立て上げたようだ。その他にも、1枚の和紙に書かれた和歌や文書を巧妙に2枚に剥がし、それぞれを生かして巻物にする見事な表装の技

術も使われている。このような表具・表装や用紙はきわめて美しく、国宝、重文級の名品が残っている。

『更級日記』は平安時代中頃に書かれた女流日記文学の代表作とされるが、著者の菅原孝標女《たかすえのむすめ》は、14歳の頃、『源氏物語』に夢中になって昼夜を問わず読みふけるが、面白すぎて「后の位も問題にならないほどだ」とまで書いている。このとき、彼女に源氏物語50余巻と6冊の物語をおばが贈ってくれたのだが、そこに平安女性の読書傾向が見え、とても興味深い。ところが、この『更級日記』はすでに原本が失われ、冷泉家の祖に当たる藤原定家が鎌倉時代に書き写したもののみが宮内庁所蔵として残っている。その上、何と表具師がページの入れ間違いを起こしていることが、大正時代になってわかったという裏面史もある。鎌倉時代の歌人、兼好法師が「ひとり灯のもとに文をひろげて、見ぬ世の人を友とするぞこよのうなぐさむわざなる」と書いたのはこうした時代である。

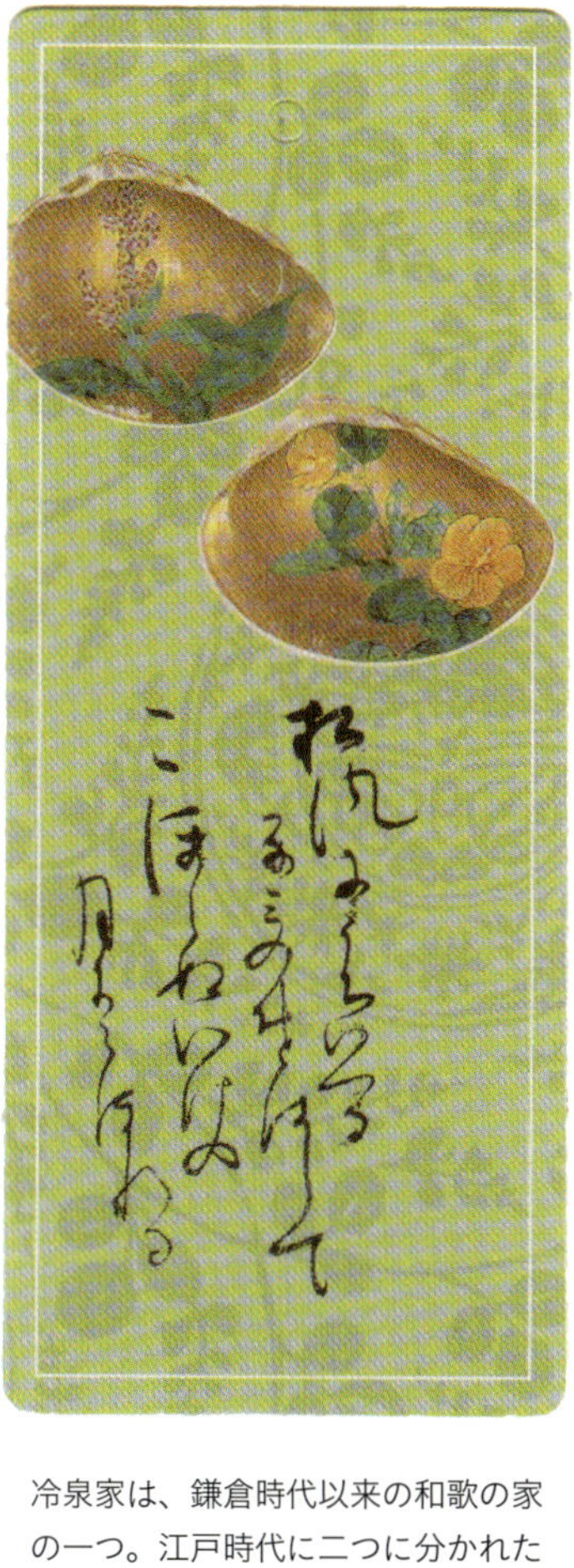

冷泉家は、鎌倉時代以来の和歌の家の一つ。江戸時代に二つに分かれたが、上冷泉家には藤原俊成・定家以来の貴重な古典籍多数が伝わっている。これは後鳥羽院御製を定家が書写したもの。こうした中から秀歌を選りすぐり『新古今和歌集』などに編纂した。プラスチック製しおり。2009年。（長さ9.5cm）

# 鎌倉・室町、武士の時代の到来

②

①

①平家との戦いでの活躍にもかかわらず、兄頼朝に疎まれた悲劇の主人公源義経。壇ノ浦合戦での八艘飛びの場面は、講談本や物語に広く取り上げられた。明治後期から大正、昭和初期にかけて少年雑誌で人気になった。印刷などから大正後期のしおりメンコと思われる。（長さ13.9㎝）　②「名婦しをり」。明治末～昭和の初めに、男に負けないしっかりした人生を送った女性が称賛された。その一人、静（しずか）御前。他に紫式部、清少納言などが取り上げられた。昭和11年（1936）の『少女倶楽部』の懸賞賞品で、裏に詩人西條八十の「静賛歌」が載る。さらに西條は、「静御前」という小説も執筆。画は抒情画家として知られる須藤しげる。（長さ14.3㎝）

④

③

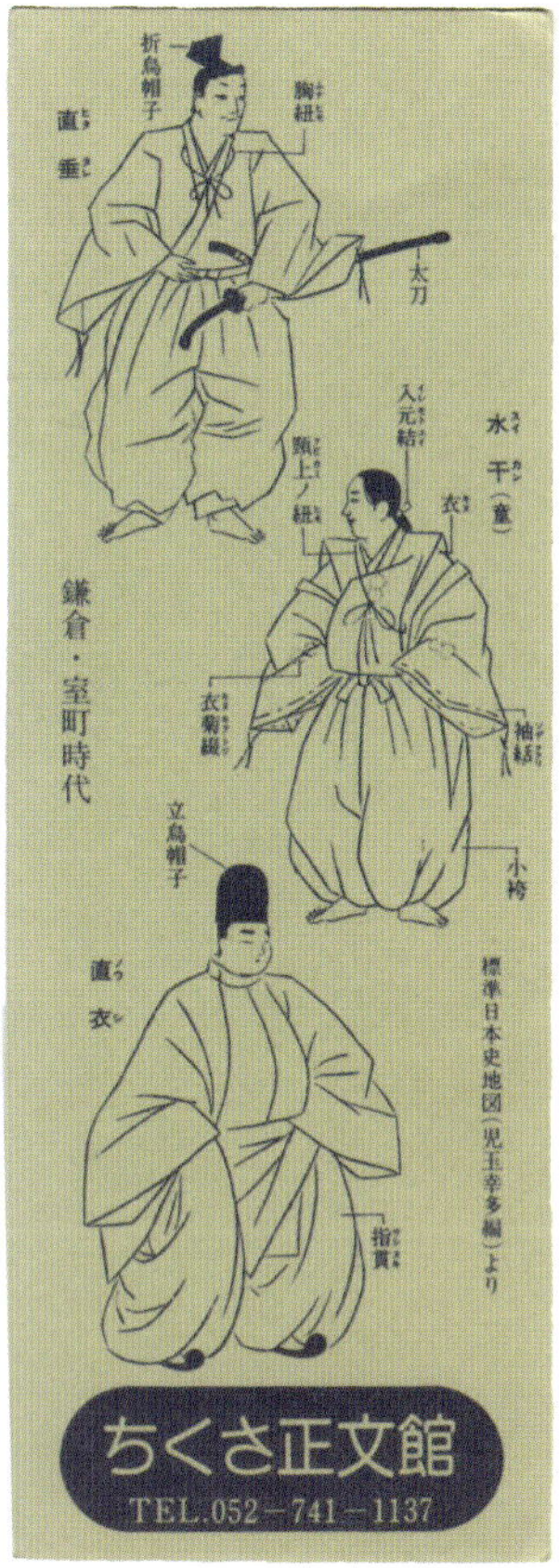


③④鎌倉・室町期には、貴族・公家の時代から武士の時代に変わっていくが、その風俗は意外となじみがない。直垂（ひたたれ）は武士の衣装として一般的なもの。直衣（のうし）は平安貴族の普段着だった。また鉄砲伝来（天文12年、1543）の前と後では、鎧（よろい）の構造がまったく違っている。左図のように華麗な騎馬武者の大鎧は、矢と刀への対策がしっかり採られているのがわかる。歴史書懇話会が1980年代に発行。ちくさ正文館は、名古屋にある歴史や社会学書の専門書店。（長さ15.5㎝）

# 第2章　中国と日本、しおりにまつわる知られざる深いつながり

## 中国の国宝級がずらり！　華麗な鎮墓獣《ちんぼじゅう》の妖しい魅力

——古代・中国、日本

京都に、中国古代文物の見事なコレクションで知られる泉屋博古館《せんおくはくこかん》という美術館がある。財閥の住友家が収集したもので、中国や日本の古代鏡や青銅器などの国宝、重要文化財級の美術品が所狭しと並べられている。ある日そこで、文房四宝の展覧会があった。筆や硯などと並んで文鎮が展示されている。その文鎮たるや、古代の王や貴族の墓などから発掘された見事な出来栄えのものが多くある。

そこで「書鎮はないのですか」とたずねると奥から学芸員が出てきて、「実はこれは、貴族や金持ちが本を読むときに使う書鎮ですが、日本では知らない人が多いので文鎮と表記しているのです」と言う。古代の大きな墓に納められていた鎮墓獣《ちんぼじゅう》と呼ばれるもので、奇怪なガマや竜などの仮想の動物をはじめ熊、虎、馬などの霊力があるとされた動物をかたどり、青銅などの合金で形作った上に金銀や貴石で象嵌されているものが多く、ほかの素材では、陶器、璧や玉製も数多くある。紀元前3世紀頃にできた前漢から西暦3世紀まで続く後漢にかけてお守りとして墓に入れられたり、席鎮、つまり敷物の四隅を押さえる物として使われていた。その後発掘あるいは盗掘され、主に10～13世紀の北宋・南宋の時代に、貴族や文人の文机に載っていたものらしい。冊子本が生まれたのは7、8世紀の唐の時代といわれるから、その後に読書の友として使われるようになったと考えられる。いず

古代中国の紀元前3世紀から西暦3世紀にかけての前漢、後漢時代の鎮墓獣（ちんぼじゅう）『銅嵌玉一角獣型鎮子』。後の北宋・南宋（960〜1279年）の時代には開いた書籍の上に載せて、押さえる書鎮として使われた。写真は京都・泉屋博古館の絵葉書より。（高さ5㎝）

れにせよ中国にあれば第一級文物（国宝級）というものがいくつもあるという。その威厳と迫力たるや一見に値するといえよう。

これまで書道などで文字を書くときの重しとして、文鎮は多くの人が使ってきた。明治天皇が使ったとされる文鎮もそうだが、一般に横長の直線型で、富士山や龍などが浮き彫りになったものが多い。読書には、巻子本の多かった奈良や平安時代から巻物が置きやすいように左右を丸く曲げて作られた文台、経机も使われた。その後の武士階級の読書では正座して読むのが作法で、平らな机もあるが、書見台を多く使った。書見台は大体が45度前後の角度があり、重い書鎮はついに定着しなかった。和書に使われる和紙が柔らかいこともあり、重い物で押さえる必要はなかったようだ。

江戸時代の百科辞典といえる『和漢三才図会』（正徳2年 1712）には、「書鎮」の項目があり、獅子の飾りのついた重厚な置物が紹介されている。中国からの輸入品だが、絵の説明は日本語の〝ぶんちん〟だけで、中国語のシュイチンは下の漢字の読みだけに入っている。さらに、現代では一般に「文鎮」と呼ばれている細長いタイプも紹介があるが、こちらは「壓（圧）尺」や「書尺」と書かれている。しかも、50年後に出た子ども向けの『孝経童子訓』には、同様の図が引用されているが絵にぶんちんとルビが振ってあるだけ。〝シュイチン〟という読み方は定着せず、まったく省みられなくなったことがうかがえる。中国語辞書には「書鎮」または「鎮子」が現在でも使われている。しかし、日本では辞書にも掲載されず、骨董屋さんでも説明できる人が少ないのはなぜだろう。

江戸時代中頃、正徳2年(1712)刊行の『和漢三才図会』(寺島良安編、全105巻)。ここには漢字で書鎮と書かれているが、日本語のルビでは〝ぶんちん〟となっている。現在のような横長の文鎮は、壓(圧)尺または書尺と書かれている。

## ノーベル文学賞作家・川端康成の愛した〝無法〟な物とは

――古代・中国と日本

ノーベル文学賞を受賞した作家の川端康成といえば、美術品や骨董品の目利きであり、優れた蒐集家としても知られている。コレクションには池大雅・与謝蕪村の『十便十宜図』をはじめ国宝、重要文化財がずらり揃っていて、美術品などは㈶川端康成記念会が管理している。こうした名品収集のきっかけは小説『雪国』の大ヒットで印税が入ったからだといわれている。ある展覧会で再現された書斎の机には「川端康成用箋」と印刷された原稿用紙の上に愛用の万年筆が置かれ、そのそばに密教法具の輪宝や五鈷鈴、祭祀に用いたという小さな七つの鈴をつけた高麗の鈴が並べられている。これらは「文鎮に用いた物」だという。

川端は「私は古美術品も日常身辺に使へるものは使ひ、妙な使い方を考えもする習はしである。藤原時代から伝わった稀な美術、古へどんな聖僧が仏法を修したかもしれない仏具を文鎮に使うなどは無法もはなはだしくとも、美に古今なく、今日に伝わった美を今日の美と感じて今日に使うのは今日に生きるしるしの一つのやうに、私は思ってゐる」と『落花流水』（昭和41年　1966）に書いている。古美術品を原稿の押さえの文鎮、あるいは参考書類の上に置く書鎮として使っていたようだ。また、やはり作家の内田魯庵は随筆『読書放浪』（大正15年　1926）で、「父が母に残した古鏡を、何十年来、今でも机の上に書鎮として、日夕愛撫している」と記している。

## 孔子の時代に使われ始めた「読書」は、明治の日本で復活
——古代・中国と日本

「読書」という言葉は春秋時代に孔子（紀元前552〜479年）の『論語』第十一「先進」編で初めて使われた、とされている。しかし、これは弟子の子路が、「本ばかり読まずに実学を行なったほうがよいのでは」と師に口応えをして、孔子が不快に思った場面に出てくる子路の言葉である。当時の「書」は、神託や先人の言葉などを書いたものを意味した。〝読む〟とはその書かれたものを大きな声で読むことをいい、現代の読書とは少し意味するところが違うようだ。ただ、読書という言葉自体が古典でもあまり見つからないのは意外なほどである。

例を挙げると、孟子の「読書尚友」という言葉が出てくるのは、『論語』の100年後の戦国時代のことである。同じ頃の人だが、荘子の『荘子《そうじ》』「駢拇編《べんぼ》」の「読書亡羊」があり、戦国の策士と評された蘇秦の「刺股読書」（『戦国策』）

(右)孔子。儒家の祖とされる中国の思想家、哲学者。死後も多くの後継者を輩出し、その教えは、前漢・後漢の時代に大いに興隆し、儒教として国教化される。生誕2515年を祝って1965年台湾で出されたもの。画像はいつ頃描かれたものかは不明。(本体長さ13.4㎝)　(左)紀元前289年に没した儒学者、孟子の肖像画。性善説をとり、仁義による王道政治を説いた。儒教では孔子に次ぐ重要な存在とされ、儒教を孔孟の教えと例えることもある。最近の岩波文庫に挿入されていたしおり。(長さ13.3㎝)

とは、書物を読んでいて眠くなったら、腿を尖った錐で突いて目を覚まし読み続けるという意味である。「読書百遍義自《おのず》から見《あらわ》る」（『三国志』「魏志、王粛伝」）は、三国時代、魏の董遇の言葉だ。

南北朝時代には、「三日不読書　語言無味」という一節がある。5世紀、南朝宋の劉義慶の逸話集『世説新語』補巻に書かれたが、この本があまりに人気となったために後世に類書が多く出た。これも明朝になって再録されたもので、「本を3日も読まないでいると、話す言葉も精気のないものとなる」といった意味である。また南斉（479～502年）の江泌には「月光読書」という言葉がある。8世紀の唐の詩人杜甫は、ある詩に「読書破萬巻　下筆如有神」、すなわち「多くの書を読めば、字を書く時、まるで神が降りてきたようにすらすら書けるものだ」と詠っている。中には、こんな好対照な内容の表現もある。北宋、王安石の「読書不破費　読書萬倍利」（『勧学文』）と、南北朝時代に梁の君主が国の滅亡に際して詠んだ「読書万巻　猶有今日」である。前者は、本を読むことは金もかからないばかりか大きく得るものもある、と教えるのに対し、後者は、「今日は国を追われる身となった、あんなに本を読んだのは何の役に立ったのか」と八つ当たりしているのである。

少し違った例だが、『資治通鑑』の編纂で知られる北宋の儒者で歴史家、政治家の司馬光は、洛陽の自宅の庭に「読書堂」を建て、5千巻の書物を収めていたという。読書人とは、書を多く読んだ人、つまり知識人を表し、士太夫ともいう。隋の時代に始まった科挙を通った官人、あるいは学者や知識人を指す場合が多い。

南宋の朱熹（1130～1200年）は「読書」についての言葉をいくつか残しているが、その中でも「読書三到」は今も使われている。三到とは、読書に必要な三つの心得をいい、〝心到〟は心を集中して読むこと、〝眼到〟は目でよく見ること。〝口到〟は声を出して読むことであると説いた。

現代中国語では、本を読むことを「看書」という。ただ「読書」という言葉も多く使われている。そうした中で、中国の政官界や経済界に多くの人材を輩出していることで知られる客家《はっか》の人々は、子どもの教育にも熱心である。その人々の住む円形の建築は「福建の土楼」として世界遺産に登録されている。その一つ「服士楼」の内部にある看板に、「読書才是唯一的当路」という標語が掲げられている。「読書こそ最も重要だ」という意味である。同様のものは、やはり世界遺産の平遥《へいよう》の街中にも見られることから、明、清時代に多用されていたのかもしれない。

日本では、室町時代に描かれた水墨画『竹斎読書図』（伝・周文筆、国宝）に、竹林の茅屋に住む賢人が静かに読書する姿と訪ねて来た人がほんの小さく描かれている。その読書風景をテーマに禅宗の僧侶5人が詩や序を寄せている。禅宗は中国から招来されたものだから、それとともに「読書」という言葉も伝わってきたと考えられる。その後、江戸時代に徳川幕府が朱子学を正学とした。これはあの南宋の朱熹が再構築した儒学で、武士が教養として四書五経をよく読んだことから「読書」が知られるようになった。荻生徂徠や渡辺崋山がよく本を読んだことは随筆などに多く出てくる。また、寺子屋でも「読書三到」が徹底して教えられていたという。

さらに明治時代になって、本を読む啓蒙活動に「読書」という用語が多く使われることになって普及したらしい。小説には、明治20年（1887）の二葉亭四迷の『浮雲』に、「チト読書でもしたら紛れようか」と出てくる。

## 〝国家機密〟といえる「製紙技術」が西方に洩れた意外な理由

――古代・中国から世界へ

●『東への道』。紙の発明は、後漢の和帝の元興元年（105）、宦官《かんがん》蔡倫が木皮、ぼろ、魚網くずなど植物繊維を集めて作ったのが最初と『後漢書』が伝えている。この紙の製法はまさに国家機密として厳守されたようで、朝鮮半島に伝わった後、高句麗僧の曇徴《どんちょう》が筆や硯とともに、製法を日本に持ち込んだのが実に500年たった推古帝の18年（６１０）のことである。紙は長い間、中国からの輸入品が珍重されたが、日本では紙の原料として楮《こうぞ》、三《みつ》椏《また》、雁皮《がんぴ》を開発し、粘着力を高めるためにトロロアオイを加えるなど品質改良につとめて高品質の和紙が作り出されてゆく。宝亀元年（７７０）には、世界最古の印刷物である「陀羅尼経」を納めた小塔『百万塔陀羅尼』百万基が法隆寺など10の大寺に奉納されている。

　その後も、和紙は独自の発達を続け、楮を原料とし表面に縮緬状の皺を持ち、やや厚めで白い「檀紙」という高級紙が作られる。平安時代には、公家の世界で包装、表具などのほか、公式文書にも使われた。『源氏物語』や『枕草子』にも出てくる陸奥紙《みちのくがみ》がこれである。その後、豊臣秀吉の時代に大判の紙が登場し、徳川家康の朱印状に多く使われている。明治22年（１８８９）のパリ万博で過去25年間に出版された最も美しい本にえらばれた『グラモン伯の回想』には、繊細な銅版画を表現するために光沢のある和紙が使われた。日本の大蔵省印刷局が、明治８年（１８７５）に三椏を原料として開発し、辞令や証券などの用紙に使うことを目的とした「局紙」であった。

### ●『西への道』。

極秘とされていた製紙法が中国から西方の国々に流出した想定外の出来事とは、意外にも７５１年に唐とイスラム勢力が戦って唐軍が大敗し多くの捕虜が出たことにある。その中に製紙技術を持つ者がいて、それをサラセン帝国に伝え、中央アジアのサマルカンド（現ウズベキスタン共和国）に製紙場が作られた。その後、カイロ、リビア、フェズとアフリカ北部に伝わり、当時イスラム圏だったスペインにも伝わる。それとは別ルートで、イタリア・ファブリアーノに製紙工房ができるのはさらに５００年後の１２７６年である。

　15世紀にグーテンベルクが印刷に使った紙はイタリア製だが、主に古い麻や亜麻それに綿布を原料にした高級紙であった。17世紀ヨーロッパでは、需要が増え原料となるボロ布が不足してパニックが起こったという。今のような木材の繊維を原料にしたパルプが使えるようになったのは、実に１８５４年以降のことである。

# 中国、変遷を重ねた歴史ファイル

②

①

中国の切紙細工は剪紙(せんし)とも呼ばれ、その細工の技術は本来貴族の世界で使われていたが、６世紀頃から民間でも行なわれるようになった。現在は、その技法が庶民芸術として世界無形文化遺産に認定され、河北省蔚県に剪紙村がある。 ①は、秦の始皇帝の陵墓の周辺に埋められていた八千数百体の「兵馬俑」のうちから「跪射兵士俑」を模したもの。(本体長さ17㎝)
②は、西遊記シリーズから孫悟空の「蟠桃園」。血気盛んな頃の孫悟空が天界で育てられている大切な桃を食べ尽くしてしまい、追い出されることになる場面を描く。(本体長さ15.3㎝)

③楊貴妃を始め神話や伝説に出てくる妖艶な美女たちを描くシリーズの一つ。華麗なことで人気がある。(本体長さ15.2㎝)　④は魏の武帝、曹操（155～220年）、⑤は呉の孫権（182～252年)など、『三国志』の英傑を描いたシリーズ。伝統的な京劇のメイクで表現しているため、中にはユーモラスに描かれすぎて人間離れした表情!?　のものもある。(本体長さ各16㎝)

⑦ ⑥

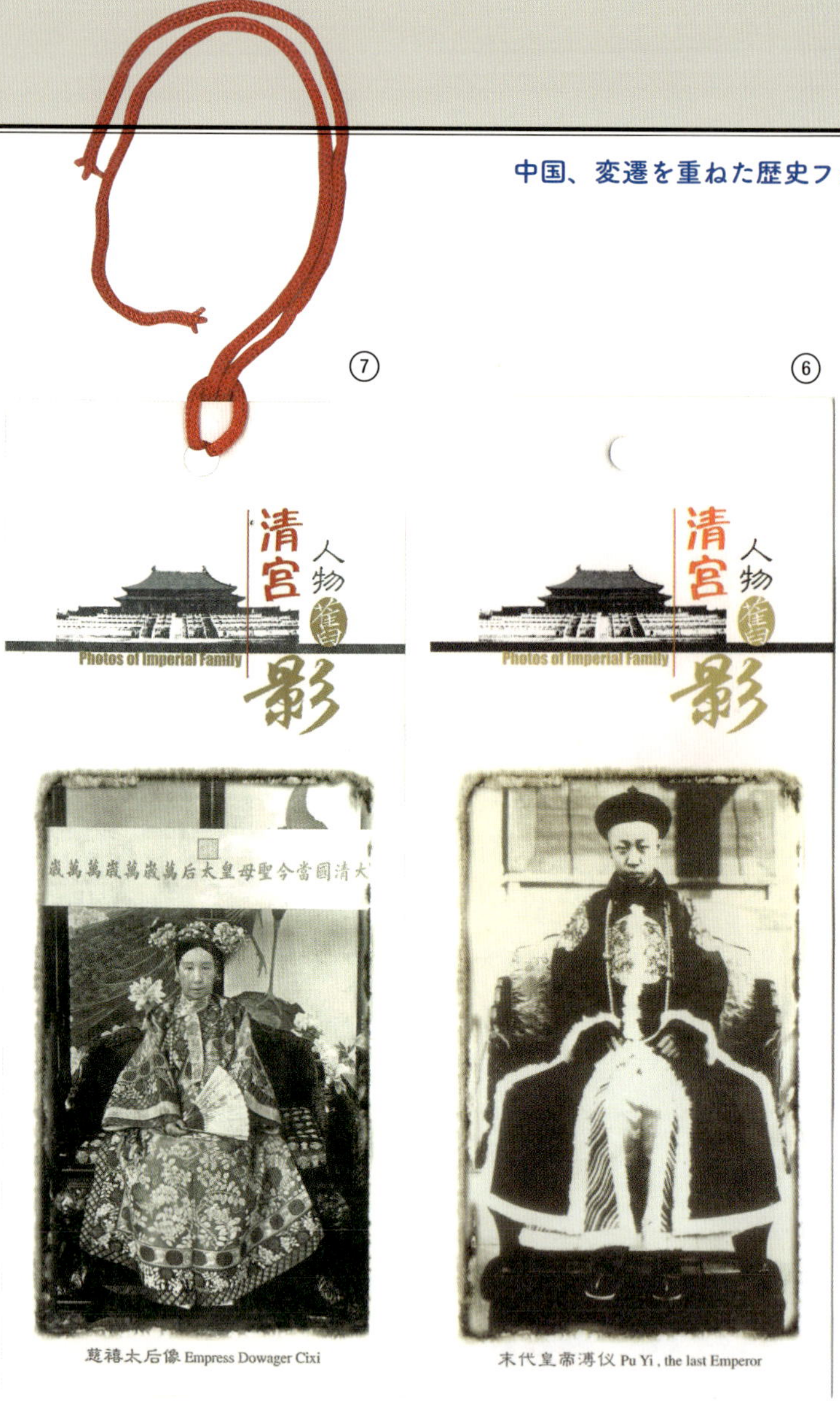


「清宮人物舊影」。清国の王室ファミリーを一人ずつ紹介した20枚組みセット。⑥清朝第11代宣統帝（在位：1908年～1912年2月）、ザ・ラストエンペラーと呼ばれ、後の満州国皇帝に祭り上げられた愛新覚羅溥儀。⑦大清国滅亡を身をもって守ろうとした西太后。あるいは冷酷無比の鬼のような女などと毀誉褒貶が渦巻く。歴史的な人物像に興味は尽きない。（本休長さ各14cm）

⑨

⑧

⑧中国・広州にある印刷・包装会社JIAZHENGの印刷技術の見本として展示されたパンダのイラストしおり。黒い部分は全て起毛した感じに印刷されており、触感もソフトで見た目にも心地よい。2012年、ドイツ・フランクフルトのブッフメッセにて配布。(本体長さ各16㎝)

⑨「偉大な同志、毛沢東万歳」と、初代国家主席・毛沢東を賛美する言葉が書かれている。1967年6月1日は文化大革命一周年に当たるが、この前年の同じ日に北京大学の構内で、文化大革命の発端となった壁新聞『大字報』が貼り出された。(長さ13㎝)

# 第3章　江戸の初め、西行《さいぎょう》の歌をヒントに「枝折《しおり》」と名づけられた

## 和書に挟んだ「紙縒《こより》」とはどんなもの？——冊子本の時代

——江戸時代

多くの人々に本を売る、いわゆる出版販売業は、江戸時代に入ったばかりの慶長14年（1609）の京都で始まった。それまでは、店頭で扱うのは主に仏典や漢籍だった。あまり書物に触れる機会のない庶民に向けては、室町時代後期から江戸時代前期の寛文年間（1661～73）にかけて絵巻物と木版絵入り本の中間的な絵入り写本が作られ、奈良絵本と呼ばれた。最初は稚拙で粗《あら》い民衆芸術だったが、多くの人々に愛好されて次第に洗練されてゆき、ついには上流階級の飾り本や嫁入り本として珍重されるようになる。

続いて、仮名草紙が庶民の間で多く読まれ始める。寛永年間（1624～44）に貸し本屋ができる。主に荷物を担いで売り歩く行商が貸し本屋を兼ねていて、本を貸し継いでいくので「継ぎ本」と呼ばれていた。貸し本屋が読者の求めるものを知って版元になることも多かったという。

江戸時代の中期、享保4年（1719）、大坂の町を訪れた朝鮮通信使の一人、製述官で文人の申維翰は街の繁栄に驚き、中でも書籍を売る店の多いことに目を見張った。著書『海游録』で「古今百課の文籍を蓄え、またそれを復刻して大いなる利益を得ている。中国の書、また、韓国の文人の書もそろっている」と書いている。

こうした和書、和本を読む際、しおりとして何を挟んでいたのだろうか。一般的には、紙縒《こより》といわれる和紙、

いわゆる半紙や鼻(花)紙を細く裂いて、くるくると巻いたものをしおりとして挟んだといわれる。鼻紙といっても、高級和紙の一種で江戸初期、支倉常長らの慶長遣欧使節がヨーロッパの旅すがら鼻をかんで捨てた紙を、街の人々が争うように拾って大切にしたという逸話が残るほど、薄く品質のいい和紙である。紙縒として巻いていない平らな部分には、墨で文字が書けるので、いろいろなことに使えて、かなり重宝したようだ。

なお、書物に挟む紙に文字などを書いたことから、しおりの使い方に広がりが出ることになる。小さなお知らせ、使用解説書、宣伝やPRの材料、あるいはガイドブックのことも〝しおり、枝折、紙折〟などと表現されるようになり、現在でも広く使われる言葉となっている。たとえば、江戸後期の京ガイド『細見案内絵図　京名所道乃枝折』、あるいは、箱根の温泉の名湯を紹介した書物『七湯の枝折』など数多くあるが、特に後者は今でも箱根の温泉ガイドとしてよく引用されている。

『禅語栞いろは歌』。「禅のことをもっと…」がテーマの47枚シリーズ。臨済宗、黄檗宗の禅寺が合同で企画、禅僧の日常や寺での行事などを美しい写真で紹介している、裏面には、いろは47文字にちなんだ禅語の解説が書かれている。写真の「と＝独坐大雄峰」は京都、建仁寺方丈庭での座禅風景。写真・水野克比古。臨済宗黄檗宗連合各派合議所発行。(長さ13.8㎝)

## 江戸時代の後半、庶民の読書熱が急速に高まった ——江戸時代

江戸時代も後期に入った寛政時代(1789〜1801)になって、〝本が変わった〟といわれる。出版と販売の体制が整ってきたのである。版元の蔦屋重三郎は、〝粋とうがち〟で江戸の人々の喝采を博していた戯作者・山東京伝《さんとうきょうでん》に、教訓を平易に絵解きする黄表紙を書かせてベストセラーになった。その頃、十返舎一九の『東海道中膝栗毛』が大成功していたように、江戸から全国にいる読者に向けて本を出すようになっていた。その後は次第に地方にも本屋が誕生することになる。それと並んで手習い用のテキスト「往来物」の販売のために全国の流通網が整備されていった。

ただ、寛政の改革で山東京伝の洒落本《しゃれ》が発禁となり、蔦屋重三郎は身上半減、山東京伝は手鎖五十日の刑に処せられた。文化元年には浮世絵画家の喜多川歌麿も手鎖50日の刑を受けた。

少し前のことだが、将軍綱吉の時代の元禄6年(1693)、生類憐みの令を批判する「馬がものを言う」という噂を流した、として筑紫園右衛門という浪人が逮捕され、市中引き回しの末、斬首され獄門にさらされた。それまでの3か月間に35万3588名が調書を取られたという。また、享保7年(1722)に書物に奥付をつけることが大岡越前守によって法制化される。理由は、猥褻《わいせつ》文書の取り締まりのためだった。このほかにも、江戸時代を通じて、版元や筆者への弾圧が数多く行なわれるなど、幕府と版元、作者のせめぎ合いが続いていく。

幕末の文化・文政期(1804〜30)は、都市、中でも江戸、京、大阪の三都がかつてなく繁栄した時期である。特に江戸では町人文化が興隆した時代で、人情本、滑稽本、読み本、合巻が次々出され、都市における読書人口はこれまでとは比較にならないほど増大した。また俳諧や川柳を詠む人が増え、浄瑠璃、歌舞伎も盛んに演じら

れ、文人画、浮世絵も愛好された。特徴的なのは、それらを楽しむ人々が、それまでの上層の町人中心から中下層の町人、職人層にまで拡大し、まさに文化の大衆化が進行したことである。

なお、木版印刷は、西欧では活版印刷の登場とともに、挿絵を除き姿を消していくが、日本では明治期まで浮世絵とともに長い歴史を持つことになる。

## 好奇心あふれる水戸黄門はしおりにも造詣が深かった？——江戸時代

しおりのルーツを辿《たど》るエピソードとしては、江戸時代も初めの頃に、水戸藩の権中納言徳川光圀いわゆる黄門様が、硬い紙を芯にして絹織物で包んだ物を〝ご本を読むのにお使いください〟と、後水尾天皇に献上した。これを天皇はいたく気に入られ、西行の歌から〝枝折〟という名を贈ったという。事実とすれば17世紀初め頃と考えられるのだが、実はこの逸話は、光圀公が生まれた翌年に天皇は退位されていたので上皇になってからの話となる。

この話は、江戸後期の天保4年（1833）に京都の町医者茅原《ちばら》虚斎が著した『茅窓漫録《ぼうそうまんろく》』に載っているもので、黄門人気にあやかって200年後に書かれた〝お話〟という疑いはぬぐいきれない。なぜなら光圀公は関東から外に出ていないし、天皇が江戸に行った記録はまったく無いからだ。ただ、家康の孫に当たる徳川和子《まさこ》が後水尾天皇の中宮・東福門院となっていることから人の交流があったとは考えられる。その関係で間に入った人物がいて〝光圀さまから〟と、後水尾帝にしおりを差し上げたという可能性もある、と推測出来ないこともないが……。新しい資料が見つかることを期待したい。

これ以外の記述では宝暦5年（1755）、大坂の香道家、大枝流芳が随筆『雅遊漫録』に、「栞。この具は本邦の制、大きさ短冊に同じ。頭に錐《すい》し白赤の紐を左《さ》糾《きゅう》(よりあわすという意味)してつける。厚紙に絹を袋に縫いて入れる。書を読みかけて置くとき、これを入れる」と書いている。さらに「薄い木にても作る」とも記述している。

熊本、細川藩の家老で八代城守衛の要職にあった松井家(現松井文庫)には、奥方愛用の絹製のきれいなしおりが残っているが、これを拝領したことを家臣が記した文書も一緒に保存されていて、大変興味深い。当時は、武

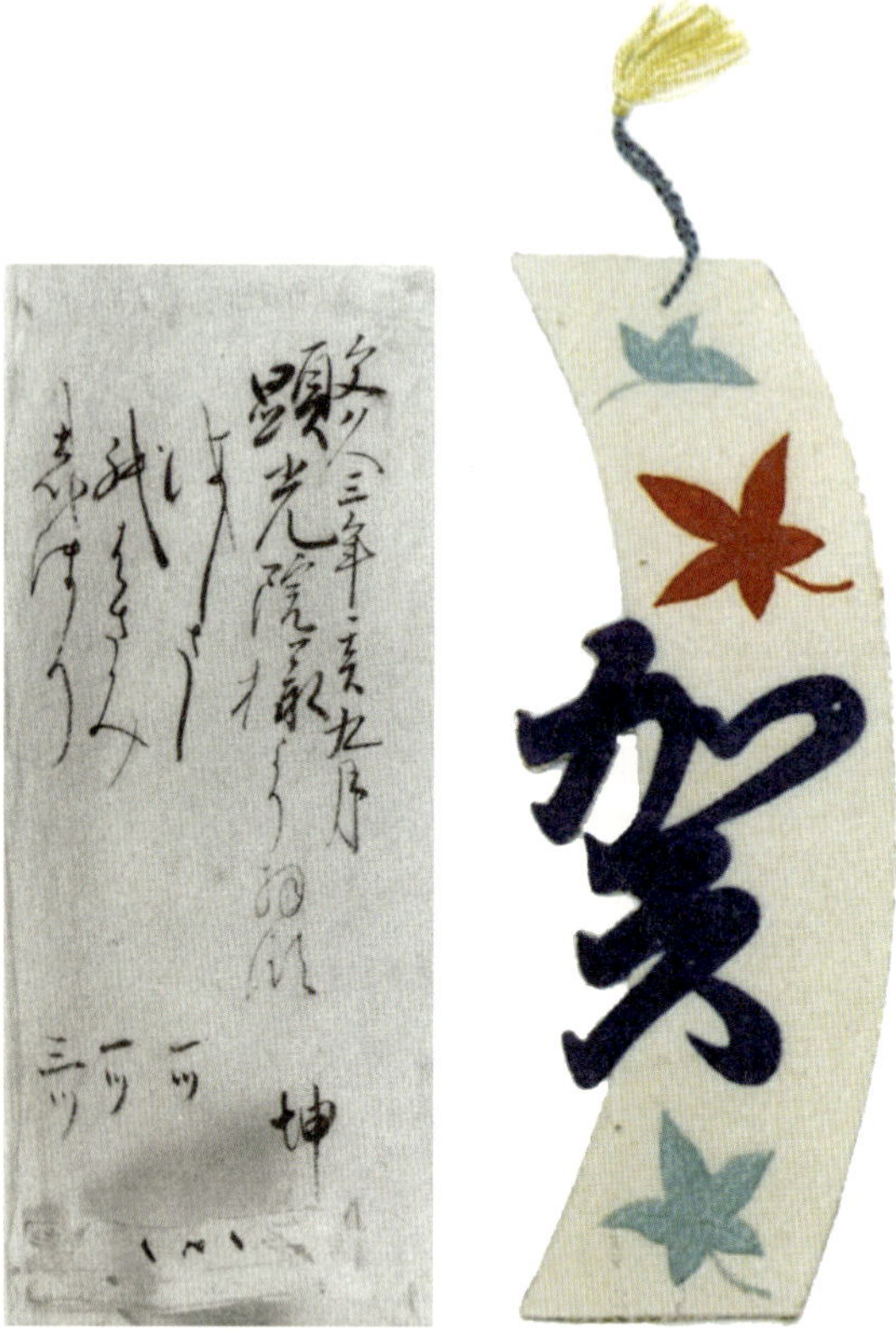

文久3年(1863)熊本・細川藩家老で八代城守衛の要職を務めていた松井家の奥方・顕光院が、家臣に贈った絹製の「志ほり三つ」のうちの一つとそれを頂戴したことを臣下が書き記したメモ。(左)しおりは自作したり小間物商から買う場合が多いが、来歴が書き残されている例は珍しい。松井文庫所蔵。(長さ約12㎝)

家の子女の間で縮緬《ちりめん》の端切れを使って切嵌《きりばめ》や摘まみ細工で小間物を作ることが人気であった。その一方で教養の一つとして黄表紙や草紙等が読まれていた。そこで小物細工の一つとしてしおりが作られ大切にされていたことがわかる。

こうした、しおりの語源については枝折説の他、柴折、標折《しるべおり》、験折《しるしおり》の略であるという説を始め、柴の先を折ることから先折りの対義語、あるいは紙折りだなどと、まさに百家争鳴といえるほど。昭和になっても民俗学者の柳田國男は、山や峠の入り口にある柴神様に柴折りを捧げたことから、柴折、すなわち枝折である、と説いた。まさに現在でも、しおりの語源の定義に結論は出ていないといえる。

いずれにせよ江戸のかなり早い時期、あるいはそれ以前に、「しおり」という言葉があったことになる。

また、こんな句もある。

〝道の記に仮の栞やつくづくし〟（高井几董『晋明集二』18世紀中頃）

この頃には、日常生活での意外な広がりを示す例も多く見られる。

〝帷子《かたびら》の暁寒くよれあがり本のしおりに無造作な銭〟〈旨原〉（俳諧集『延享廿歌仙』延享2年、1745）。この銭は、どんなものだったろうか。大きな天保銭は江戸後期のものなのでこれには該当しない。

あるいは人気物語から歌舞伎化された『地雷也豪傑譚』（天保10年 1839）の序幕で、「どれ、読みさしへ枝折して、夕飯《ゆうげ》の支度《したく》をしましょうか」と具体的な使われ方をしている。しおりという言葉が、読みさしの本の間に挟むものを指す、というイメージが出来上がっていたことが知られる。

滝沢馬琴の読本『椿説弓張月』（文化4〜8年 1807〜11 後編17回）では、すごい使われ方をしている。「蹤血《はかり》を栞《しおり》に、妖怪の往方《おうかた》を索《たず》ねれば」とあるが、蹤血《はかり》とは足跡のように点々と残る血痕である。

# 和書に木の葉がたくさん挟まれているのには、ある切実な理由があった ——江戸時代

和書は多くの場合、立てるのではなく平積みで保存されていた。紙に糊をつけたものを付箋のようにして、疑問の箇所や読みさしのところに貼った。しかし、こうした紙が本の外に垂れ下がっているのがあまり見られないのは、やはり読書人のなすことではないという考えがあったからだと思われる。

古い和本を開くと、時折、本の間に朝顔や銀杏などの乾燥した花や木の葉の挟まれていることがある。普通のしおりにしては数が多いことが不思議がられていたが、実は、作家・永井荷風の随筆「枯葉の記」(昭和10年 1935『冬の蝿』所収)には、〝紙魚《しみ》を防ぐ銀杏の葉、朝顔の葉〟であると書いてある。

紙、中でも和紙は、原料の植物の繊維がかなり形を留めているため、紙魚、英語でブックワームに狙われやすい。保存が悪いと紙くずの山になる場合さえある。そこで対策として、虫除け効果があるとされる桐箱に入れたり、書秩《しょちつ》という厚紙製の箱に納めたりして棚に載せて整理していた。大切な書物を台無しにする紙魚やブックワームを目の敵にするのは、洋の東西を問わない。ウイリアム・ブレイズの歴史的名著『書物の敵』(1880年初版)では、人災以外の最大の敵として大きなページが割かれているように、洋書でも被害の報告は数多くある。大英図書館所蔵のグーテンベルクの『四十二行聖書』にも本文に紙魚の痕があって大きな問題になったほどだ。

紙魚は、銀色の流線型で素早く動き回るが、和紙をよく食べる種と、和書・洋書の区別なく食害する2種があるという。ところが、最近の研究では、紙魚は本の表面をなめるように食害するが、本の中に穴を開けるのはシバンムシという甲虫であるという。その名前の起源はなんと死番虫で、英語で「デス・ウォッチ・ビートル」。強いアゴで食べるときにカチカチと音を出すため、その響きが死への時を刻むように聞こえたからである。

江戸期の女性は、『源氏物語』などの古典から戯作本まで、友人たちや家ごとに訪問してくる貸本屋から手に入れ読んでいたらしい。ただ不思議なことに、こうした読書について記した日記や記録、さらには浮世絵などは非常に少ない。なお、ここに紹介したようなしおりには自作もあるが、多くは江戸で有名な小間物商などから求めたものである。四角い部分は、紙入れとしても使えるように工夫されている。（右）は「蝶図彩色押絵しおり、縮緬地」（本体長さ17㎝）、（左）は「紅綾地菊文彩色押絵しおり」（国立歴史民俗博物館の野村正治郎衣装コレクションより）。（本体長さ17㎝）

## 江戸期を彩った人々の横顔

①

②

①②戦国の武将が、行軍や戦場での武威や存在感を示すために立てた旗印。(右)は徳川家康で、若いときに命を救ってくれた言葉を書いている。もう一つは「総白」と呼ばれる源氏を意味する白旗も陣に立てている。(左)の石田三成の旗印は赤旗に下り藤に石の家紋が入っている。他にも「大一」「大吉大万」なども使った。『関ケ原猛将列伝』(歴史群像新書)のPR用しおり。(長さ13.8㎝)

④

③

③仙台藩の始祖、伊達政宗の銅像。隻眼で独眼流正宗とうたわれた猛将だが、奇抜なファッションでも知られた。「美味し国　伊達な旅」の仙台駅エキナカのキャンペーン。2002年頃、青葉城周辺の売店で配布。プラスチック製しおり。（本体長さ13㎝）　④天和3年（1683）3月、江戸を炎に包み込んだ大火の放火犯として名を残した八百屋お七の鬼気迫る浮世絵『松竹梅湯嶋掛額（八百屋お七）』。幕末から明治初めに活躍した浮世絵師、月岡芳年の筆が冴える。東京消防庁所蔵、NHK出版『歴史への招待』の広報用として作られたもの。（長さ14.8㎝）

⑥

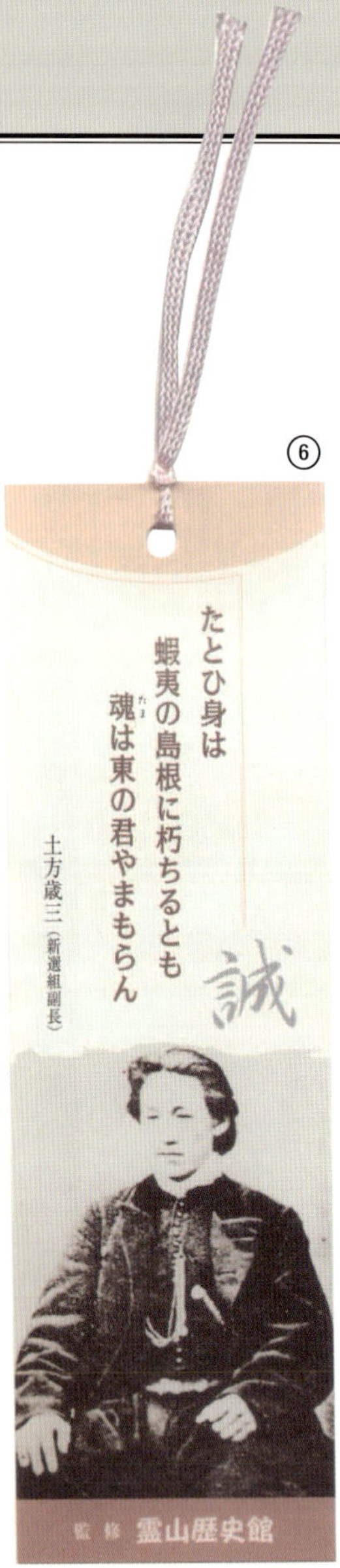


⑤

⑤幕末の志士、坂本龍馬が、慶応2年（1866）または3年に長崎の上野彦馬のスタジオで撮ったとされる有名な写真。懐に入れた手に隠し持っているのはピストルあるいは国際法規集『万国公報』とも伝えられている。裏面に自作の和歌が書かれている。プラスチック製。京都・霊山歴史館制作。（本体長さ10㎝）　⑥新選組副長の土方歳三。戊辰戦争に敗れて北海道に渡り、函館・五稜郭で新政府軍と戦ったときの洋装姿で自作の和歌入り。「幕末 京に青春をかけた男たち」のシリーズしおりの1枚。京都・霊山歴史館制作。（本体長さ13.6㎝）

⑧

⑦

⑦会津若松市の飯盛山に建つ「会津さざえ堂」は、建築学的特徴から国の重要文化財になっている。出入口は一つだが、昇り降りの階段がまったく別構造になっているからだ。建立は寛政8年（1796）、高さ16.5ｍの六角三層、正式名称は「円通三匝堂（えんつうさんそうどう）」といい、現在は有料で公開。（本体長さ16.6㎝）　⑧素朴な味わいが人気の大津絵のしおり。江戸時代初期に滋賀県の山村で描かれていた仏画から民俗絵画の世界へと広がっていったが、今でも人気の民芸品である。この「鬼の寒念仏」は子どもの夜泣きに効果があるとか。（本体長さ12.5㎝）

# 第4章　明治時代、英国製ブックマークを最初に使ったのは夏目漱石？

## 明治初期、西洋式製本の書籍は開くとバリバリと音がした　――明治時代

いわゆる西洋式製本術が本格的に導入されたのは、明治6年（1873）。太政官正院印書局（現国立印刷局）のお雇い外国人の一人、製本師のW・F・パターソンによってで、その最初の本は『西洋開化史』であるという。

当時、その技術を取り入れたのは、江戸期から和書を扱い続けてきた和本職人たちであった。『東京製本組合五十年史』に書かれているように、明治20年頃までは、製本技術はあまり向上しなかった。和綴じの製本技術で洋本もどきの本を作った、というのが実際のところらしい。

「高級な本なのだから簡単に開けると粗末に扱われる、とにかく本を強くして壊れないようにしよう」と、本の背をがっちり固めることが肝要と考えた。そのため、強力な接着剤である膠《にかわ》を、日本古来のフノリや製本用姫糊のようにべたべた塗りつけて堅くのりづけしてしまった。当然、本を急に開くとバリバリと音がするほどだったという。そこで、学校などでは「本の正しい扱い方」という授業を行ない、「新しい本を開くときはいきなり強く開くと本が壊れてしまいますから、丁寧に扱って本をならしなさい」と教えた。そんなこぼれ話まで生まれた。

明治4年（1871）に刊行された『西国立志編』は、スマイルズの名著『自助論』（Self-Help）の翻訳だが、福沢諭吉の『学問のすゝめ』と並ぶ二大啓蒙書として人気を呼びミリオンセラーとなった。その後、和書では11冊13編

におよぶ大量の情報を、明治10年に「改正版」として一冊の洋本にまとめて発行された。さらに各ページにノンブルと目次をつけている。またこの本のために表紙用の板紙が国内で開発されることになった。しかし、教科書や一般の書物でも和洋折衷の装幀のものが長く使われ、洋式製本が一般的になるのは明治もかなり後のことである。

明治30年代初めには、網目写真版が実用化されているし、35年には写真3色版や数度刷りの石版（クロモス印刷）が実用化され、雑誌口絵や絵葉書で大好評を博していた。こうした印刷技術の向上で、美しい写真版しおりが各種発行されるようになっていく。

その一方で、明治32年1月創刊の『中学倶楽部』（興文学会）の目次には、説林、道義、史伝、地理、理科と並んで、「和漢文の栞」、「英文の栞」が載っている。それぞれ文学叢話、英文類語例釈などの内容で、当時の栞という言葉が、まとめ、特集といった意味も持っていたことがわかる。

## 句読点も改行もない、ベタ組み文書をどう読んだか
――明治時代

中国や朝鮮半島から伝来した仏典や書物は、ほとんどが文字の行列といっていい、いわゆるベタ組みの書き方をしていた。句読点という考え方はなく、行を改めるのは天皇など貴人の名が出たとき、あるいは項目を改める必要がある時のみであった。その上、そうした巻物や巻子本の絶対数が少ないこともあって、普通は、一人が書かれたものを朗々と読み、多くの人がそれを聞く形が取られてきた。個人で独占的に読める恵まれた人は少ないと考えられるが、その場合も声に出して読むことが当たり前と考えられていたようだ。

歴史的に見ても、平安貴族が物語を多くの人々に読み聞かせる場面や、江戸期の寺子屋や明治期の学校での読

み聞かせの光景などが、多くの絵に描かれている。
明治12～13年（1879～80）頃になっても、政論記事などを中心にした大《おお》新聞や、自由民権運動の象徴ともなった『嚶鳴《おうめい》雑誌』などの各ページも、活字がベタ組みで、各段が1行につながっているように見える。行変えもカッコも句読点もまったくないページが続く。小説や読み物に挿絵が入った小《こ》新聞や一般雑誌でも文字の並び方に大きな差はない。現代人には、読んでいるうちにどこを読んでいるかわからなくなるだろう。ではどう読んだのか？　やはり一人で読むときも声をあげて読むことが当たり前だったのである。汽車の中で声を出して新聞を読んでいる姿が、文明開化をからかうポンチ絵に登場している。

実際に声に出して読んでみると、内容がよく理解できる。黙読は少数派だったのではなかろうか。

その後、少しは読みやすくする努力がなされるようになるが、版元、書き手によってばらばらであった。句点、読点の使用がようやく文部大臣官房図書課の『句読法案　分別書き方案』によって法制化されるのは、明治39年（1906）のことである。しかしそこに規定として示されているのは、「マル、テン、ポツ、カギ、フタヘカギ」の5つであった。つまり　。、・「」『』だけだった。これでようやく国定教科書の標準が出来上がったのである。同時に、日本人の本や新聞の読み方が変わったことが容易に想像できるだろう。

こうした動きには、外国語の影響が大きかったと見られるが、海外での段落や句読点の成り立ちについては世界編第I章「パピルスの発明が古代の情報革命のきっかけとなった」、また、ノンブルについては世界編第V章「ページのノンブルは、なぜ16世紀まで存在しなかったのか」を参照していただきたい。

## 漱石の小説『それから』に ロンドン留学で手に入れた〝栞《しおり》〟がポンと登場する

——明治時代

「かねて読みかけてある洋書《やうしょ》を、栞の挟んである所で開けて見ると、前後の関係を丸で忘れてゐた」。これは夏目漱石が、明治42年（1909）、『朝日新聞』に連載した小説『それから』の中ほどの文章だが、栞という言葉をさりげなく登場させている。この作品は、人気を呼んだ『三四郎』の後に書かれたもので、まさに〝それから〟の物語だと刊行前の予告に書かれていた。

実はここに書かれた〝栞〟は紙製で、明治33～35年（1900～02）に、漱石が留学中のロンドンで手に入れたブックマークである。洋書という言葉にイメージを重ねて日本語で栞として小説に取り入れたらしい。

夏目漱石の橋口五葉装幀『吾輩ハ猫デアル』下巻表紙をあしらった最近のしおり。上は絵の一部。下は縮刷版の表紙タイトル。原本は鹿児島県歴史資料センター黎明館所蔵。プラスチック製。（長さ18㎝）

漱石がイギリスから持ち帰ったブックマークは、東北大学付属図書館の漱石ライブラリに収納されていて、30数点ある。重複や両面印刷などを除けば20数点になり、持ち帰った書籍の中に挟んであったものが多いようだ。中に1901年～03年のカレンダーや年号入りがあるのは、滞在中にロンドン中心部チャリングクロス周辺の古書店などに足しげく通っており、そこで貰ったものと思われる。常々「金が足りない」と嘆いていたくらいだから、買ったものではないだろう。出版社のブックマークが大部分で、20センチくらいとヨーロッパでは標準的な大きさだが、後の日本のものよりかなり大きい。

中には当時人気のあったH・G・ウエルズの『神々の糧』（1904年）の予告と思われる大きな人間のイラスト入りや、『吸血鬼ドラキュラ』の宣伝などが入ったものもある。それ以外では、出版社発行のブックマークと分類されているものの中に、実は保険会社や、当時「絵がきれいだ」と人気を呼んだスコティッシュ・ウイドウズ基金、あるいは日用品の石鹸、ブーツ、眼鏡などの宣伝しおりがある。ただそれらに混じって小さく女性用ストッキング止めの絵が入ったものもあることは、漱石先生も気づかなかっただろう。

漱石はメモ魔といえるほどいろいろな所に書き込みをしており、書籍にも傍線や書き込みが目立つ。留学当初に手に入れたと思われるブックマークは破れるほど使い込み、いくつか走り書きが見られるが読めないものも多い。ただ、しおり状に細長く切った紙には、14世紀に『カンタベリー物語』を書いた詩人・チョーサーの名があり、蔵書中の洋書1120冊の中に彼に関係するものが8冊あるので、おそらく、本屋での買い物メモだろうと推測される。

こうした紙製の広告つきブックマークが発行され始めるのは1880年頃といわれ、当時かなり出回っていたから手に入れるのは難しくなかった。漱石が帰国した後の1904年のカレンダーと6インチのスケール（物差し）つきのブックマークもあるが、その他にも、１９０３年の年号入りのものが04年の文学書に挟まれていた例があることから、帰国後に書店の丸善を通して輸入した本とともに、外国のブックマークを手に入れて使っていたと考えられる。

それにしても、日本で紙製のしおり・ブックマークが一般的になるのは明治後期から大正以降と考えられるので、漱石はかなり早くから使いこなしていたことになる。

ところで、漱石先生は本の装幀に大変関心を持っていた。明治38年（１９０５）に『吾輩ハ猫デアル』（上篇）を出版したが、この本の装幀が世間に「驚愕を新たにさせた」という。なぜなら天金、アンカット、フラットバック（角背）、模造ヴェラムの表紙、カバージャケットまでついた美本仕立てだったのだ。装幀は橋口五葉、挿絵は中村不折や浅井忠といった、後に人気となる若手を起用している。まさにロンドンで手にした本のイメージを生かしていて、「余の思うような体裁」になったとご満悦だったという。タイトルは、その後『吾輩は猫である』に改められる。

なお、大倉書店から出版した初版本は2千部と推定されるが、和綴じでページの左側と下が袋綴じになるアンカット製本だった。当然ペーパーナイフが必要となるが、「漱石ライブラリ」には残っていない。しかし、後の『それから』の中に、〝紙小刀〟という言葉が出てくる。ルビはペーパーナイフで、当時の文字表現がわかり興味深い。ただ、それで「膝の周りにいた三、四匹の蟻を打ち殺した」とあるのには、少々驚かされる。

# 夏目漱石がロンドン留学で手に入れたブックマーク

②

①

①②当時のイギリスで、絵柄が美しいと人気だったスコティッシュ・ウイドウズ基金のブックマークシリーズの一枚。1815年に戦争未亡人を救済する目的で設立された資産運用会社で、現在も本社はエディンバラにある。(右) の絵は裏面にあたるが、サーの称号を持つ二人の画家が描いた絵でタイトルは『乗馬姿の女性』。発行は1890年代。(長さ17.6㎝)

④

③

③夏目漱石が英国留学から持ち帰った押し花はバラのほかにいくつかあるが、これらをしおりとして使ったかどうかは不明である。 ④漱石5度目の下宿先。明治33年（1900）から2年余り、英国に語学研究のため留学。様々な事情で4回も下宿が変わり、5番目に滞在したのがロンドン南西部のこのビルで1年4か月住んだ。ロンドン中心部まではテムズ川を越えていくが、当時の地下鉄は蒸気機関車なので煙くてたまらず、馬車で往復していたという。3階に見える青く丸い標識（左）は、有名人が住んでいたことを示すブループラークで、日本人では夏目漱石だけ。なお、向かい側にあった「漱石記念館」は2016年秋に閉鎖された。

⑥

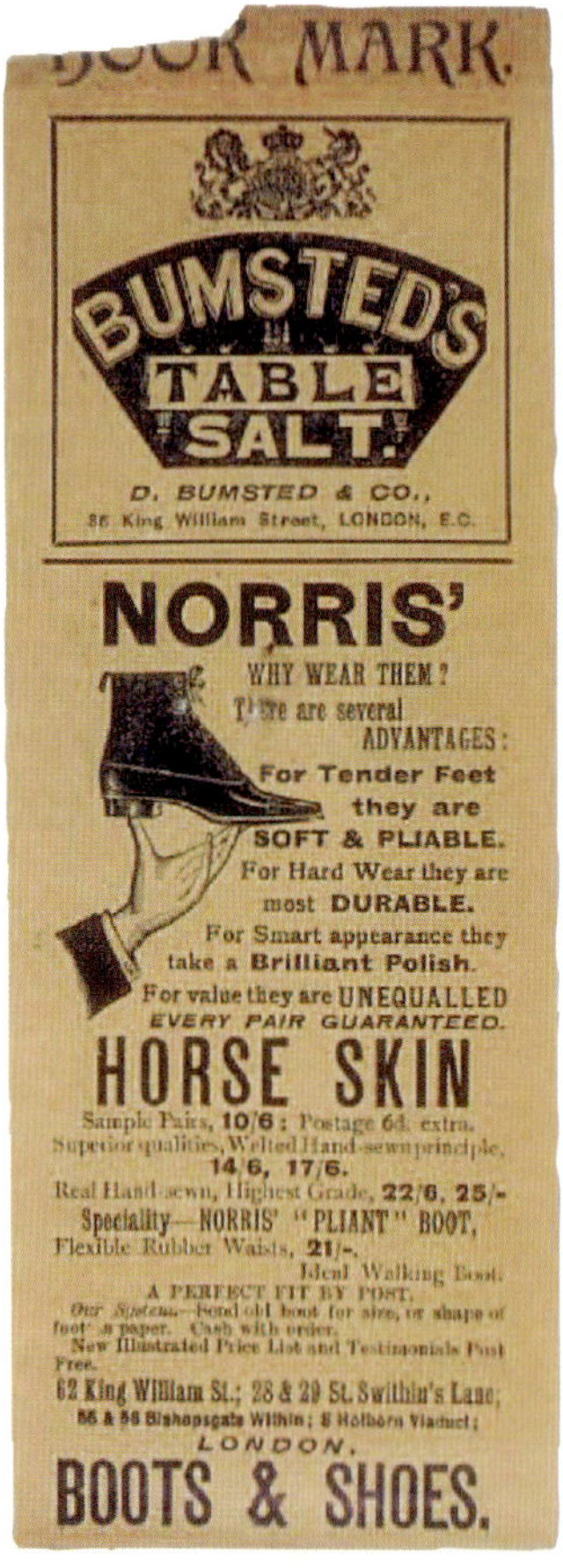


⑤

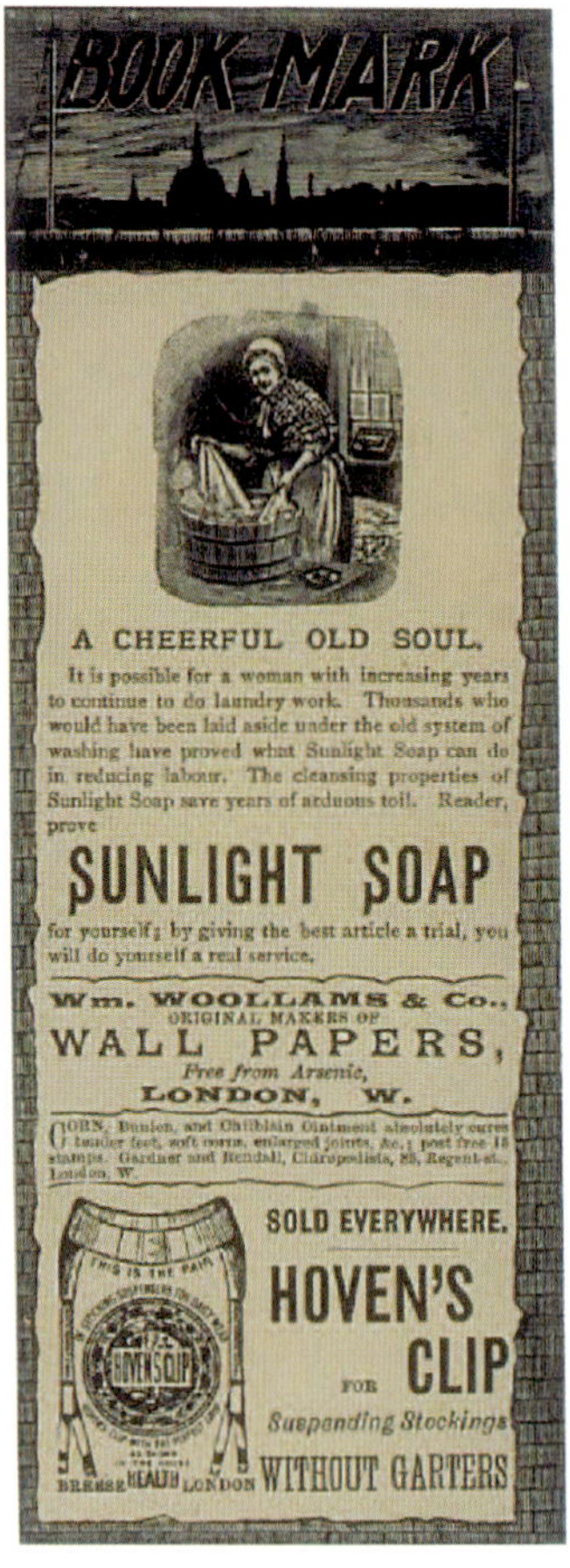


⑤当時、日用品を扱ったブックマークも多くあった。これらは数社の相乗り広告で、上が石鹸会社、下半分が下着メーカーのもの。新型のガーターベルト（女性用ストッキング止め）が小さく描かれている。表面には実業家の顔が印刷されており、漱石先生、裏面は見てなかったのではないだろうか。 ⑥卓上塩と靴店のしおりは使い過ぎて上が切れている。（2枚とも長さ、推定 17.6㎝）

⑦

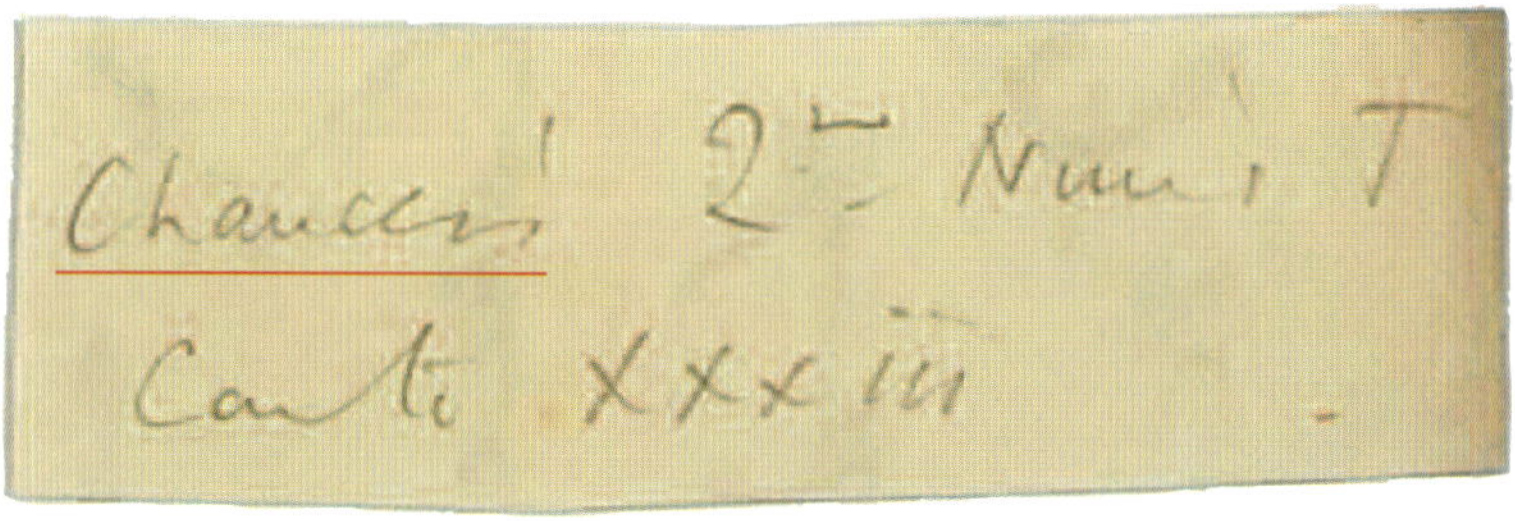

⑧

⑦作家チョーサーの名前（赤線が引いてある）をメモった自作のしおりの上半分。1895年刊のチョーサー関連の本に挟まっていたことから研究メモではないかと思われる。こうしたメモしおりは他にもいくつか残っている。⑧漱石の詩論に影響を与えたといわれる19世紀イギリスの3人の詩人の名前を、赤ペンで手書きしたしおり。ただ書かれた文字が自筆のものかどうかは、検証が必要かもしれない。上から、多くのファンがいるロマン派のワーズワース。バラッド派詩人フッド、3番目は、多くの人が口ずさんだ「冬来たりなば春遠からじ」と詠んだロマン派のシェリーである。

⑨

⑩

⑨ノーザン損害保険会社の風景シリーズの1枚。イギリス東部サフォーク州の「傑出した美しさ紹介」に選ばれた海岸を描く。1903年発行、裏面には、その年の保険会社の保険積立金が表示され信頼度を誇っている。 ⑩ロンドン生活の後半は市の南西部に住んでいたので、都心部に出るにはテムズ川を馬車で橋を渡るか船に乗った。そのときに、このセントポール大聖堂付近の風景を楽しんだことだろう。上と同じ保険会社の発行だが、発行は1907年と帰国後になる。(2枚とも推定長さ16cm、18cmの2種類ずつ)

⑫

⑪

⑪大きな人間のイラストは、H･G･ウエルズの新作『神々の糧』（The Food of the Gods）の予告。合成食品による生物の巨大化の問題を描くSF小説。1976年には『SF巨大生物の島』（コロンビア映画）として映画化された。 ⑫1896年に出来た出版社ピアソンズ・マガジンのPR用ブックマーク。漱石の帰国後になる1904年のカレンダーと6インチの物差しがついている。（長さ、推定17.0㎝）

（以上漱石関係の写真資料は、一部を除き東北大学付属図書館 夏目漱石ライブラリ所蔵）

## 厚紙製の現代型しおり・ブックマークはいつ頃できたか
——明治〜大正時代

美しく印刷された紙製しおりが、日本でいつ頃発行されたかは、実ははっきりしない。資料が少ないが、東京大学の総合研究博物館の西野嘉章館長は『装釘考』で、明治25年（1892）発行の尾崎紅葉著（表記はこうえふ）『三人妻』で版元・春陽堂の社長が「美麗なる彩色刷りの栞一葉を付けた」と奥付のあいさつ文の中で触れていて、その福寿草と紅梅花をデザインした短冊形のものが日本で最初の厚紙製しおりである、と指摘している（左ページ写真参照）。

このほか、明治期の日本の文物の収集で知られるアメリカ人エドワード・モースのコレクションの中に2本のブックマークがある。竹製で長さ25㎝くらい、なぜか真ん中で太さが変わり、端にはかなり大きな赤い房がついている。しおりにしてはかなり特徴のある形をしているが、明治25年（1892）に手に入れたものとあるだけでそれ以上の解説はない。明治後期には、印刷や写真の技術が飛躍的に向上した。とりわけ日露戦争の戦勝を記念する絵葉書が発行されると、大ブームとなった。また、神田にあった永井三星堂からは、「風景水彩画しおり」100枚セットが売り出されている。当時、水彩画が全国的人気となったことが背景にある。この印刷所からは、宮武外骨の『絵葉書雑誌』も出され、美しいと人気を呼んだ。

筆者の持っている当時のしおりの中で、日付の明らかなものは、大正3年（1914）に購入した記録のある「富士山登頂記念しおり」や、大正3年のカレンダーがついた出版社・博文館のしおりで、発行は当然大正2年である。その他、東京観光しおりには関東大震災で半壊した浅草名物、12階建ての塔の凌雲閣が写っており、大正3年12月開業の東京駅には、平成24年に復原された戦災で焼け落ちる前のドーム型駅舎が見えている。こうしたことか

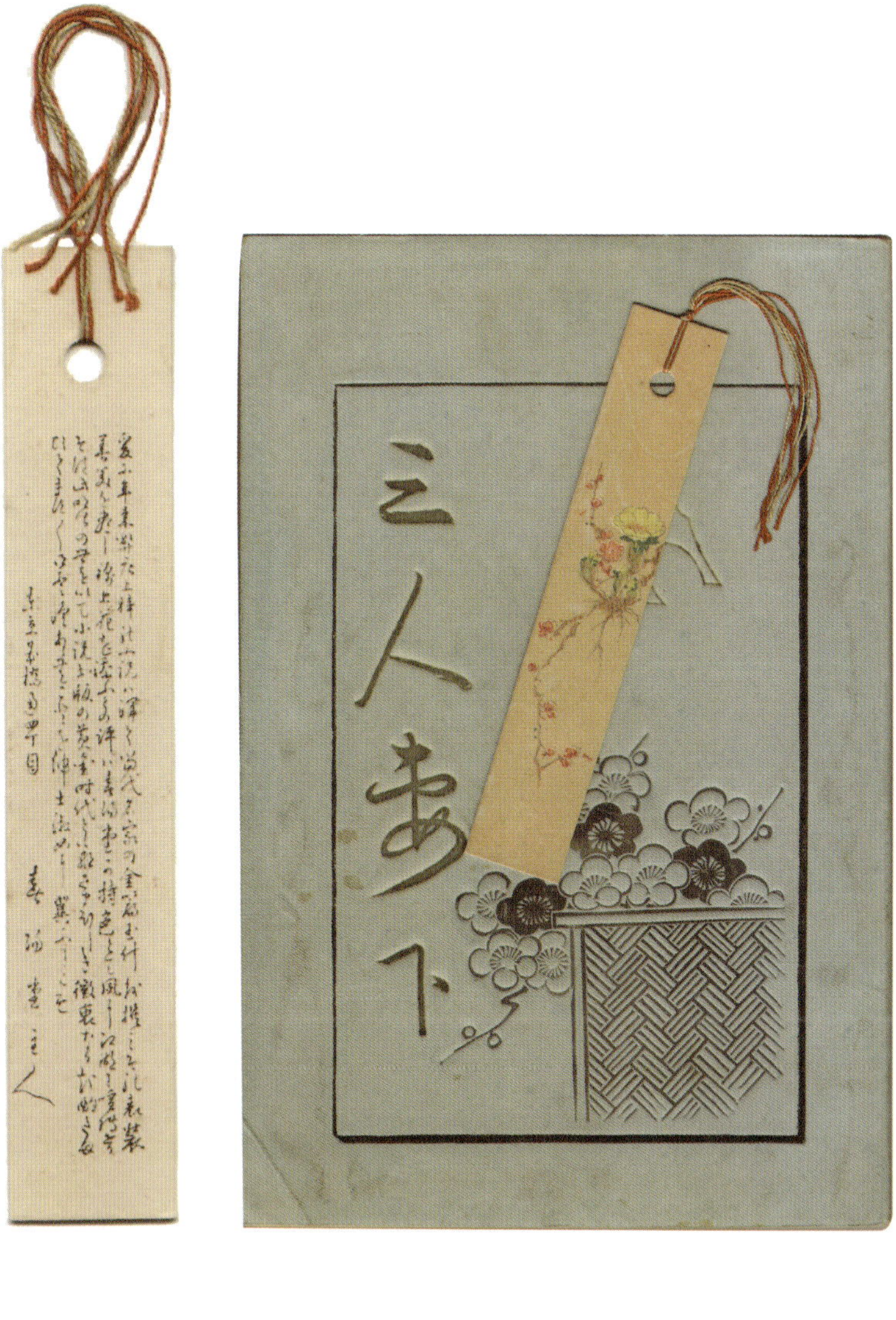

明治25年（1892）発行の尾崎紅葉著『三人妻』の下巻。なぜか上巻タイトルはひらがなの『さんにんづま』である。出版元・春陽堂の社長が「美麗なる彩色刷りの栞一葉を付けた」と奥付のあいさつ文に書き、挟み込み付録としてつけられた短冊形しおり。裏面には福寿草と紅梅花がデザインされている。しおり表面のあいさつ文（左）には「美本を作る喜びを感じている」、さらに、「小説出版の黄金時代を」と社長としての決意と意気込みが書かれている。（本体長さ13.1㎝）

ら、明治後期から大正初めが日本の紙製しおりの始まりであろうと推定される。

その後は本も増え始め、次第に多くの紙製しおりが発行される。その中で、今も人気のグリコの箱に封入されるおまけの一つとして、大正11年（1922）にはしおりがつけられていた。グリコの創業者の功績を展示した大阪・江崎記念館にあるそのしおりには、二つの謎がある。

一つは、長さ9㎝の本体に飾りリボン付きの超小型しおりであること。グリコの資料によれば、これは当時流行った煙草カードをヒントにしたもので、キャラメルの箱のサイズに合わせたものだという。近年になって、ある雑誌のグリコ特集の付録として復刻版が作られた際、寸法を間違え、現在一般的なサイズの14・8㎝に拡大して印刷してしまったことが

大正11年（1922）、グリコの箱におまけとして封入されたしおりと幼年向けお菓子のカード（写真上）。ところが当時、「ゴールする選手の顔がコワい」と女学生に指摘され話題になった。しかし、しおりの顔はそれほど厳しくなく、左下の看板の顔が噂の元ではないか、と思われる。昭和10年（1935）に大阪・道頓堀にでき、現在で6代目のLED看板では優しいイケメンに変わっている。なお、しおりの寸法は本体長さ9㎝と小型である。（江崎記念館所蔵）

ある。実は、大正～昭和初期のしおりには、なぜか5㎝足らずの小型のものが多く、中には横タイプのものまである。その理由は、貴重品である本に丁寧に差入れたということもあるが、和紙をねじって作った紙縒《こより》の大きさに近いものが感覚的に使いやすかったのではないかと推測される。

第二のナゾは、顔である。手を上げてゴールインする選手の顔を見た女学生が「コワイ！」と言ったことで話題を呼んだが、たしかに右ページ左下の看板ではゴールする選手の顔は痩せぎすで頬がコケ、見た目には少々厳しいものがある。昭和10年に大阪・道頓堀に初代のネオンサインが作られて、その後大阪名物となった。現在の第6代目はLED照明を使って改装され、選手の表情も甘いイケメンになり、スマートなものになっている。

## 1冊1円の円本ブームが日本のしおり人気のきっかけ
### ——大正～昭和時代

しおりの必要性が一般的に認識されるようになった大きなきっかけは、大正15年（昭和元年、1926）に始まった円本ブームだといっていいだろう。この頃には洋式製本の書籍が出版界でも一般的になっていたが、まだまだ高価であった。そこで改造社が社運をかけて『現代日本文学全集』を1冊1円で発行したところ、なんと25万部の大ヒットとなった。それに他の出版社が『世界文学全集』、『日本戯曲全集』、『マルクス・エンゲルス全集』などで追随したが、『日本児童文庫』と『小学生全集』のように企画がダブってもめた例さえある。好調な売り上げの背景には、大正7年（1918）に「大学令」が公布され、いわゆる大卒インテリが大量に世に出たことにあると分析されている。小出版社だった改造社の雑誌『改造』が、数学者・哲学者のバートランド・ラッセルや物理学者アインシュタインを招聘し、日本中で熱烈に歓迎されたことに時代の風潮が浮かび上がってくる。結局、円本は全体で300種類、260万部という過剰生産となった上、昭和2年に金融恐慌が、同4年(1929)には世界恐慌が起こって、本の価格も大暴落し、1冊10銭から15銭で叩き売られる。言ってみればマイナス価格の〝円本〟ブームが再び起こったことになる。大量の本が安く出まわったお陰で、「読書する大衆」を生み出すことになった、と

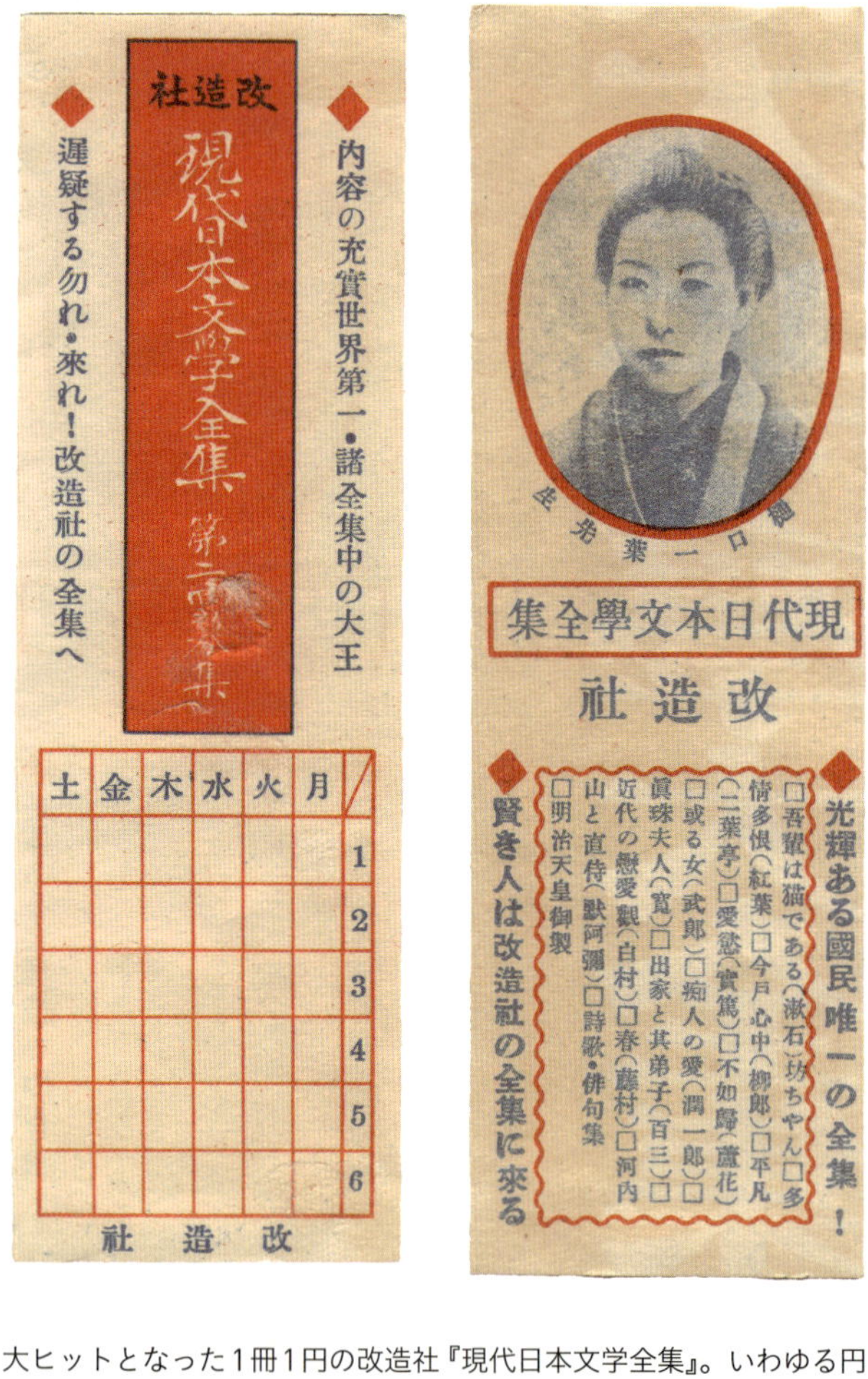


大ヒットとなった1冊1円の改造社『現代日本文学全集』。いわゆる円本(えんぽん)の第2回募集広告。表面(右)には樋口一葉の写真(先生と表記してある)。内容紹介にも人気作家の作品がそろっている。さらに「賢き人は改造社の全集に来る」と読者をあおり、裏の宣伝文句にも「内容の充実世界第一」、「諸全集中の大王」など自信溢れるコピーが並ぶ。(長さ14.2㎝)

多くの研究者が指摘する。それまで本に縁のなかった読者に向けた紙製しおりは次第に人気を呼び、数多く使われるようになっていくが、そのPR効果を狙って国や地方自治体が広報宣伝の媒体として注目し始める。国家的行事である昭和大礼、各地での博覧会や国勢調査、当時多かった結核などの病気撲滅、メートル法の普及などである。さらに民間でも二つの新聞社の飛行機がヨーロッパ往復や世界一周に成功した記念や、デパート、薬品・化粧品の会社、学生服メーカーの宣伝から観光地や神社仏閣の案内まで多彩な内容のしおりが次々に発行された。コレクターも増え、昭和5年(1930)頃から「しおり交換会」が各所で開かれ、大変盛況だったと記録されている。自作のしおりを作って交換することで盛り上がったようで、版画、イラスト、名言など楽しい雰囲気が伝わってくる作品が多い。しかし、次第に濃くなる戦時色の中でこの交換会は自然消滅したらしい。

## 紐しおりは日本では貼り込み型、欧米では外づけリボン型が多かった ——大正〜昭和時代

ヨーロッパでは18世紀になると、製本技術の発達とともに、本の背の内側に貼りつける紐しおり、英語でリボン(ribbon)、または房つきのタッセル(tassel)、フランス語でシニエ(signet)がつけられるようになる。

本来は聖書の各章に挟んで開く箇所をわかりやすいようにするものだが、当時のブックマークは背に貼り込むには太すぎるので取り外しができるようにし、先端には象牙や獣骨で作ったバラエティ豊かな飾りもつけて、いろいろなサイズの聖書に合わせて作られている。その後、一般書にも使われるようになっていくが、辞書や解説書など多くの項目が並記された内容の書籍に数本が色違いで使われていることが多かった。ほとんどの場合別売の外づけリボン型が中心で、幅は1〜5㎝くらいとかなり太くカラフルである。

海外での紐しおりの実例を知るためには、千代田区立日比谷図書文化館に保存展示されている「内田嘉吉文庫」の調査結果が役に立つ。一般書の7割を占める外国書籍約1万1千冊のうち、リボン・ブックマークはほんの数冊についているだけであった。紐しおりは日本で発展したといえるようだ。ちなみに内田は、明治後期から大正時代に逓信次官、台湾総督を務めたエリート官僚だが、海事関係の権威としても名を残している。

日本の紐しおりは、最初は手帳に取り入れられていたが、便利だからと日記や一部の実用書に使われるようになった。そのため細い物が一般的になり、大正時代以降になってから多く見られるようになる。

その一例として、大正2年（1913）に鉄道院が発行した『An Official Guide to Eastern Asia』（東アジア旅行公式ガイド）がある。当時の実力者だった後藤新平が逓信大臣・初代鉄道院総裁時代に企画した5冊本である。外国人にもっとアジアを知ってもらおうと英文で書かれ、広く世界に配布されたらしい。したがって定価はついていない。なお、この本には赤と緑2本のやや太めの紐しおりがついている(左ページ写真参照)。

ところが、このガイドには体裁が瓜二つの手本があることがわかった。1896年(明治29)にドイツの出版社から出たロングセラーの旅行ガイドシリーズ『Handbook for Travelers』である。この本には赤緑2本のリボンしおりがついている。まさに、本の表紙から装幀とともにリボン・ブックマークもそっくり移入したのである。

なお、素材は海外ではシルクが多いが、日本では、紐の色落ちや紐の跡がつかないよう短繊維の極めて薄く柔らかい人絹糸を使用している。新潮文庫は、昭和8年(1933)から紐しおりを入れていたが、1947～50年までは、戦後の物資不足から中止したという。その他、80～90年代には、読者サービスとして上製本にはついているのが当たり前なほどだったが、近年の出版不況下では、コスト削減のため減少している。

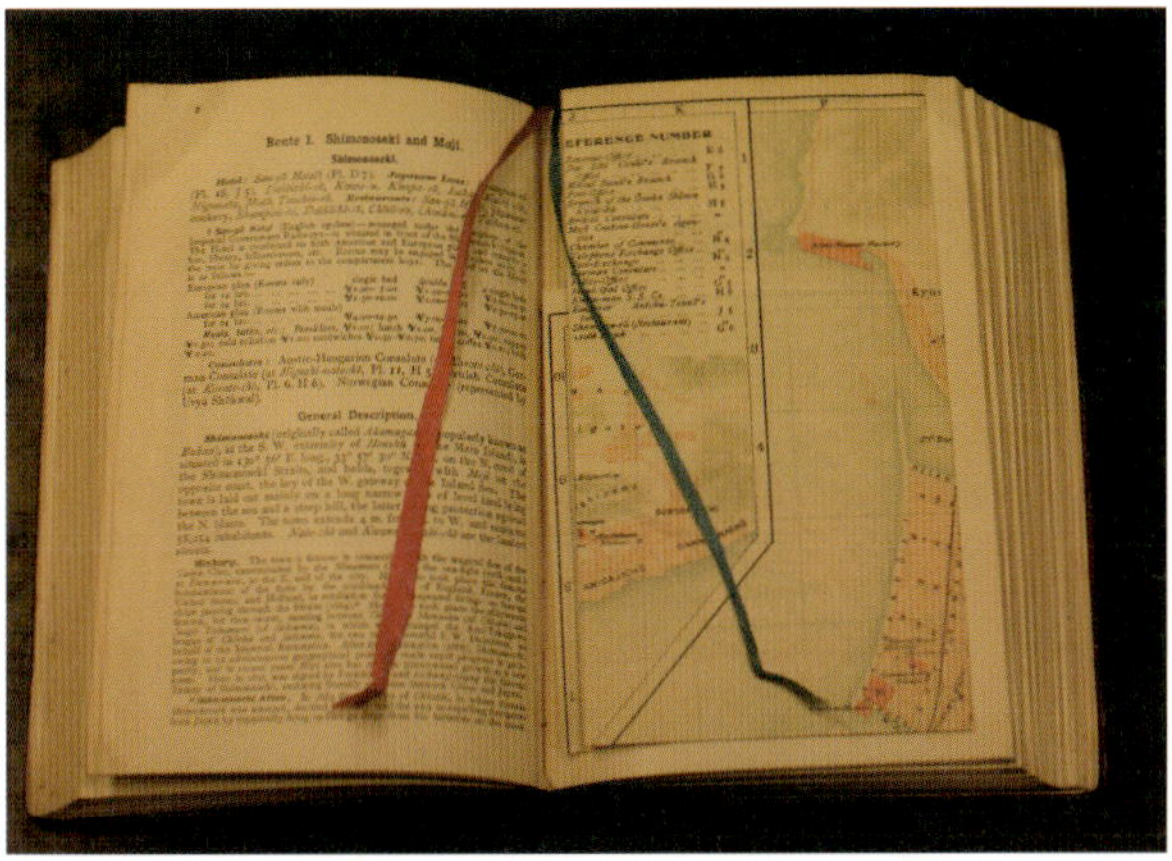

大正2年、鉄道院総裁の後藤新平が企画、鉄道院が発行した英文の『An Official Guide to Eastern Asia』(東アジア旅行公式ガイドブック)。16年前にドイツで刊行されたものと装幀などをそっくり似せ、リボンしおりも赤と緑の同じ色のものを2本つけている。

## 紐しおりを意味する〝スピン〟は誰かが誤用した和製英語 ——大正〜平成時代

このような紐しおりは出版界では一般的にはスピンと呼ばれてきた。ところが、本来は英語の〝本の背〟を意味するスパイン(spine)と書かれてあるのを見て、なぜか回転を意味するスピンと誤読したまま定着したらしい。この事実は、日本の飾り紐専門の繊維用品メーカーのカタログにも「スピンという表現は間違いである」と明記されているが、かなりの専門書ばかりか出版年鑑(昭和46年)にも掲載されている。

ところが、平成27年(2015)になって、これまでスピン説を掲載していたインターネット百科辞典ウィキペディアが「スピンは日本独自の表現であって、ブックマークとするのが正しい」という説に全面的に書き換え、話題を呼んでいる。

ちなみに、日本の出版用語には、日本でしか通用しない用語が数多く使われている。たとえば、〝ちり〟は、上製本で本文用紙よりも表紙の厚紙部分が天地と小口で各数㎜ずつはみ出すように造られている部分のことをいう。それを英語では余白とでもいう意味でスクエア(square)といい、本文用紙を守るための工夫である。明治29年(1

896）の『風俗画報』に掲載されている製本用語では、「ちり」の語源はなんと和風住宅の建築内装用語の「散り」で、和室の柱に対して壁を奥に少し下げて造る段差を表す用語だった。

また、本の各ページの番号をなぜノンブル（nombre）とフランス語で呼ぶのか、という疑問がある。日本では古くから「丁付け」、それが変じて「ページ付け」といっていた。では外来語か？　フランス語では別の言い方があり、英語でもページナンバーといい、どちらもノンブルではない。その疑問に国立国会図書館が構築する「レファレンス協同データベース」が挑戦し、全国の図書館等に問い合わせた。その結果、答えはノー。なぜ日本の出版界や印刷界で使われるようになったかまったくわからず、昭和になって使われ始めた日本独特の表現ということだけが明らかになった。その他にも、書籍の上部につけるヘッドバンドと下部のテイルバンドを一括して「ヘドバン」、あるいは「花ぎれ」と呼び、太い文字は全て「ゴシック体」、「フォリオ」は本来一頭分の羊皮紙を二つ折りしたものをいうのだが、製本用に折った紙の全てをそう呼んでいる。

## 19世紀後半、絵葉書やしおりの人気を生んだ写真と印刷技術の大進歩　——明治時代

世界の絵葉書の始まりは、1813年頃の私製絵葉書だとされるが、詳しいことはわからない。1870年の普仏戦争の際、ドイツの書籍商シュヴァルツが、前線から義父母宛てに時局を知らせるために「砲隊図」を官製葉書に印刷し、短文を添えて送ったのが最初とされる。官製の絵葉書では、1880年にハンガリー郵政庁が発行した3色刷りのものが、初期の代表例とされている。

1810年代、フランスのニセフォール・ニエプスが塩化銀を塗布した紙に、撮影した映像をネガ画像で定着

させることに成功し、さらにポジ画像も可能になる。いわゆる固定写真の発明である。40年代にはイギリスのフォックス・タルボットが、ガラス板にネガ画像を作り、それに印画紙を密着させて現像して、眼で見ることのできるポジ画像として定着させることを考案し、写真の複製を作ることに成功している。さらに１８７０年代初め、亜鉛板に映像を露光した後、腐食させて線画凸版を作る製版法が開発されるが、これを発展させたのが、網点によって濃淡のある写真を形成する網目写真版である。これはさらに改良され、色別に版を作って重ね刷りをすれば、カラー印刷も可能という画期的な技術革新となった。

こうした新技術は明治後期には、日本の印刷業界にも取り入れられる。

日本では、明治33年（１９００）に私製葉書の発行が認められる。最初の絵葉書は、『明治事物起原』によれば、『今世少年』の明治33年第一巻9号（春陽堂）の付録「二少年シャボン玉を吹く」である。明治35年、初の官製絵葉書「万国郵便連合加盟二十五年記念式典絵葉書」は、公式記録で40万枚売れた。続いて明治39年4月29日、3枚一組の「明治三十七年から三十八年戦役、陸軍凱旋観兵式記念絵葉書」いわゆる日露戦争の戦勝記念絵葉書が切手とともに発売され、60万～70万枚の超ベストセラーになった。このように絵葉書の人気は、まさに写真の発明と、印刷のカラー化という技術の進歩がもたらしたものといえる。

大正時代に起こった東京大水害や関東大震災の写真やイラストを入れた絵葉書が、被害の大きさを全国に知らせるマスコミの役割を果たすことになった。その後、カラー写真の多用とともに浮世絵の木版印刷技術を融合させた傑作が多く生まれ、国際的にコレクターが増えていく。その一方、紙しおりも、全国の名所や観光地を紹介したものが次第に人気を呼んで数多く発行され、隆盛を誇るようになっていった。

# 大正という時代を象徴する傑作漫画たち

②

①

①大正時代に漫画が人気を博し始める。『鼻緒凸助漫遊記』の作者・宮尾しげをは大正11年（1922）に、東京毎夕新聞社に入り、『漫画太郎』『一休さんと珍助』などの人気漫画を描いた。江戸文化研究家でもある。（本体長さ13.5㎝）　②『ノンキナトウサン』。大正12年（1923）、新聞連載が始まった麻生豊原作の漫画栞メンコ。それ以前に『のんきな父さん』で数作発表。失業者の主人公が職に就こうと奮闘する姿をユーモラスに描き、アニメや映画で人気となった。（長さ13.7㎝）

④

③

③『のらくろ』。黒い野良犬のらくろが猛犬連隊に入って活躍する田河水泡原作の漫画の栞メンコ。『少年倶楽部』に昭和6年（1931）から連載、昭和16年、内務省から「戦時に漫画などというふざけたものは不許可」とされ連載中止に。（長さ13.7㎝）　④フクちゃんは、横山隆一の原作の4コマ漫画で、35年間連載された。実は、昭和11年（1936）の新聞連載のシリーズ『江戸っ子健ちゃん』の脇役から飛び出し、人気者になった。『ススメフクちゃん』は一時、主人公が代わった後に復活した昭和15年（1940）頃のタイトル。（本体長さ13.5㎝、外袋14.3㎝）

# 明治・大正・昭和時代の華麗な女性模様

②

①

①大正3年（1914）の婦人薬『喜谷 實母散』の宣伝用。この母子は新聞広告にも多く出ている。江戸時代中頃から作られている伝統薬で、現在も同名の製品が各社から発売されている。（長さ13.5㎝） ②大正4年博文館発行の雑誌『中学世界』の付録。男の子向けだが、なぜか当時の女学生のファッションを紹介。少女が手にしているのは『女学世界』。発行リストに載っている『野球界』は明治44年（1911）創刊。（長さ15㎝）

画家の高畠華宵は、明治44年(1911)に描いた津村順天堂の「中将湯」ポスターが大ヒット。大正から昭和初期にかけて雑誌の挿絵や絵画で、美少年、美少女、美人画で一世を風靡し、〝華宵(かしょう)好み〟という流行語が生まれたほど。(右)「みそら」、(左)「あゆみ」は、大正13年の『少女画報』(東京社)の付録のしおり。(本体長さ各14.8㎝)

④

③

⑥

⑤

⑤大正末期の人気雑誌『少女倶楽部』(講談社)の読者プレゼントしおり。和服姿の美人を描いたキリンビールのポスターで今に名を残す多田北烏(ほくあ)の作。当時、パリで人気の細長美人のイラストで斬新な魅力を表現した。(長さ各21㎝、外袋22.7㎝)　⑥数多くの女性を描いた画家・竹久夢二の作品は、「夢二式美人」として絶大な人気を博し、詩「宵待草」には曲がつけられ大ヒットした。女性関係も華やかで、この大正8年(1919)の「黒船屋」は、モデルで恋人のお葉を描いた。昭和9年、49歳で亡くなった。これは最近発行のもの。(本体長さ14.3㎝)

⑧

⑦

⑦中原淳一は画家、ファッションデザイナー、編集者、イラストレーター、人形作家等々の仕事をこなしてきた。昭和7年(1932)、フランス人形の個展を開いたことから雑誌『少女の友』(実業之日本社)の専属画家となったが、超人気となり表紙を任される。しかし、軍部が時局に合わないと圧力をかけ、昭和15年5月号で掲載打ち切りに。その直前の4月号の特集には、「林芙美子の満州ルポ」「南洋は日本の生命線」などの軍事プロパガンダ色濃い特集が目立つ。(本体長さ14.2㎝)　⑧昭和12年(1937)の『少女の友』夏休み増刊号『夏姿乙女五人』付録の1枚。作品名は「夏の雨」。(長さ21.4㎝)

# 戦前の豊かな文化の香りを紡ぎ出す人々

②

①

①阪東妻三郎。明治34～昭和28年(1901～53)。「バンツマ」の愛称で活躍した歌舞伎俳優、映画俳優。あるとき、端役にしては顔も身体も立派だと悪役に指名され、サイレント時代から長く活躍を続けた。代表作に『雄呂血』『無法松の一生』など。 ②月形龍之介。明治35～昭和45年(1902～70)。数多くの剣劇映画の剣士として人気の映画俳優。500本もの映画に出たが、なぜか悪役や脇役が多かった。印象に残る演技とその存在感は多くのファンをひきつけた。2枚とも昭和初期の栞メンコシリーズ。(長さ13.5㎝)

④

③

③昭和59年に国民栄誉賞を受賞した俳優、長谷川一夫。昭和２年（1927）、歌舞伎界から映画に転進、林長二郎の名でデビューして美貌と若さで一躍大スターに。その後、暴漢に襲われ大ケガしたにもかかわらず「目千両」と称され長く活躍。映画『弁天小僧』のしおり。（長さ14.9㎝）　④歌える映画俳優として人気の高田浩吉。昭和10年（1935）に『大江戸出世小唄』が評判を呼んだ。戦後、歌手の美空ひばりと共演し一挙に時代劇の大スターに。お得意の股旅物映画の宣伝しおり。（本体長さ18.4㎝）

⑥

⑤

⑤歌舞伎『新版太閤記』。羽柴秀吉・七代目市川壽美蔵、織田信長・坂東簑助、東宝歌舞伎の京都初演。昭和10年(1935)、京都宝塚劇場。ノーシンは大正7年(1918)に製造開始、現在も人気の頭痛薬。(本体長さ14.3㎝)　⑥〝日本の三大美人女優の一人〟と女優の高峰秀子に名前を挙げられた入江たか子。昭和9年(1934)に『月よりの使者』(田坂具隆監督)での美しい療養所の看護婦姿の切り抜き型しおり。しかし、戦後は「怪猫シリーズ」に出るなど波瀾の多い女優生活に。(本体長さ12.3㎝)

⑧

⑦

⑦澤蘭子。宝塚から映画スターに。大正13年（1924）、ヒロインを演じた映画『籠の鳥』は「♪逢いたさ見たさに怖さを忘れ」の主題歌とともに大ヒットした。セルロイド製しおり。（本体長さ7.5㎝）　⑧〝ぶんごー〟与謝野晶子の木象嵌細工のしおり。金属象嵌は古代シリアで生まれ、シルクロードを経て日本に伝わり、江戸時代に東海道の静岡や箱根で贅（ぜい）を尽くしたものになる。裏面に寄木細工の作り方の解説がある。HAND CRAFT SUGIの最近の制作。（本体長さ18.7㎝）

⑨

⑪

⑩

⑨歌舞伎人形シリーズの『義経千本桜　吉野山』の忠信。可愛いと人気に。制作した歌舞伎座サービスの設立が昭和33年（1958）なのでそれ以降の発売。（本体長さ8.6㎝）　⑩〝永遠の処女〟と呼ばれた戦前・戦後を通じての大スター原節子。伊丹万作、小津安二郎、黒澤明など多くの名監督の作品に出演し、平成27年、95歳で亡くなった。このサイズの小型しおりは明治・大正期に多く見られた。（本体長さ4.5㎝）　⑪昭和16年（1941）公開の中国製アニメ映画『西遊記～鉄扇姫の巻（全9巻）』。芭蕉扇を持つ羅刹女が活躍するアジア初の長編アニメのPRしおり。双子の萬兄弟がアニメーターを務めた。新華電影製作、中華聯合制作。（長さ14㎝）

⑬

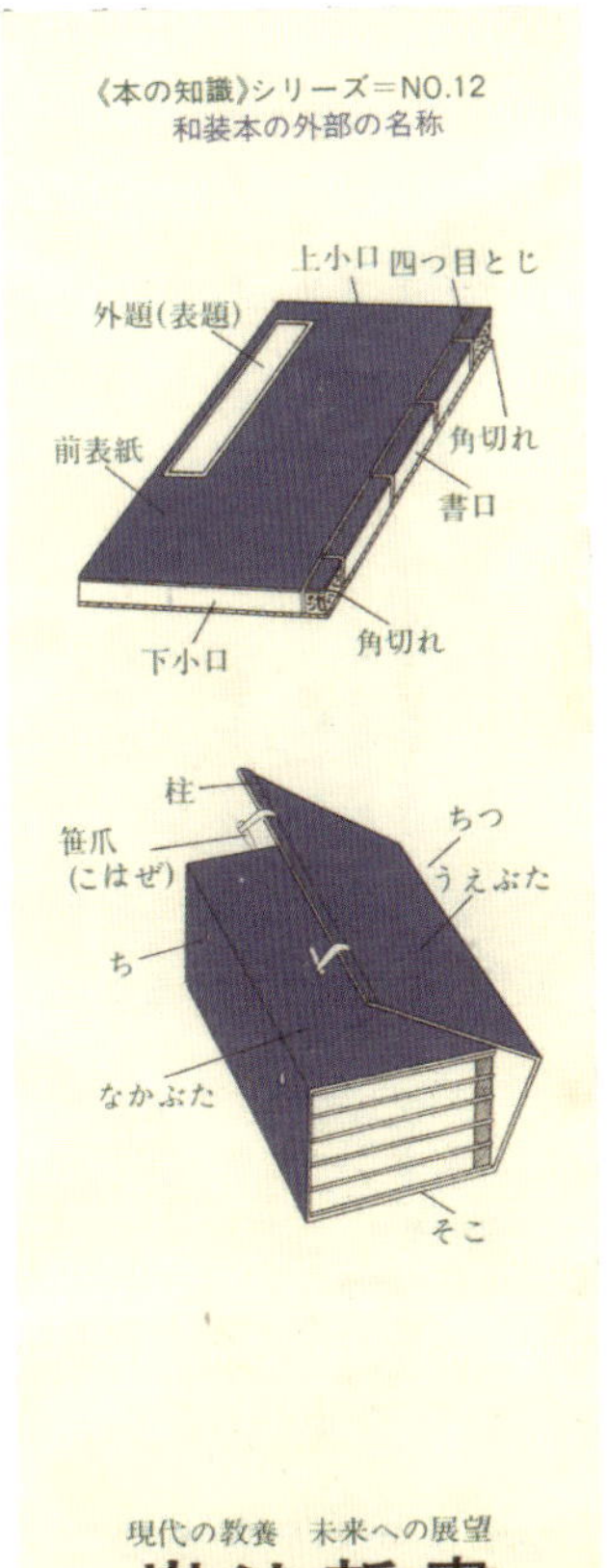


⑫

⑫昭和4年（1929）、京都で「電燈五十年祭祝賀会」が開かれた。「発明王トーマス・エジソン（1847～1931年、アメリカ）の功績に感謝」という少々変わったテーマのPRしおり。そこに、電球のフィラメントの改良に地元産の竹が使われたという京都人の誇りが垣間見える。（本体長さ13cm）　⑬岩波新書は昭和13年（1938）創刊。戦後は紐しおりだったが、昭和45年（1970）から紙しおりに変わった。この「〈本の知識〉シリーズ」の、1回目が「本の各部の名称」で12回目がこの「和装本の外部の名称」であったが、マメ知識が役立つと読書ファンに好評だった。（長さ13.5cm）

⑮

⑭

⑭芥川龍之介。『羅生門』『地獄変』など数々の傑作を残した明治・大正を代表する作家。昭和2年、35歳で自死を選んだ。イラストは、「有名人の肖像を描かせると右に出るものがいない」と称される和田誠。書店の店頭で配布したもの。(長さ15㎝)　⑮島崎藤村(1872～1943年)の「小諸古城しおり」の1枚。「昨日またかくてありけり今日もまたかくてありなむ」という『千曲川旅情の歌』とともに「千曲川のほとりにて」の言葉が書かれている。生写真をしおりに貼り込んだことから昭和初期と考えられる。(本体長さ11.3㎝、外袋120mm)

⑰

⑯

⑯太宰治の没後40周年桜桃忌記念（昭和23年死去）。『ちくまカセットコレクション』に『斜陽』『富岳百景』などの朗読を収録。写真は有名な銀座のバーでのワンショット。撮影林忠彦、人気作家の撮影中に横から声をかけられ最後のフラッシュで撮影したエピソードも。（長さ14㎝）　⑰ノーベル文学賞受賞作家、川端康成。『伊豆の踊子』『雪国』など多くの名作や文芸評論を残した。数々の国宝級の美術品を収集したことでも知られる。昭和47年（1972）、自ら命を絶ったのは惜しまれる。昭和34年の新潮社版全集のしおり。（長さ16.6㎝）

# どこか懐かしい風景を求めて

②

①

各地の気象台の働きの周知宣伝用。特に台風や低気圧の被害を避けるための警戒を呼びかけている。①の水戸測候所は海や川の風水害や土砂崩れを。②の富山県伏木測候所は、さらに雪による災害がつけ加えられている。当時はラジオと赤い吹流しが主な警報の手段だった。放送局や電話の普及状況から昭和5年以降のもの。(2枚とも本体長さ12.2㎝)

③

④

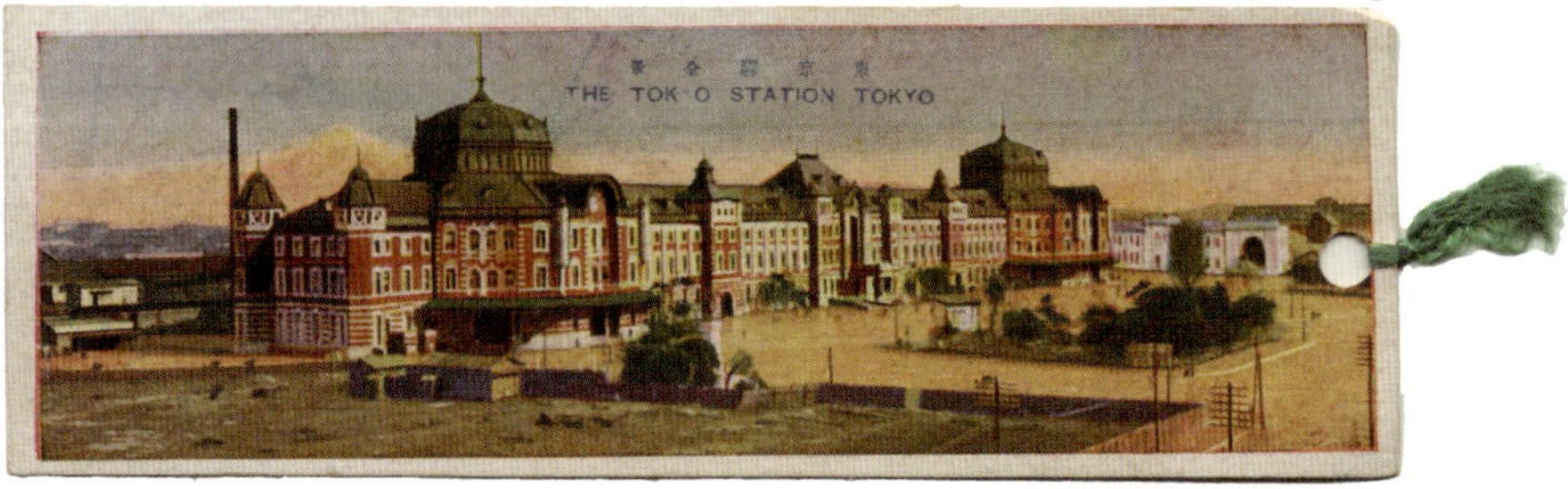


⑤

③浅草名物の十二階「凌雲閣」は、明治23年（1890）に開場し人気となったが、大正12年（1923）の関東大震災で倒壊、爆破処理された。下の東京駅とともに100年前の「東京名所栞」の1枚。（本体長さ14.3㎝）　④現JR東日本の東京駅は、大正3年（1914）開業。設計は日本銀行の設計者・辰野金吾。戦災で3階と屋根が焼け落ち、仮屋根がつけられていた。平成24年創建当時の姿に復原されたが、周囲の風景は大きく変わった。（本体長さ14.3㎝）
⑤明治27年（1894）に現在の東京国際フォーラム近辺に建てられた東京市役所と東京府庁との合同庁舎。ドイツ・ルネサンス風2階建て鉄骨造りだが戦災で焼失した。このしおりは昭和7年の東京市の拡張記念だが、裏面に「世界第2位の大都市となったが、まだまだ劣っている所がたくさんある」と手厳しいコメントが書かれている。（本体長さ13.0㎝）

⑥

⑦

⑥プロ野球の殿堂と謳われた後楽園球場。昭和12年（1937）に開場し、戦争末期には野菜畑に。2階席には高射機関銃が据えつけられた。終戦後すぐ野球場に戻し、早慶戦やプロ野球の東西対抗が行なわれた。昭和62年に閉場。現在は東京ドームになっている。（本体長さ13.0㎝）　⑦「風景水彩画枝折百種」。明治後期、神田にあった永井三星堂から発行されたしおり貼り込みの豪華アルバム。当時、水彩画が人気で日本各地が描かれている。しかし、印刷所の名以外に奥付も定価もなく同好会あるいは自家本なのか、詳細は不明。（長さ各14㎝）

⑧

⑨

⑩

⑧隅田川にかかる勝鬨橋。昭和15年（1940）に完成。51.6mある可動部は、シカゴ式双葉跳開橋と呼ばれ、時間を決めて1日5回開閉した。40年後に電源が遮断され、現在は開くことはない。 ⑨戦後、戦災から復興し始めた頃の銀座四丁目から新橋方面を見た銀座通り。2枚とも『東京風景しおり』セット。（本体長さ各13.8㎝） ⑩琵琶湖の名勝、近江八景の「堅田の落雁」で名高い満月寺の浮御堂。平安時代に1千体の阿弥陀像を祀った仏堂である。しかし、何度も災害に遭い、昭和9年（1934）に倒壊、同12年に再建した当時の風景。（長さ9㎝）

⑫

⑪

⑪日本の放送局は、大正14年（1925）に（社）東京放送局、続いて名古屋、大阪が開局、翌年から中波の試験放送が始まり、大正15年に（社）日本放送協会として統一された。現在のNHKは昭和25年（1950）、放送法により業務引き継ぎで設立。下の円盤は、「世界時刻速知栞」。（本体長さ14.5㎝）

⑫ラジオ体操の起源は1922年のアメリカの体操番組。日本での番組として昭和3年大阪局が最初だが、振りつけは郵便局員が指導した。これはその参加賞しおりで、下は11年間使えるカレンダー。（本体長さ14.5㎝）

⑮

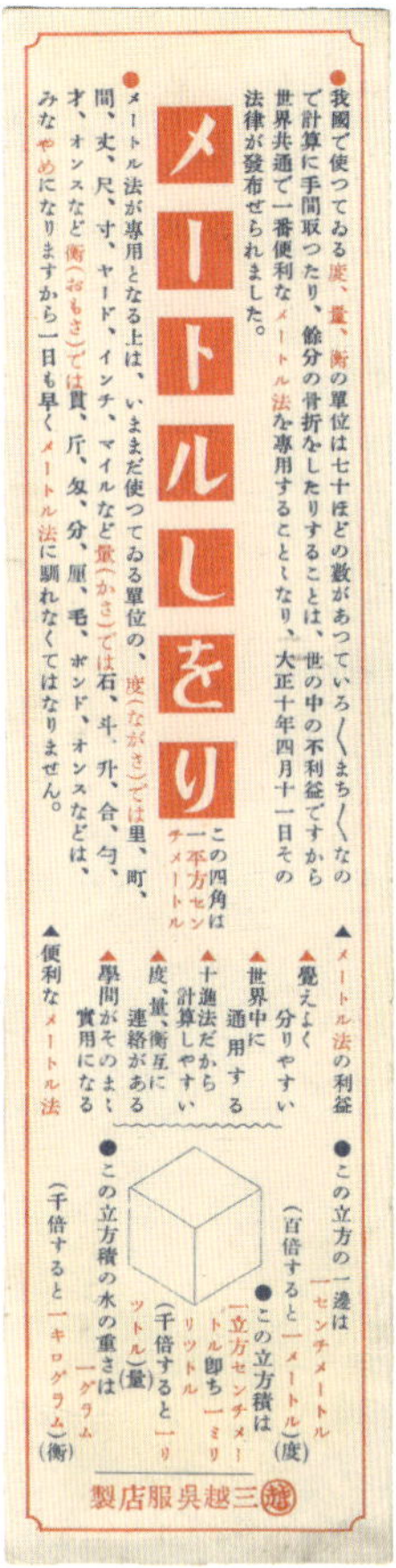


⑭

⑬

⑬昭和5年（1930）頃から戦後まで日本人の死因の1位で、不治の病と恐れられていた結核の予防運動。昭和の初め、京都の七條（正しくは七条）警察と自治会の広報しおり。（本体長さ15.8㎝）　⑭京都・五條（現下京）警察署の交通安全PR。大正4年（1915）頃の交差点風景。電車は明治44年（1911）以降に製造、自動車はフォードが同42年から輸入され、警官の制服は明治41年以降で電気式信号はまだない。（長さ16.5㎝）　⑮「改正メートル法」は、大正10年（1921）に公布。しかし、尺貫法を廃止したうえ旧来からある度量衡単位が80以上もあり、なかなか浸透しなかった。これは大正13年に、三越呉服店が協力した子ども向けの説明しをり。なお、アメリカなど数か国はメートル法を採用していない。（長さ16.5㎝）

# 富士山が日本人の心に残したもの

①

②

①富士登山風景。明治・大正期に盛んに行なわれた富士講一行の白装束の行者姿が印象的。三日月湖と呼ばれた山中湖が見えるが、周りに建物が少ないことに驚かされる。②大宮町（現富士宮市）の風景だが、大鳥居の左手前に明治43年(1910)に旅客営業を始めた馬車鉄道「富士軌道」の車両が見える。軌間610㎜の軽便鉄道で、総延長19.6㎞しかなかったが、大正6年には年間3万3千人、貨物10万トンを輸送。(同じセットの2枚。本体長さ11.7㎝)

③

④

⑤

③富士五湖の一つ西湖の帆掛け舟漁。大正2年（1913）のスタンプ入りだが、この年にヒメマスが放流されて漁業が可能になった。最近、クニマス（国鱒）が確認され話題を呼んだ。（本体長さ14.5㎝）　④旧東海道線の御殿場駅付近の蒸気機関車D50型。だが、昭和9年（1934）の丹那トンネル開通で交通量が減り急速にさびれる。現在はJR東海の御殿場線として観光路線となっている。（本体長さ14㎝）　⑤平安時代からの景勝地、三保の松原からの眺め。富士山の世界文化遺産登録の際、40km以上離れていることが論議の的となった。左に見えるのは、明治45年（1912）に完成の三保灯台（清水灯台）。（本体長さ8㎝）

# 第5章　昭和初期、穏やかな社会に忍び寄る戦争の影

## 大正ロマンの香りが残る昭和初期は子ども向けしおりが花開く

――昭和時代・戦前

昭和の初めといえば、最近のレトロブームのように穏やかで平和な時代の印象がある。確かに昭和4年（1929）の女性雑誌のしおりに印刷された年間行事表には、紀元節、天長節あるいは陸海軍記念日と並んでクリスマスが出てくる。大正3年のものにはまったく書かれていないが、大正後期から昭和初期にかけて年末の行事として急速に広まった、と社会科学者は分析している。

また昭和4年8月にはドイツの飛行船ツェッペリン伯号が日本に飛来した。同船が寄港し係留されていた茨城県土浦市の霞ヶ浦飛行場には、一目見ようと30万人が押し寄せている。新聞の見出しになった「君はツェッペリンを見たか」が、当時の流行語になったという。

また、この頃から進学熱が高まったのか、学習参考書の宣伝しおりが増えたほか、いろいろなものに学校の学習時間表が印刷されるようになる。たとえば、帝国議会の衆議院選挙広報しおりの標語の横や遊び用の栞メンコの裏にまでつくようになった。また、全国の高山植物の押し花、台湾や南方諸島の蝶の標本、あるいは南樺太（サハリン）産の木の薄板しおりなどが、学習ご参考品と麗々しく銘打って発売されるなど、まさに百花繚乱といっていいほどだった。

人気雑誌『少年倶楽部』（大日本雄弁会講談社）の昭和8年（1933）10月号の付録は、『しをり型　学習博物舘』だった。なんと全80枚の豪華版である。樺太から朝鮮、台湾などの珍しい風物、近代的工業風景や科学現象、初めて見る珍しい動植物など、まさにミニ百科といった趣きがあふれている。昭和8年に早稲田大学の戸塚球場に設置された日本初の夜間照明設備が紹介されている一方、じゃがいもの赤坊《あかんぼう》というものまであるが、裏面にきちんとした解説があり、飽きさせない出来栄えとなっている（264ページ参照）。

では、ここで昭和3年に出版された尋常小学校一、二年生用の参考書『全科学習書』のしおりに掲載されたクイズだが、6問ある中から1問を紹介しよう。空欄にカタカナを入れて文章を完成させる問題で、「イウ□ウデゴハ□ビ」　ヒントは成績優秀……

昭和3年（1928）頃、学習社が出した1、2年用『全科学習書』の宣伝しおり。クイズ形式になっている。同社の所在地である東京駅前の大手町1丁目1番地は、皇居大手門のすぐ前、官庁か財閥系の出版社だろうか。（長さ19.1㎝）

答えはトとウで「イウトウデゴハウビ」（優等《ゆうとう》でご褒美《ほうび》）というものだが、すぐに答えられただろうか。ちなみにここには一部しか出ていないが、ガクカウは学校、ジカンヘウは時間表、セヒセキは成績、アリガタウはありがとう。では、テフテフは？　なんと蝶々です。こんな仮名づかい一つにも90年の時の流れを感じさせられる。

## 戦争を煽《あお》るスローガンが少年少女の心に強く染みついた

——昭和時代・戦前

昭和6年（１９３１）に起こった満州事変や、昭和12年（１９３７）から始まった日中戦争は、国民生活に次第に影を落とし始めたが、しおりも決して例外ではなかった。戦闘機や爆撃機、その他、戦艦や駆逐艦の写真などとともに、中国・旅順にある日露戦争の戦跡二〇三高地見学記念、あるいは、当時日本が統治していたパラオやサイパンの素朴な島民の生活を紹介した写真しおり集などが登場した。

しかも、ごく普通のしおりにさえ「撃ちてし止まむ」「月月火水木金金」など、戦意高揚を狙った有名な戦争ＰＲ標語が印刷され始めた。可愛い女の子の描かれたしおりの裏に、「出せ、一億の底力」「一枚のくず紙も、スパイにとっての好資料」などの文字が並ぶ。また、観光地の何ということのない写真に、なぜか「特高許可済」と印字されているし、昭和18年には伏せ字まで入っている。昭和史に悪名を残した特別高等警察（特高）の検閲を受けたということなのだが、どこが機密事項なのかまるでわからない。ここまで規制が及んでいたとは驚くばかりだ。

昭和11年（１９３６）の郵便貯金の「貯蓄報国」をうたったしおりに、驚くような算式が出ている。「貯金が40億円集まれば、１機30万円の重爆撃機が１万３３００機作れる、１台10万円の戦車なら４万台作れ、３万５千トンの戦艦なら建造費８０００万円だから、50隻建

軍艦陸奥、大正9年（1920）に進水の当時世界最大級の戦艦。41㎝の主砲を備えるなど主力艦として期待された。ところが、太平洋戦争では、あまり戦果を上げていない。そればかりか昭和18年6月、不審な爆発事故を起こして瀬戸内海に沈んだ。（長さ12.2㎝）

造できる」という内容である。この数字が信憑性あるものかどうかは不明だが、一つのヒントといえるのは、17年前の大正8年（1919）に進水した約3万4千トンの戦艦長門の建造費が4390万円だったことだろう。しかし、昭和13年には国家総動員法が成立し、その後は軍事費が秘密のベールに包まれてゆく。もちろん、こんな冗談めいた架空計算でさえ一切表に出ることはなくなる。

こうした好戦的な時代の流れは、少年少女に影響を与えないわけがなく、それがはっきりとした形で現れるのはもちろん太平洋戦争開戦後である。関東地方のある高等女学校の生徒は、「天皇の御ために、衣食住を最低限に、生活の様式を変える、我慢をしなければいけない」と気持ちを引き締めるようにメモした。また、尋常小学校の男の子は「国のために役立つ、勝つために」と書き、ある中学4年生は「日本は神国なり」と書き込んでいる。落書きのような書き込みは数多いが、その真剣さは印象的である。終戦後は、書き込まれる言葉はがらりと変わって、おだやかで甘いものになる。

戦時下の事情は、イギリスでも変わることはない。1939〜45年の第二次世界大戦中、紙の使用は制限されていたが、戦争遂行努力を奨励するブックマークは発行され続けた。「紙を節約して、ヒトラーをやっつけよう！」というスローガンや、スピットファイアなどの戦闘機、ネルソン提督号などの軍艦などが描かれている。

# 少女雑誌の表紙に、戦前の世相の変化が写し出される



竹久夢二の最初の本は、明治42年（1909）に出版された画集『春の巻』（洛陽堂刊、2色刷り、ジャケット付き）だった。この画集は大評判となり、9か月で7千部を刷った。『女学世界』『中学世界』『少女世界』から木版の版木を借りた画集で、この成功で夢二の名は高まり人気が戦後まで続くことになる。竹久の絵がしおりに登場するのは大正時代も後半になってからだが、昭和9年に、多くの話題を残して亡くなってしまった。しかし、現在でも数多くの作品のしおりを見ることができる。

また『少女の友』（明治41年創刊）では、表紙を描いていた竹久夢二の後に、挿絵を担当していた中原淳一が昭和10年1月号から表紙絵作家として抜擢され、〝神秘的な瞳〟の少女イラストが大人気を呼んだ。デビュー当時

太平洋戦争開戦後、雑誌『少女の友』の表紙も厳しい図案が多くなる。右の昭和18年（1943）12月号の「お便りしおり」は勤労動員で働く少女を描き、特集は「父兄は英霊となった」である。左の同19年3月号では印刷が1色刷りになり「闘魂」「決戦を戦い抜く」など少女雑誌とは思えない文字が躍る。女学校の校門等で配布したというが、戦時中はどうやって配布したのだろう。（長さ各12.8㎝）

の淳一は19歳という若さだった。また『新女苑』（実業之日本社）は表紙に画家・小磯良平を起用している。昭和初期のこうした少女雑誌では、女性の生き方や恋愛の特集が組まれ、連載小説には川端康成、井伏鱒二、吉屋信子、深田久弥などの著名作家が執筆している。販売競争も激しく、各誌は競うように毎号の内容を表紙絵とともにしおりにして、女学校の下校時に校門などで配布したという。

ところが、戦時体制になると中原淳一の表紙絵が、「国威発揚にならない、掲載禁止」と軍部から干渉を受け、昭和15年5月号で休載となった。他の女性誌の特集も〝聖戦〟の文字が躍り「肉弾三勇士を語る」あるいは「ヒトラー」などの特集が組まれるようになる。昭和18年には、前線視察中にブーゲンビル島で戦死した山本五十六連合艦隊司令長官の緊急追悼特集が組まれる。表紙絵も、次第に働く女性の姿に変わり、日米開戦後は国民服やモンぺをはき、日の丸鉢巻きをする姿が毎号の表紙を飾り、表情も笑顔が消え悲壮感さえ漂う絵になっていく。昭和19年には、しおりもついに白黒印刷となり、その後、雑誌も多くが休刊を迎え、まさに時代が戦争まっしぐらという雰囲気がひしひしと伝わってくる。

# 古いカレンダーを再利用？ 物資不足に克つ懸命な節約法

――昭和時代・戦前

昭和20年(1945)正月といえば、終戦間近で物資が不足し日常生活もままならなかっただろう。ある中学生は、昭和15年のカレンダー付きしおりを見つけて大いに喜んだ。1月は曜日こそ違え、日の並びが昭和20年とそっくり同じではないか、それなら曜日を少し動かせば十分使えると計算した。そこで日曜日を赤線で囲み「二十年度日曜表」とタイトルをつけて使い始めたらしい。ところが、あまり使った形跡がない。なぜか。実は15年はうるう年で、昭和20年3月からは日にちがずれてしまい、カレンダーとしてはまったく役に立たなかったのだ。

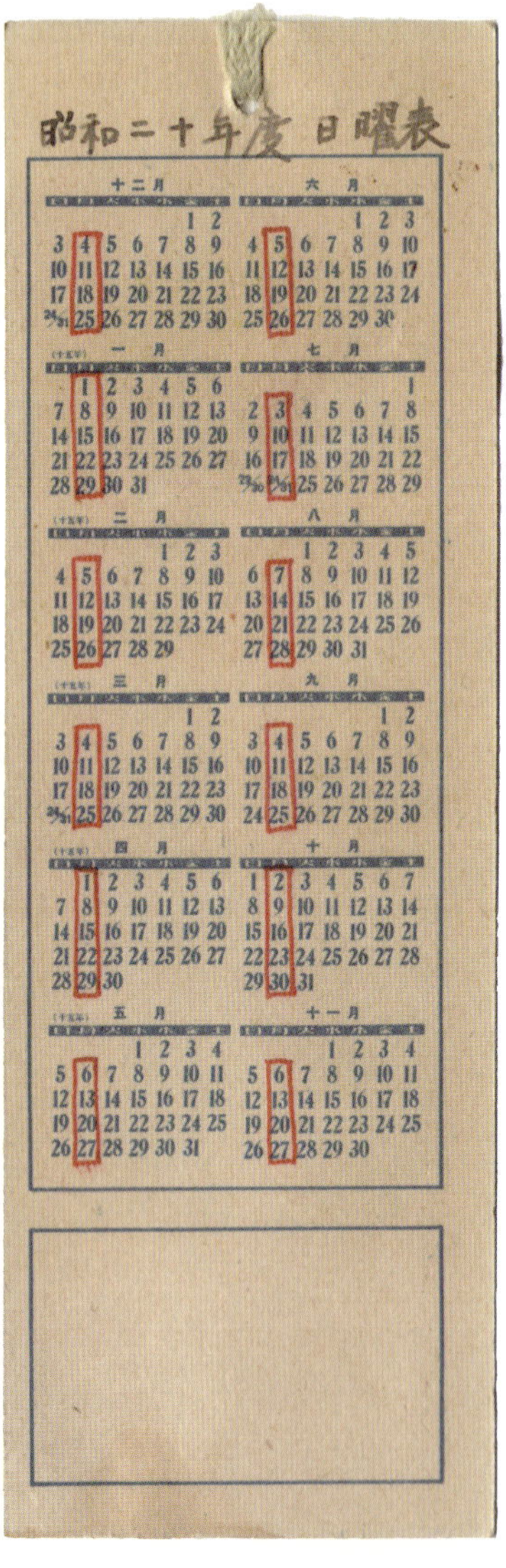


国民学校初等科6年5組の男子生徒が、昭和20年(1945)を迎える頃、昭和15年のカレンダーが20年のカレンダーと同じだと早とちりして、日曜日の位置を書き変えた。しかし元の15年がうるう年なので2月は29日まであった。そのため使った形跡はない。(本体長さ14.1㎝)

また、その当時の町並みに多かった昭和モダンの家には、木造だが意外とガラスが多く使われ、玄関や居間の戸や窓一枚に6〜8枚のガラスがはめ込まれているのが普通だった。ところが昭和18年頃から、連合軍による空襲が激しくなっていった。そこで、窓ガラスに新聞紙などをバツ印や星印のように切って貼り、爆風によって割れたガラス片の飛散を防ごうというアイデアが奨励された。

B—29の大編隊による爆撃のすごさを考えると効果はゼロに等しいが、当時は真剣に役立つと信じられていた。そこで窓に貼る紙を切るための型紙が雑誌付録に登場する。60種もの違った図案を作ることができるという型紙セットの中に、なんと同じように薄い紙を使った三角形のしおりの切り抜き用型紙がつけられていた。ハガキなどの厚紙をあて添付のリボンをつけて作ろうというもの。もうすでに出版物は戦時統制下に入ってほとんど売られておらず、雑誌も薄くなっているのに、どう使えというのだろうか。

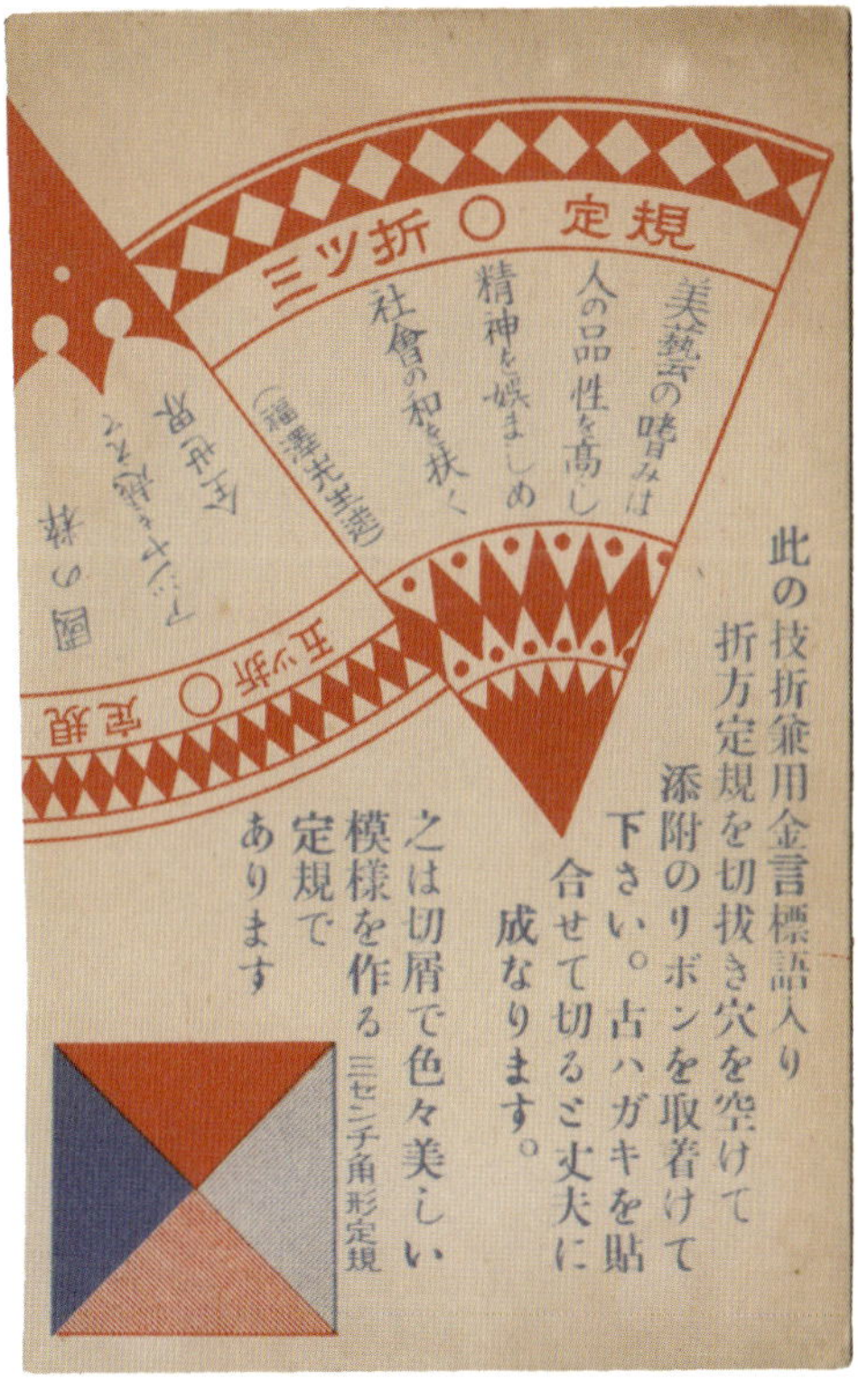


次第に激しくなる空襲の際、破片の飛散防止のために、窓ガラスに貼る紙を切り抜くための型紙集。60種あるが全てに名前がつけられている。これは、その中に入っていた飾りリボンつき三角形のしおりを作る型紙。ハガキで裏打ちすると丈夫になるという説明があり、福沢諭吉の言葉が入っている。（型紙長さ7.5㎝）

## 戦時下に〝本を読む〟という気持ちは起こったか？

——昭和時代・戦前

意外なことに精神科医の中井久夫は、随筆「戦時下一小学生の読書記録」で、小学生だった自分の体験から、戦時下の人々が本を読まなくなるというのは逆だと分析している。本屋の書棚が空になるほど本が売れ、岩波文庫の古本に驚くほどの高値がついていたからだという。

また、紀田順一郎は『図書館が面白い』に書いた「ある収集家の情熱」で、粉川忠《こがわ》の生涯を書いたが、「戦地で日本人がゲーテを読んで心の支えとした、という例は数え切れない」と実際にあった話を紹介している。粉川は心からの情熱を注いで「東京ゲーテ記念館」を作った人である。

昭和18年（1943）、粉川館長がゲーテを愛する学生たち15人が学徒出陣をするときに、『ファウスト』を各1冊ずつ贈った。しかし、戦争が終わって帰ってきたのは5冊だけ。うち1冊は、表紙のみだった。それは、中国大陸を行軍中に1ページずつ破って読んだが捨てることもできず、全部口に入れて飲み込んでしまったからだった。もう1冊は、ページの後半しかない。それは、あるとき、上官に見つかったが、「いい本を持っているな」と言われて本が好きなことを知り、読み終えた前半を破り取って渡したためである。

また、南方ラバウルにいた軍医は、4年の従軍中にボロボロになった『ファウスト』を落下傘の糸で綴じ直し、表紙は背囊《はいのう》の革をゴムの木から採った糊で貼りつけ、帰国の日まで読み続けたという。

戦時下に東大図書館員だった作家、評論家の澁川驍は、戦後『書庫のキャレル』で注目すべきことを書いている。昭和20年の春、突然、出版社員の訪問を受け、意外にも「短編1冊くらいの原稿はないか」と聞かれた。その理由は「こういう厳しい戦局だと人心が荒廃してすさみやすいので、人々の心に潤いを与えるために小説を出版してもよい、と当局が方針を出している」というものだった。そこで原稿を渡したが、印刷所のあった信州に列車で運ぶ途中、米軍機の機銃掃射を受けて隣の人が即死、その血潮が出版社員が読んでいた原稿にかかったという。もちろん本は出ないまま終戦となった。戦後まもなく、出版の動きがあったが、今度はＧＨＱの検閲で、内容に問題があると保留された。結局、短編集『柴笛』が日の目を見たのは、昭和21年だった。

海外でも、第一次世界大戦中のヨーロッパで、読書をする人の洪水のような増加があった記録が残っているという。つらい生活の中で少しの慰めにでもなればという心理が働くのだろうか。読書の持つ一面を考えさせられる逸話ではないだろうか。

## 慰問袋には、なぜか、可れんな子どもや美人芸妓のしおりも入れられた
——昭和時代・戦前

慰問袋とは、戦地の兵士のための慰問品を入れた袋のことをいうが、日露戦争の開戦直後の明治37年（１９０４）、婦人矯風会の会員が１００個を作ったのが始まりとされる。アメリカの矯風会のComfort Bag（コンフォート・バッグ）がヒントとなった。昭和６年（１９３１）、満州事変が始まると、新聞社の提唱で国防婦人会が郷土の兵士に送る運動を展開。昭和12年（１９３７）からの日中戦争では大量に送られたが、京都府公報には２年弱で約20万個が送られた記録が残っている。

袋の大きさは手ぬぐいを二つ折りにしたくらいで、ちり紙、石鹸、シャツ、食料品、薬品、手紙などとともに金銭を入れたものもあったようだ。初期の慰問品の中には、いろいろなものに混じって、可れんな子どもや美人芸妓の絵や写真などが描かれたしおりも入れられ、兵士の郷愁を誘った。ただ、戦地にしおりを挟む本などあっ

たかどうか疑問は残る。しかし、その後戦争が激しくなるにしたがって、日の丸手ぬぐいや幸運を祈った千人針のように精神的な品物が多くなる。その後は、物資が欠乏し戦地へ送る手段さえなくなって姿を消す。

大正時代の京都物産館のしおりだが、米5、英5、日本3という数字は何を意味するかわかるだろうか？実は、大正10年(1921)のワシントン海軍軍縮条約で米英日仏伊の5大海軍列強は戦艦等の建造を厳しく制限するため、保有主力艦の総排水量比率を決めた、その数字なのです。しかし、世界の強国を自負していた日本の世論は大不満。日本も5で当然という怒りの表現がこの民間企業のしおりとなった。その後、日本は海軍軍縮条約から脱退し、これ以後、世界は制限なき軍艦建造競争を繰り広げることになっていく。なお、右上スミの日付はアメリカの「1924年移民法」の施行日で、日本では排日移民法だとして大きな反発が起こった。(長さ15.4㎝)

しおりギャラリー㉖

# 飛行機の時代が到来

③

①

②

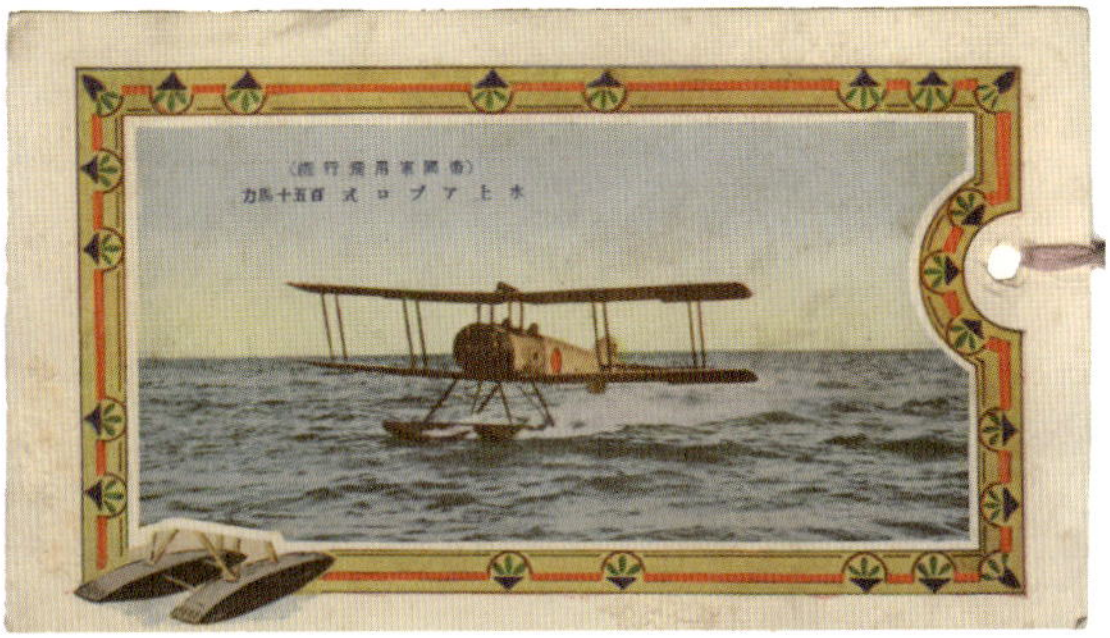

①わが国では唯一の3枚翼の十式艦上雷撃機。空母から800kgの魚雷を積んで時速205㎞で飛行できた。大正10年（1921）運用開始。設計は英国のスミス技師。単座のうえ、整備の難しさなどがあって、20機しか生産されなかった。（本体長さ12㎝）　②水上アブロ式練習機。木製複葉機で2人乗り、時速144㎞。第一次世界大戦でイギリス軍の攻撃機として活躍、性能が良いため敵国にも同時に使用され、8千機以上生産された名機。これを大正12年（1923）にライセンス輸入し、陸上、水上用練習機として長く使用された。（本体長さ12㎝）　③18世紀後半、フランスで熱気球やガス気球の有人飛行に成功。それ以来、戦場で主に観測用として使用された。しかし、水素ガスの危険と飛行機の発達によって衰退。日本では明治10年（1877）、京都で水素ガス気球で36mまで上昇したのが最初。観衆が5万人も集まった。（本体長さ16.3㎝）

④

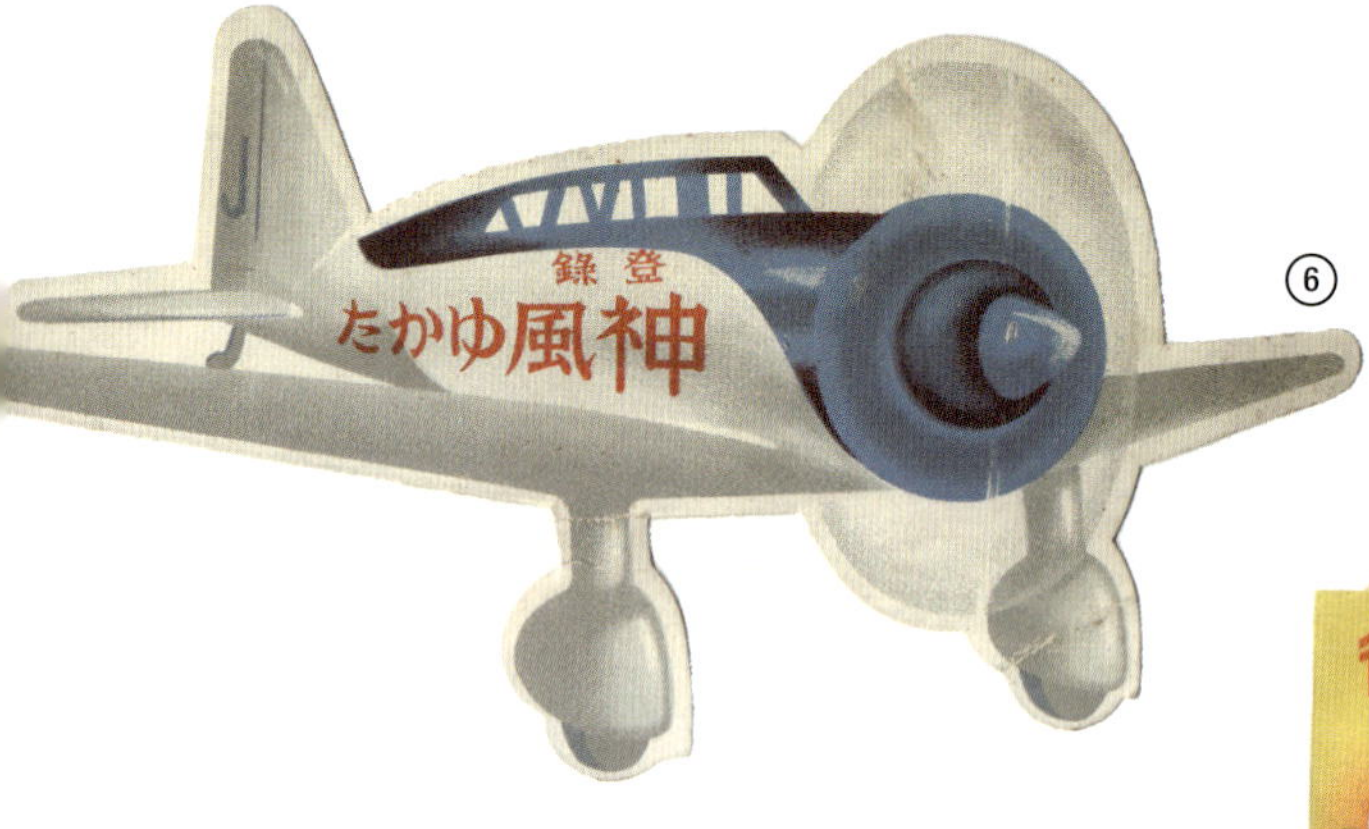


⑥

⑤

⑤⑥東京・ロンドン間1万5千357kmを94時間17分での飛行に挑戦した朝日新聞社機「神風号」。昭和12年(1937) 4月、イギリスのジョージ6世の戴冠式を記念して南回り航路で見事に成功。全世界で熱狂的歓迎を受けた。飛行機は陸軍九七式司令部偵察機を改造した。(右・本体長さ14.2㎝、左・長さ18.2㎝)

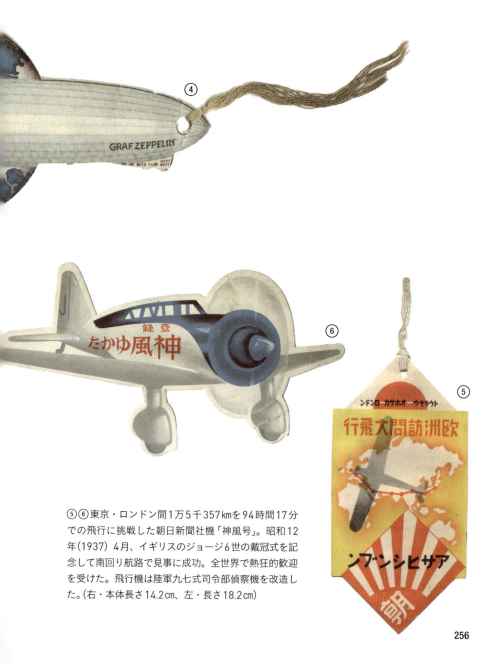

④1900年に開発されたアルミなどのフレームを持つ硬式飛行船。発明者の名を取りツェッペリン号と総称したが、昭和4年(1929)に茨城の霞ヶ浦に飛来したのは当時最新で大型のグラーフ・ツェッペリン号。グラーフとは伯爵の意味。長さ235m。航続距離1万km。しかし、飛行船は可燃性の水素を充填していたため、1937年のヒンデンブルク号大爆発とともに飛行船人気も消え去った。このしおりは飛行船の来日飛行を機に『少年倶楽部』編集部が愛読者に配布したもの。(本体長さ15.3㎝)

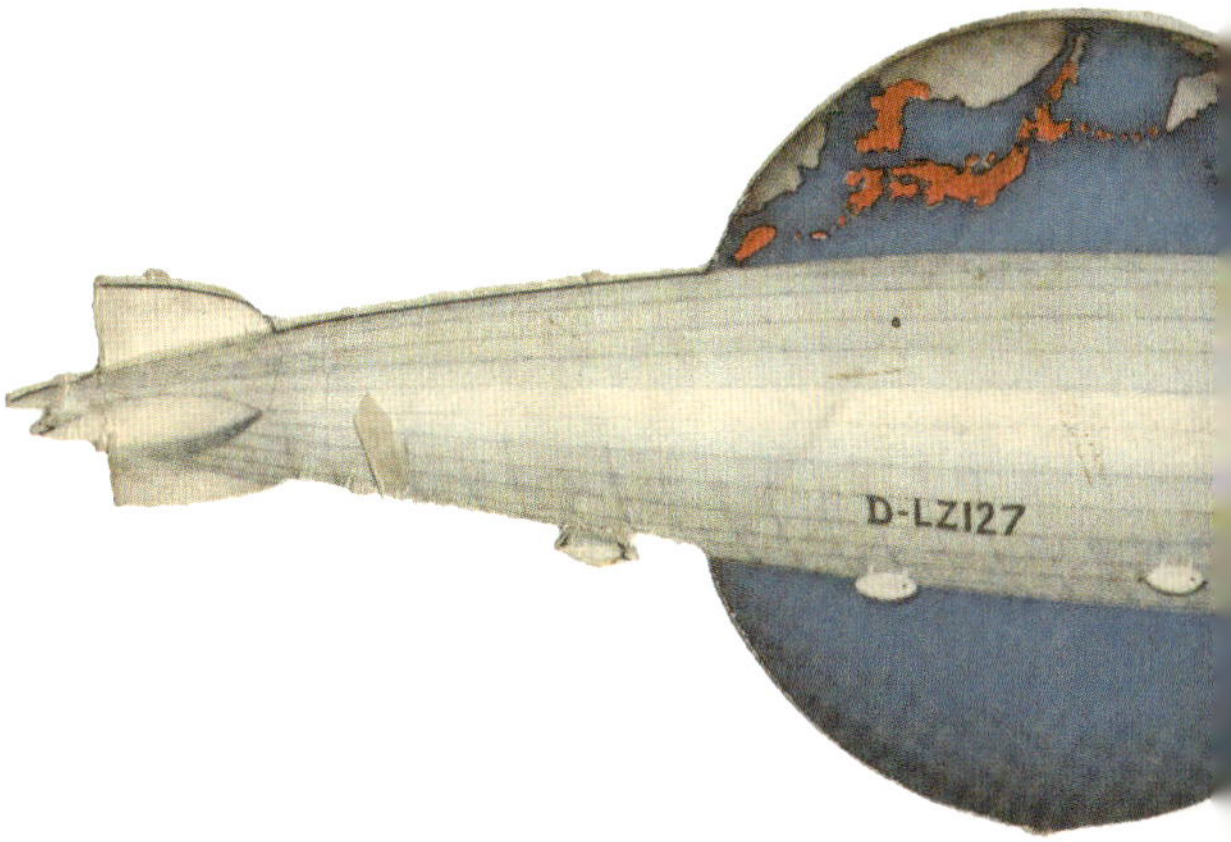

⑧

⑦

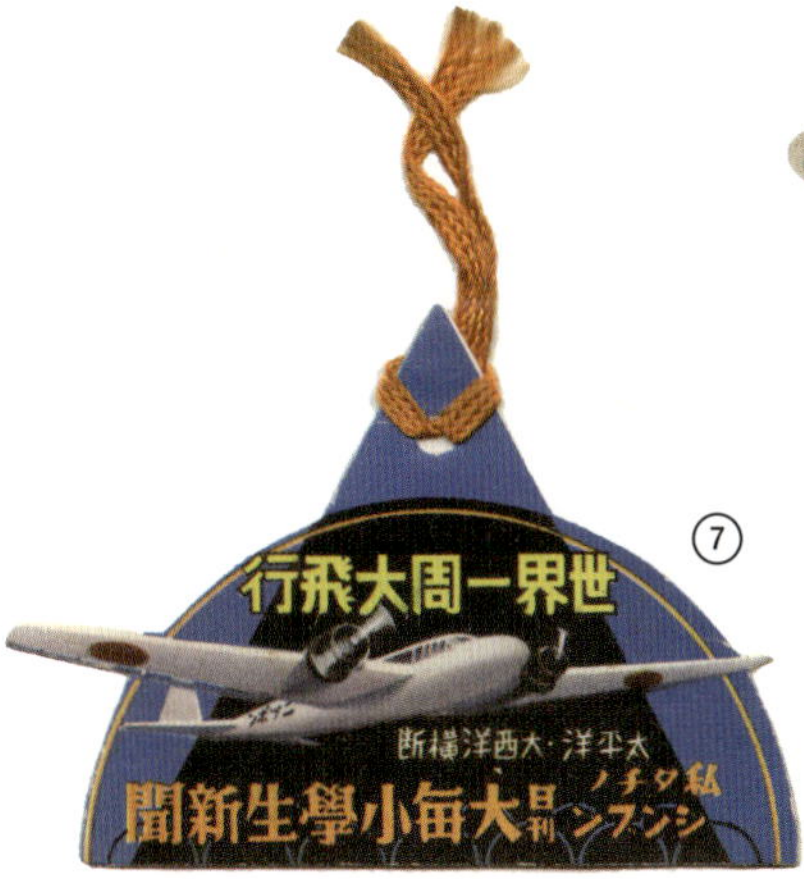


⑦⑧毎日新聞社は世界一周飛行を企画。海軍の九六式陸上攻撃機を改造した「ニッポン号」は昭和14年（1939）8月に出発、太平洋を越えアメリカ大陸を南北縦断、大西洋を横断、ローマから南回りで帰国した。全行程5万2860kmを194時間で飛行。しかし、戦争のためパリやロンドンには行けなかった。(右・ドーム型 本体長さ6.2㎝、左・丸型9㎝)

# 戦争を予感させるスローガンの登場

②

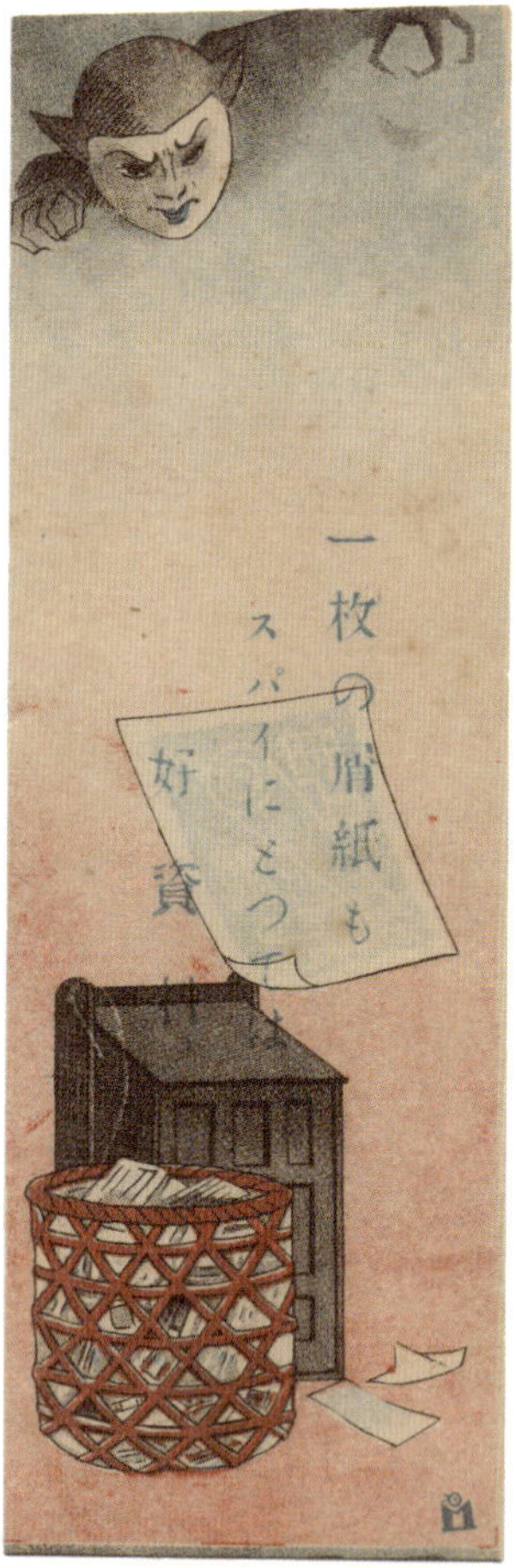


①

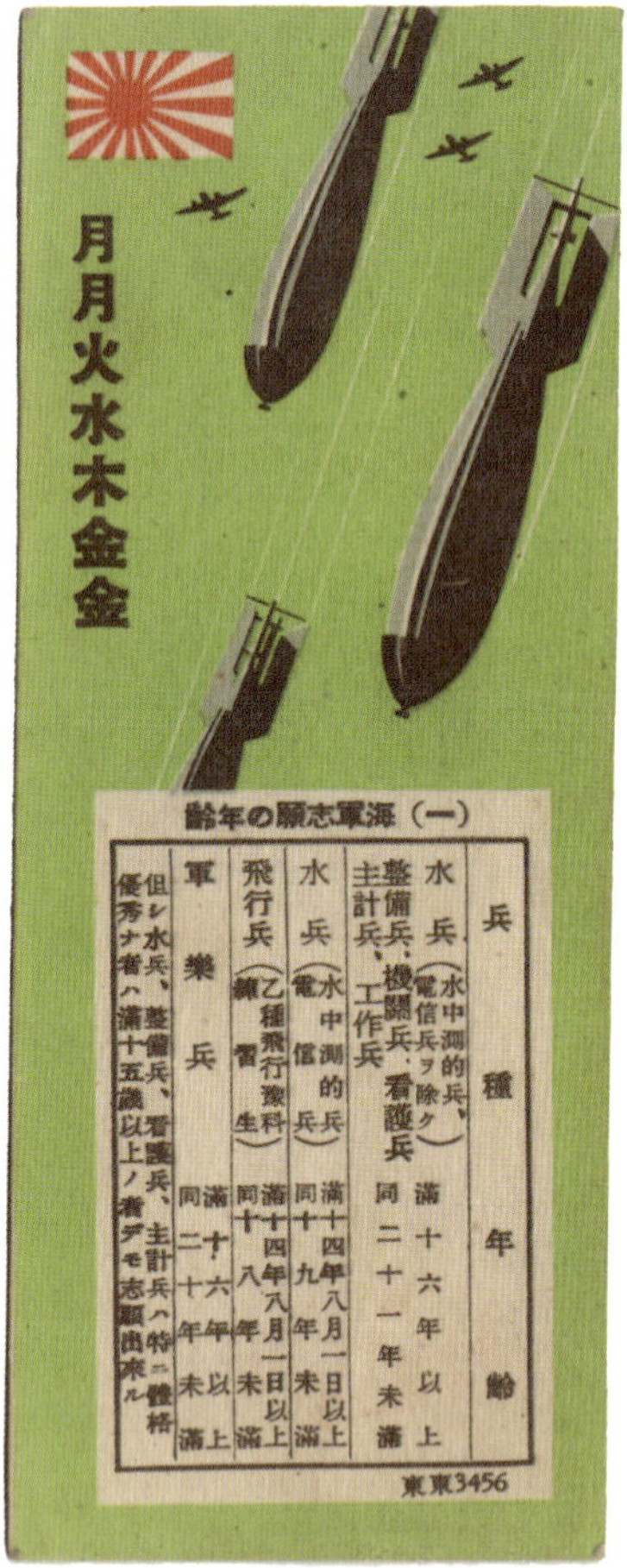


①旧日本帝国海軍には20歳からの徴兵制度とは別に17歳前後の志願兵制度があった。この「月月火水木金金」は、日露戦争終結後も猛訓練を続ける様子を見たある将校が思わず口にした一言。昭和15年に軍歌として歌詞と曲がつけられた。（長さ13.1㎝）　②日本では、敵から情報を盗み取る人物や組織のことは、間諜、密偵、諜報員などと呼ばれてきた。たとえば大正14年（1925）制定の治安維持法では天皇制や私有財産制を否定する動きを取り締まったように、国内を意識したものだった。スパイという言葉が一般に使われるようになったのは、昭和17年に逮捕、起訴されたソ連のスパイ、リヒャルト・ゾルゲの事件からとされる。（長さ15.3㎝）

③

④

⑤

③戦意高揚のため戦跡見学が盛んに行なわれる。左は日露戦争の旅順戦跡や二〇三高地の見学記念で、昭和7年の日付がある。水師営でのロシア軍降伏調印時の写真、名将とうたわれたステッセルの姿も。（本体長さ9.6㎝、右・外袋長さ10.7㎝）　④⑤満州事変とは、昭和6年、中華民国の柳条湖で関東軍（日本帝国陸軍の一部）が起こした南満州鉄道爆破事件に端を発し、満州全土占領に至る一連の事件。写真上は、奉天城を攻撃する日本陸軍。また、上海事変は中華民国の上海共同租界で起きた昭和7年と12年の二次にわたる日中正規軍による衝突をいう。写真下は、海軍陸戦隊の戦闘。上下ともに砲弾型デザインの広報写真。（本体長さ各13.1㎝）

## 愛国心の高揚が強く打ち出される

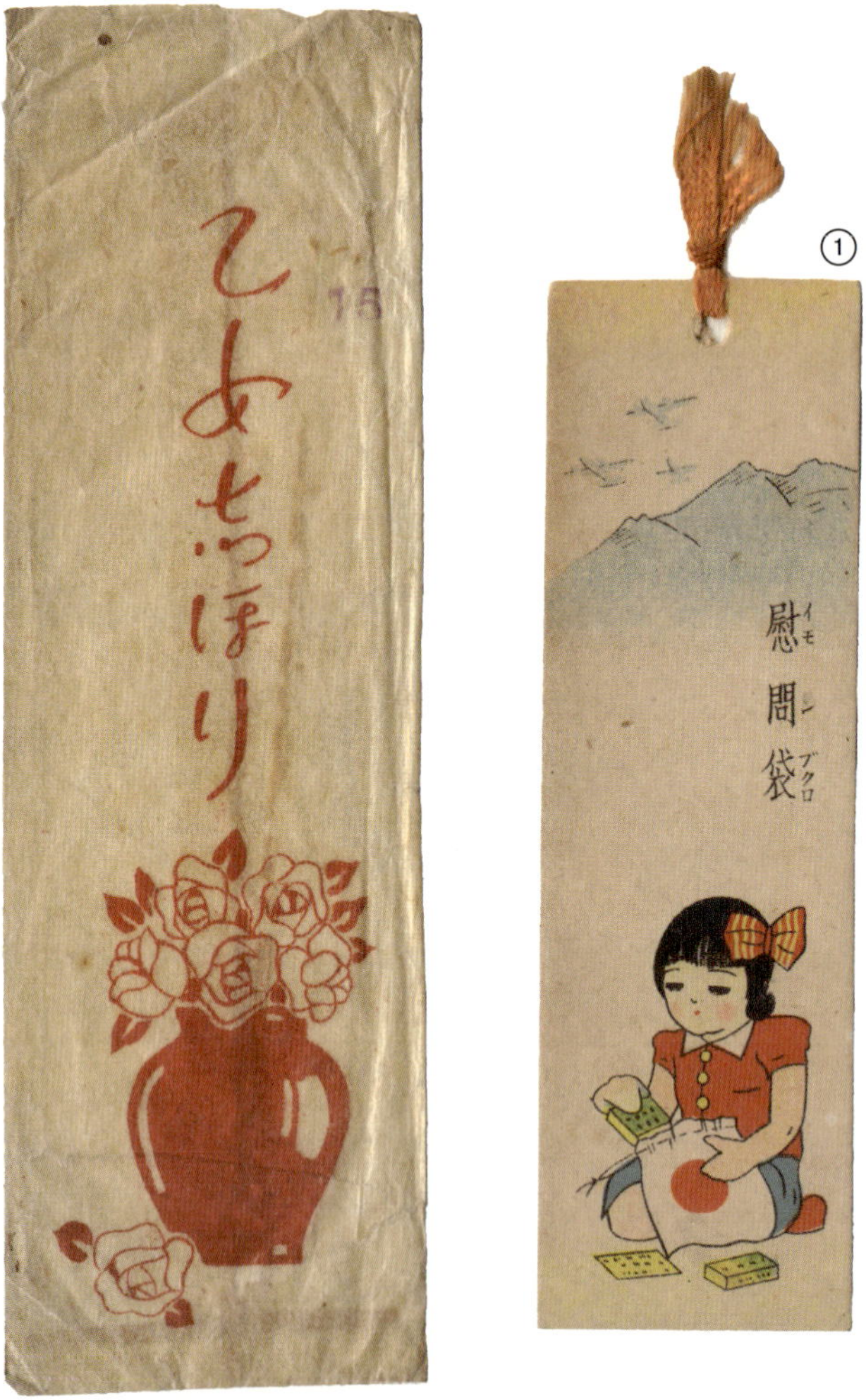


①

①「乙女志ほり」の中の1枚。少女が作っている慰問袋は、日露戦争の頃に始まり、カン詰め、日用品から写真、手紙なども入っていた。昭和12年の日中戦争の開始とともに盛んに送られ、昭和17年頃まで続いた。(本体長さ11.2㎝、外袋長さ14.6㎝)

②

②「京舞子愛国志をり」。昭和12年に「愛国行進曲」が公募で発表され、ヒットしたことで、愛国という言葉があらゆるところで使われるようになった。人気の舞妓さんとあってお土産にして慰問袋に入れることも多かった。（長さ14.3㎝、外袋長さ14.7㎝）

③

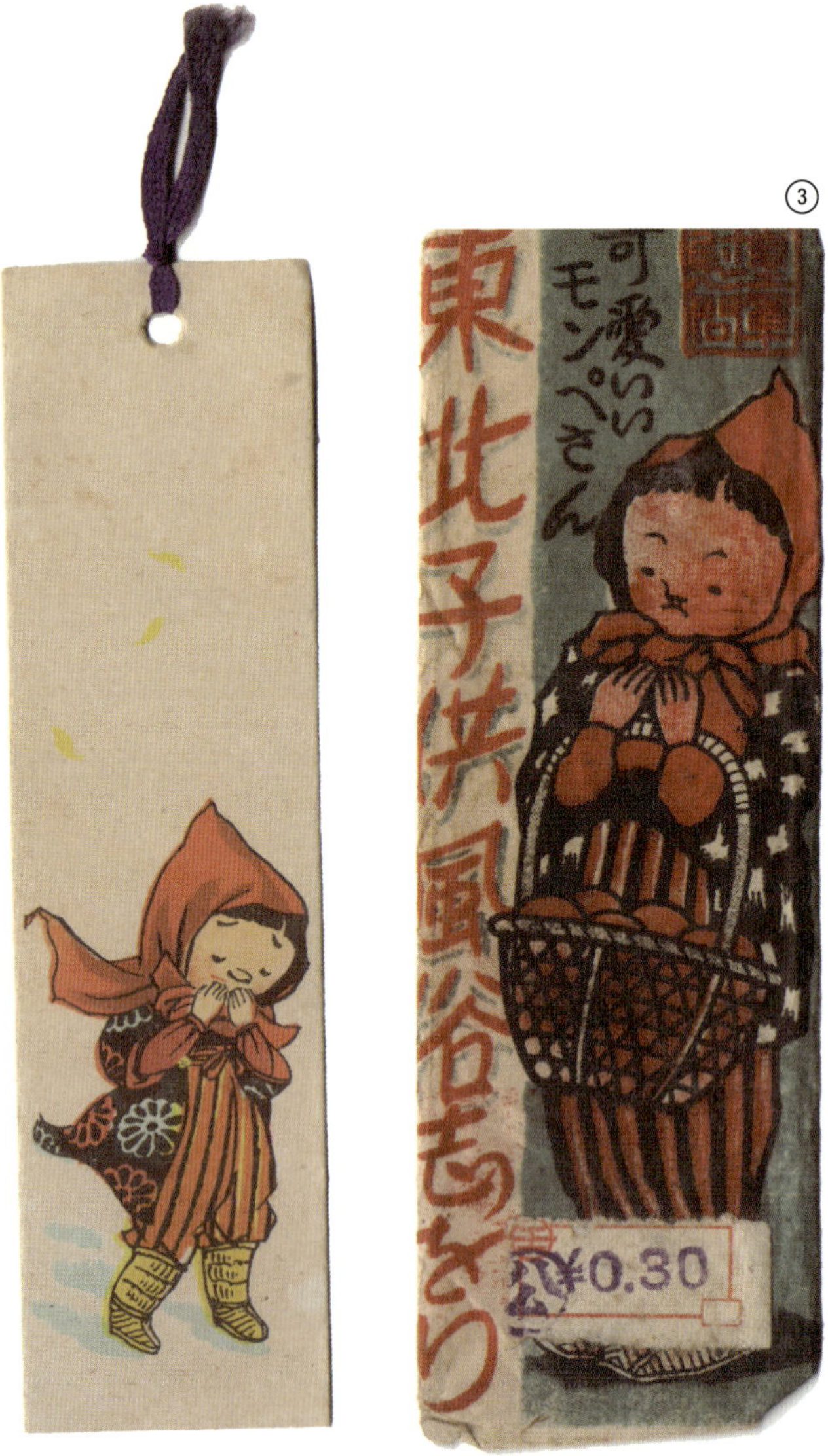


③「東北子供風俗志をり」。ワラを編んだ雪靴を履く東北地方のめんこい少女を描くが、〝皇軍慰問、可愛いいモンペさん〟のキャッチフレーズが入っている。昭和14年の価格等統制令による価格30銭の値札つき。(本体長さ12.2㎝、外袋長さ12.8㎝)

⑤

④

④「サイパン島の風俗志をり」。日本の委任統治時代のおおらかで情緒豊かな南洋の島々の生活を描いたシリーズの一枚。カナカ族の暮らしぶりを描いている。右は〝オン〞と呼ばれる祭りの衣装だが、「日常生活は上半身裸ではない」と注記あり。昭和16年のスタンプとともに〝サイパン支庁検閲済〞の文字も。(本体長さ11.7㎝、外袋長さ12.5㎝)
⑤は別のシリーズだが椰子の実採取風景。「空高く椰子(ヤシ)実る」と写真説明に。(長さ14㎝)

# 80枚の少年誌付録しおりに写る昭和の実像

③

②

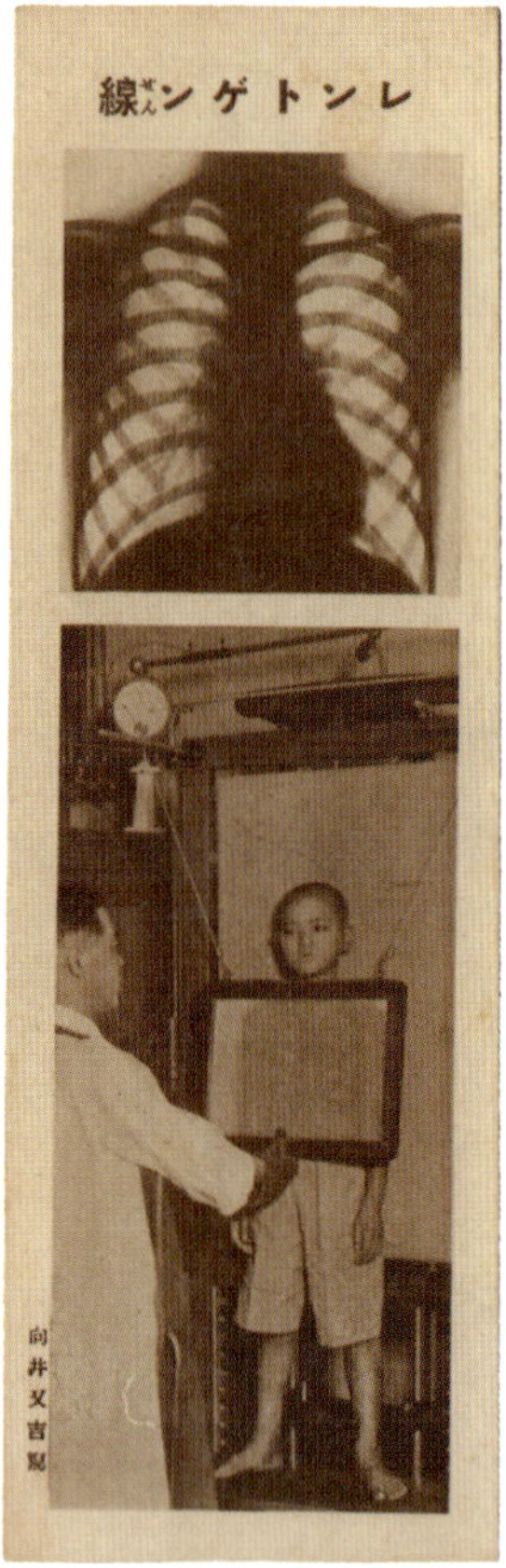


①

①講談社『少年倶楽部』の昭和8年10月号付録の「しをり型學習博物館」。箱入り80枚の中から5枚を紹介。(長さ各13.8㎝、外箱14.5㎝)　②「レントゲン線（X線）」。機器の国内初生産は明治42年（1909）。結核予防などに多大な効果をもたらした。発見者のレントゲンは1901年に第1回ノーベル物理学賞を受賞。③ビルの屋上に備えつけられた「高射機関銃」。２千m以下の低空を飛んでくる敵機を1分間に600発の銃弾で攻撃する。周囲の風景から都市近郊の野外演習での一場面か。

④

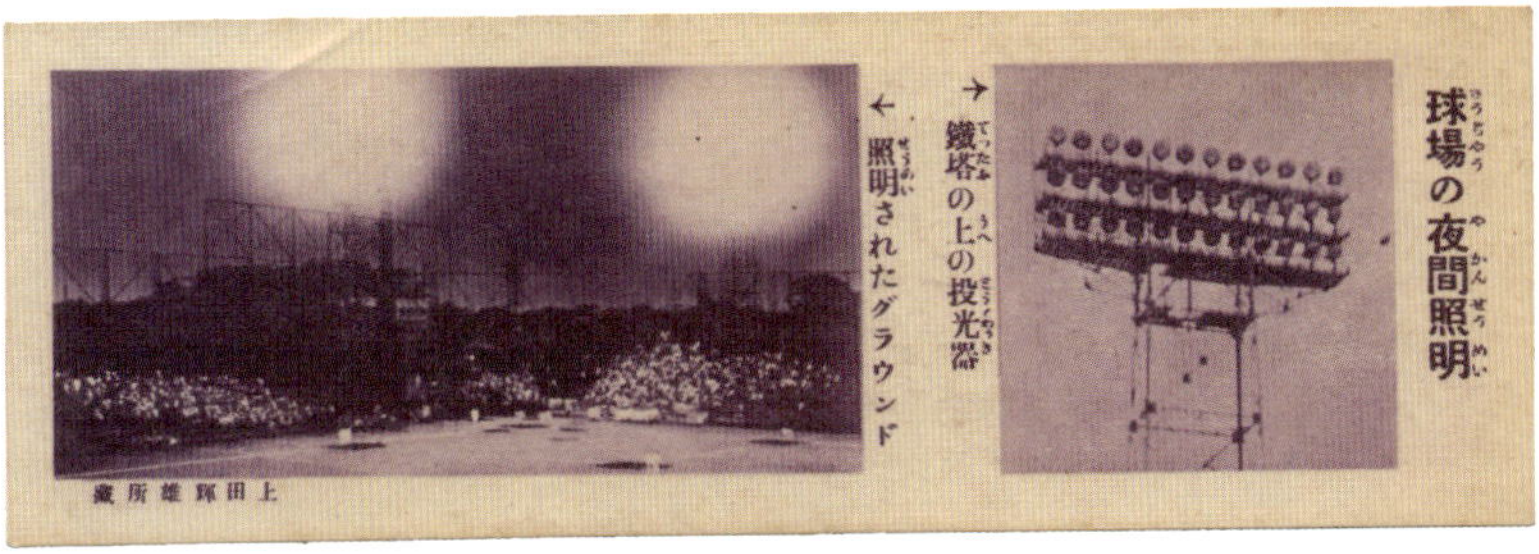


⑤

⑥

④「球場の夜間照明」。早稲田大学戸塚球場の日本初のナイター設備。照明塔6基、内野で150ルクスとあまり明るくはなかった。昭和8年（1933）初のナイトゲームが行なわれた。⑤「じゃがいもの赤坊（あかんぼう）」。食用とするのは実ではなく茎であることを畑を掘って説明している。アンデス原産で日本への伝来は16世紀。「じゃがたらいも」の名はジャワ島経由のなごり。⑥「羽田飛行場と旅客機」。日本初の民間飛行場として昭和6年（1931）開場。300mの滑走路があるだけで管制塔もなく、2年後に国際空港化する。日本航空輸送が運航する機種は6人乗り時速170㎞のフォッカー・スーパーユニヴァーサル。

# 第6章 現代の読書シーンにしおり・ブックマークは役立っているか

## 進駐軍兵士の観光ブームでご当地しおりが大人気に ——昭和時代・戦後

戦争直後、読むものに飢えた人々は争って本を読んだ。ベストセラーの中に『肉体の門』『斜陽』『完全なる結婚』などと並んで『日米会話手帳』があったことに、背にハラは代えられない事情が浮かび上がる。同じ頃しおり・ブックマークの大ブームが起こったが、実は書店からではなく、意外な場所から始まった。それは国内観光旅行を始めた進駐軍の兵士に向けてのお土産品だった。戦前も、大都市や有名観光地では細々と売られていたが、大勢の外国人に向けてあわてて横文字を入れ、カラー印刷になってゆく。使われている英文のほとんどが大文字で、所々に綴りの誤りがあるのはご愛嬌といえよう。その後、日本人観光客の旅行ブームが続いて、観光地といわれるところではご当地しおりがお土産の定番となっていった。中でも米軍占領下の沖縄で昭和33年（1958）に守礼門が再建され、少し大きめの観光しおりが人気を呼んだ。

原爆のキノコ雲写真も広島の観光しおりセットの1枚に登場したが、後に発行されたものには入っていない。もう一つの意外なブームは、少女雑誌だった。竹久夢二の人気が戦前に続いて再沸騰し、中原淳一が終戦直後の昭和21年（1946）に『それいゆ』さらに『ひまわり』を発行したことで、美少女ブームがやってくる。淳一しおりがいろいろな雑誌の付録につけられ、令嬢ものや黒いシンデレラシリーズなどのヒットが続いていく。横丁の駄菓子屋のクジに美少女しおりが景品としてつけられたほどの人気であった。この流れは、芸能人ブロマイドシリーズにつながっていき、映画スターに始まり、人気歌手や青春スターの写真しおりが次々売り出された。中には、映画『007は二度死ぬ』のボンドガール女優、浜美枝の美しいヌードなどもあって、話題を集めた。

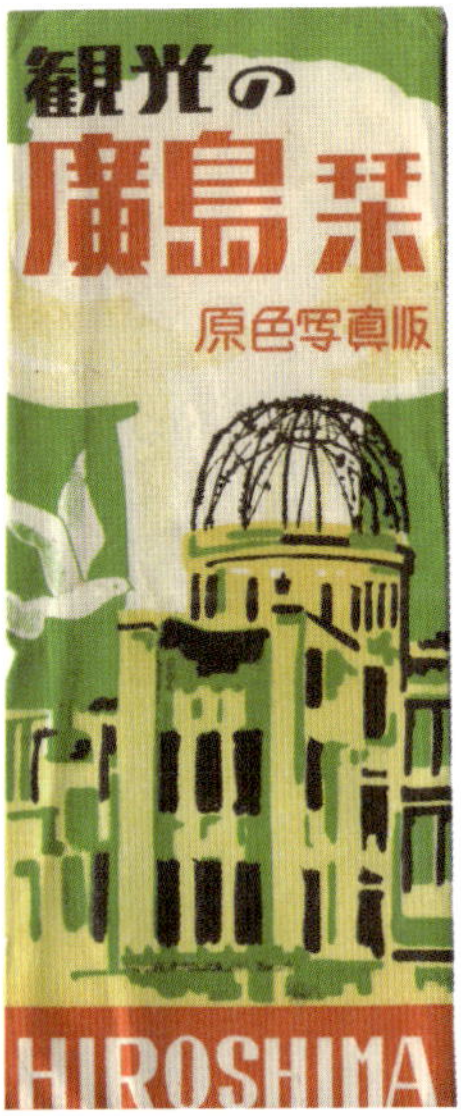


終戦直前の昭和20年（1945）8月6日、広島市に隣接する海田市町から撮られた原爆のキノコ雲。「原子雲」と説明にあり、「観光の広島栞」のセットに入っていた。昭和31年に町名が海田町になり、広島市内に33年再建の広島城や他の施設が紹介されていることから、30年代に売られていたようだ。（本体長さ14.2㎝、外袋長さ15㎝）

さらに戦前から続く大きな流れは、学習雑誌付録の隆盛である。数か月おきに「きれいなしおり」と銘打って小学4～6年生向けの学習雑誌に多様なテーマのしおりがつけられた。進学熱の高まりから少年少女向けの伝記や図鑑が多く出版されたことも一因だろう。ちなみに、戦前の学習雑誌の付録しおりは1、2年生向けについていたが、戦後は高学年向けが多いのは、学習内容の変化のせいだろうか。

最近のコミックシーンでファン以外にはあまり知られていないのは、漫画やコミックのキャラクターしおり・ブックマークである。漫画雑誌の付録やキャンペーン懸賞あるいはコミックショップの企画商品として販売されることが多い。アニメのセル画のイメージからか透明なプラスチック製が多いが、世界的人気とあって、収集・交換が盛んなためになかなか手に入りにくくなっている。面白いことに、日本国内では版権や販路の問題もあって発売されないキャラクターも数多く、海外のほうがポケモンなどのレア物が販売されていることが多い。ただ、子どもたちの収集の人気度は、圧倒的にトレーディングカードに奪われていることは寂しい限りだといえる。

## かつて大量に使われた「付箋紙」と「不審紙」の違い ——昭和時代・戦後

江戸時代から使われていた紙縒《こより》と現在のポスト・イットの中間にあったのは、細長い紙に糊のついた付箋紙だろう。本来は事務用の文房具だが、学者や作家など資料を多用する人に多く使われていた。ただ糊が強くはがしにくいため、書物のページそのものを傷つけてしまう欠点があった。その歴史は古く、江戸時代の仮名草子の『昨日は今日の物語』に「これは不審紙とて合点がいかぬところにつけて、後に師匠に問うために付ける」とある。

惜しまれつつ亡くなった作家・井上ひさしは随筆「不審紙と付箋紙」の中で、昭和54年(1979)頃、有名文具店へ行き「不審紙はあるかと聞いたところ、それは付箋紙ですと言われた」という体験を紹介している。森鷗外の「あそび」にも書かれているように、書き入れができる大きなものは付箋紙で、目印代わりにべたべたつけるのは不審紙と呼んだが、この言い方は明治後期を境に死滅したようだ。そこで井上は、糊つきの付箋紙を5千枚も買い込み、役に立ちそうな箇所に100枚も貼ったが、喉がからからに渇き、口の中は糊でべたべたになってしまったという。それで「読書とは糊を舐めることだと思った」と書いている。

「彼は原稿の上がりなど仕事が遅い、と言われたが、決して筆が遅いのではなく、努力家で本をいっぱい読み込んだためだ」と、作家の筒井康隆は惜しんだ。この付箋紙の数のすごさは、山形県川西町にある井上ひさしの仕事を集めた「遅筆堂文庫」に展示された本で見ることができる。

## 大ヒット商品3M社の「ポスト・イット・ノート」発明秘話 ——戦後・アメリカ

1969年（昭和44）、アメリカの3M社（日本は3Mジャパン）の研究者、スペンサー・シルバーが強力接着剤を研究中、偶然、少々変わった接着剤を作り出した。それは粘着力が弱く、すぐにはがれてしまう失敗作といえるものだった。その接着剤は、マイクロソフィア（小さな球体）が無数に貼りついた状態になり、球体で接着面が小さいためはがしやすく、何度でも貼れる。

「こんなのができたけど、何かに使えるかな？」と、社内に公開したが、おかしな接着剤として無視同然だった。その後、研究者仲間のアート・フライは教会の聖歌隊のメンバーとして、手にした賛美歌集からいつも滑り落ちるブックマークに頭を悩ませていた。その日もハラリと下に落ちてしまったが、そのときふと、5年も前にシルバーから相談を受けた弱い接着剤のことを思い出した。「あれを使えば、本に貼ってもすぐ剥がせる、ページも汚れないブックマークが作れるのではないだろうか」と。こうしてポスト・イット・ノートが製品化されたが、なかなか売れなかった。そこで全米の有名企業の秘書室に配布するPR作戦を取ったところ、口コミで爆発的に広がっていった。今や多彩な形や色の製品が増え、多くの読書家や研究者の本に貼るブックマークとして大量に使われるようになった、と同社のホームページに誇らしく書いてある。

その後、世界約100か国で1千種類以上が製品化され、大ヒット商品となり販売額は数千億円以上になるという。日本でも最初は売れなかったが、利用者からの要望で付箋紙タイプにしたところ爆発的に売れたという。中でも最近のビジネスシーンで活用されているのは、多色のものを準備し重要度や緊急度に応じて色を変えて貼り込む方法である。これは本を読む場合にも便利であり、しおり専用の付箋も売られている。

『声に出して読みたい日本語』などの数多くの著作で、読書の大切さを訴える教育学者の齋藤孝は、「付箋は便利なものだ。付箋しおりをたくさんはりたくなる本は、自分にとって大事な本だ。だから、本棚を見返してみて、付箋の数で重要度がわかる。特別大事なところは付箋しおりを飛び出させておく」と『読書力』に書いている。

また、仕事柄多くの本に目を通す必要のある評論家の宮崎哲弥は、「通読しながら重要な部分や、気にかかる部分にまず付箋しおりを次々に貼り込み、後でその部分を読み直す」と言っている。

とはいえ、一部図書館などでは、はがすときに紙を傷める、虫がつきやすいなどの理由で、使用をすすめていない例がある。確かに、かつての糊つき付箋は、はがすときに本のページそのものを傷める例が多かった。しかし、今も新タイプの付箋も歓迎されないのは、付箋しおりを貼り込んだまま本を返却する人が多く、その処理に手間がかかることも、もう一つの理由であることも付記しておきたい。

## 50年以上配布し続けた「書泉」のしおり、ついに終焉の時が

――昭和～平成時代

これまでの発行数なんと1億50万枚以上！〔平成22年に達成〕

東京の神保町にある書店「書泉」の本店と4支店で50年間に配った店頭サービスの紙しおりの枚数である。同社の創業は昭和23年（1948）、正確な記録は残っていないが、昭和35年頃には配布し始めたと思われる。

しおりを作り始めたきっかけは、「読書の楽しみを増してほしい」という創業者の強い思いだったという。「しおりを楽しみに本を買いにくるお客も多く、売り上げに貢献してきた」と、お店の担当者はしおり効果を評価した。

1つのシリーズでも6枚から8枚を作り、日替わりで3～4か月間プレゼントしてきた。店内には制作のための特別な企画部署はなく、担当者と創業以来のつき合いの印刷屋さんとイラストレーター、デザイナーのアイデアを取り入れて企画した。1つのシリーズでも、絵柄、色など違うものが3種から18種も作られた。

大人気を呼んだ動物、花などのファンタジー溢れる絵柄などを変形や穴あきにしたしおりは、印刷代がかさむ上に、金型作りや型抜きの工程が必要なため、推定で1枚、2～3円でできるものが4～6円と約2倍のコストがかかる。それでなくても出版不況と言われる昨今、経費の削減を考えると、シンプルな長方形のしおりになってしまうのもやむをえない。これまでは、8枚集めれば1枚の絵になるシリーズ物やパズルものなどを企画、配布してきた。しかし、残念ながら、経営が変わり、店頭でのしおり配布を休止することとなった。これまでの作品は、ファンサイトの集計では800種類にのぼるというが、同じ図柄やアイデアのものは1つもないことを多くのファンが評価している。ひとつの時代を画した名シリーズが消え去るのを惜しむ人は多い。

# しおりが欲しくて本を買った人も多かった

②

①

⑥

⑤

本の町、東京・神田神保町に本店を構える書店「書泉」の人気があったしおり傑作選。昭和35年(1960)頃から配布を始めたが、店舗が5店舗に拡大し、その間に1億50万枚のしおりを配布したことになる。中でもコミカルな動植物作品は多くのファンを獲得した。しかし残念ながら経営形態の変更により現在は新シリーズを2店で配布中。以前に店長さんから歴史や反響などについてメールをいただいたが、イラストについての説明は聞けなかったのが残念。資料が少ないため、発行年などは店名や電話番号から推測するしかない。

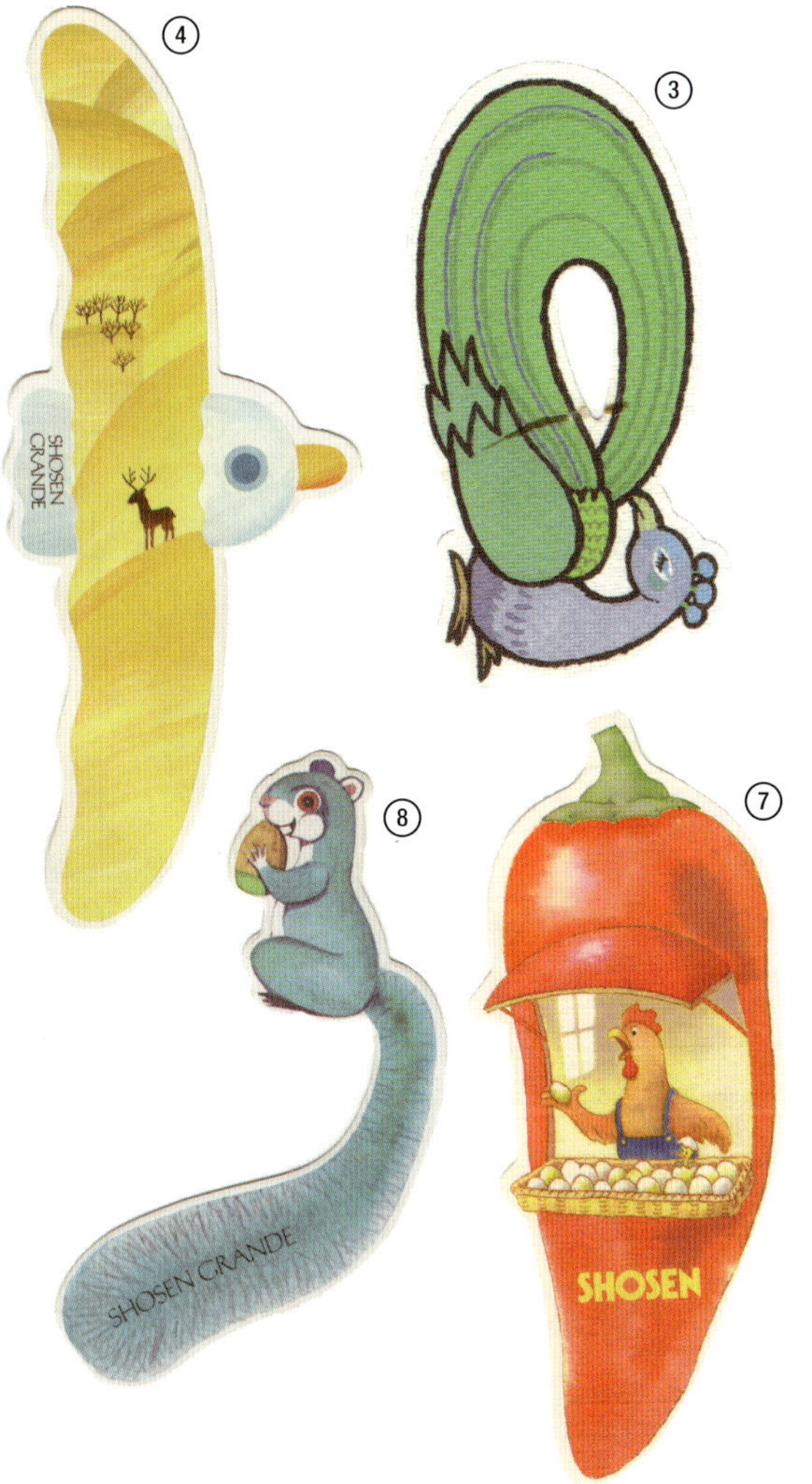


人気のあった書泉しおりの中から8枚を紹介。右ページ右上から①「ライオン」。(長さ9.3㎝)　②「ペリカン」。(長さ9.3㎝)　③「孔雀」。(長さ10.4㎝)　以上3点は平成3年(1991)以降。　④「黄色い鷗」。昭和42年(1967)4月以降。(長さ15.6㎝)　右ページ右下から⑤「きゅうり電話」。平成10年(1998)以降。(長さ13.5㎝)　⑥「手長猿」。昭和42年(1967) 4月以降。(長さ12.5㎝)　⑦「鶏の卵売り」。平成6年(1994)5月以降。(長さ13.1㎝)　⑧「リス」。昭和52年(1977) 4月以降、両面の店名表記が異なる。(長さ11.4㎝)

タイトルは著者による仮のものです。

## 使用後も時価で買い取ってもらえる純金製しおりの価値

——平成時代

過去に発行された使用済みのしおり・ブックマークでも、レアな物は骨董品市場や通販のオークションなどでかなりの価格で売買できるものがあることは、皆さんもご存じだろう。変わったところでは、三菱マテリアル・トレーディング㈱製の「純金ブックマーカー」は、それに含まれている純金の量を時価で計算して買い取ってもらうことのできる、まさに世界に例をみないシステムになっている。

「和歌文様」シリーズの場合、サイズは長さ8・5×幅3・5㎝あり、99・99％の純金が7ミクロンの薄板に加工され、さらに、その上からラミネート加工がされている。販売価格は1枚4500円(税込)。金の重量は1枚当たり0・32ｇあるから時価が1ｇ4500円とすると1440円となり、購入時の3分の1くらいで買い取ってもらえることになるが、財テクにはならない。図柄は12種類だが、希望すれば自分の好きなデザインにもできる。ただし有料。なお金の部分を滅損したりすると買い取ってくれないこともあるので、ご注意を！

## 世界で拾ったしおり・ブックマークこぼれ話

——現代・世界各国

◆アメリカのカリフォルニア州立大学サンディエゴ校（ＵＣＳＤ）のウルフ教授は、アーリーアメリカンの骨董が大好き。数々の収集物の中でもご自慢はかつて路上にあった古い電話ボックスで、それをそのまま自宅に組み込み、電話室として使っているほどの凝りよう。そこで彼に「アメリカでは、ブックマークを使わないのか？」とたずねたところ、書庫と書斎を探し回った挙句、「ブックマークはまったくないね」と一言。「アメリカでは、ポスト・

イットを使うことが多いが、なければそこらにあるものを挟むだけだよ」とウインクした。

◆日本で活躍するハーバード大学出身の米国人漫才師パトリック・ハーラン。芸名パックンは、ある時「日本で驚いたものは？」と聞かれて、「ほとんどの本に紐しおりがついていること」と答えている。続けて「アメリカの本は紐しおりなんかないから、図書館の本もページの隅を折り返した跡、ドッグ・イアだらけだよ」と。

◆これまでアメリカで購入した金属製ブックマークはイタリアやイギリス、フランス、あるいは北欧諸国製が多く、移民の国という歴史を感じさせる。紙製のものでも古いものは少ない。全米図書館協会の「READ」と書かれた紙製ブックマークのシリーズは、「ガリバー」や「原始家族フリントストーン」などキャラクターを使った楽しい絵柄で人気がある（134ページ写真⑥参照）。その他、切り抜き型や塗り絵方式のブックマークだけを集めた本もあり、書店には世界各地から輸入された少し風変わりな素材やデザインのものが売り場にあふれている。手軽なペーパーバックスで読むという読書の形を〝発明〟したアメリカ人にとって、ブックマークは楽しければ何でもOKというスタンスであるようだ。コレクターは意外に多く、映画監督のスティーブン・スピルバーグは、「ブックマークになぜ金を使うかって？ なぜブックマークに金を使わないのか、と聞きたいね」と言っている。

◆千葉大のS名誉教授は、翻訳の仕事をするとき、原書を3冊購入することにしている。1冊は、必要なところに傍線を引き、数多くの付箋しおりを貼り込むため。まさに本はぐちゃぐちゃになる。2冊目は日本語の翻訳文を書き入れるため使う。そして3冊目は、参照用としてきれいなままにしておく。日本には研究者が使える図書館が少ないため、どうしても自分で買い込むことになるという。神保町のある古書店の親父さんに言わせると、大学教授から出た古書は一般的に評価が低い。その理由は、書き込みと貼り込みが異様なほど多いからである。「ただ、仕事柄で贈呈された本や個人の趣味で集めた本の中に貴重なものがあったりするので、お得意様として大切な存在だ」と打ち明けてくれた。

◆京都の私立立命館小学校の1年生が使う辞書類はどれも、数多くの色とりどりな付箋しおりで膨れ上がっている。同校の深谷圭助元校長(現中部大学現代教育学部教授)は〝7歳から辞書を引いて脳を鍛える〟を提唱している。国語の授業では、子どもたちは辞書を引いて学んだ漢字の意味や用例を付箋しおりに書いて貼る。一度引いた所はすぐにわかってだんだん面白くなり、どんどん辞書を引くという好循環になる。辞書引き学習は、一般には3年生からだが、なかなか辞書を引きたがらない子どもたちに対する新しい取り組みとして注目されている。

この学習法は、世界にも広がりを見せているが、ある小学生は漢和辞典に次々と付箋しおりを貼り込み、重量にして690gある大型の辞書が1・365kgと約2倍に膨れ上がった、とあるテレビ番組で紹介された。ちなみに、大小の付箋を一枚平均0・25gとして計算すると、貼り込んだ数は実に2700枚という計算になるが、2万9千枚という記録もあると伝えられている。こうした需要の増加に辞書引き学習専用の付箋も発売され、色は4色くらいだが数多く貼れるように短くし、辞書の狭いスペースにぴったり合うように工夫されている。

◆フランスのベルサイユ宮殿の近くで骨董店を開くムッシュFは、マルクパージュ(フランス語でブックマーク)を大量に集めている。彼が得意のフレンチジョークの一つに、大きなゴキブリの絵と〝Kafka〟の文字だけを描いたマルクパージュの物語がある(左ページ写真参照)。

「カフカは、チェコのプラハ生まれで不可思議な世界を描いて不条理作家と呼ばれました。彼の死後に、サルトルやカミュに認められてフランスで大評判となったのです。『変身』は、カフカ自身と思われる主人公ザムザが、一夜明けると大きな虫になっていたというストーリーですが、実は、フランス語のスラングでカフカには、ゴキブリの意味があります。ですから、あの小説はカフカ自身が朝になって〝カフカ〟になっていただけ、つまりゴキブリになったことを書いただけなのです」と真顔で言う。

後日、フランス語の翻訳家新野氏に聞いたところ、フランス語でcafardがゴキブリ、あるいは滅入った気分を表す言葉だということがわかった。発音はカーファ。カフカとどこが似ているのだろうか。まあ、パリの都市伝説とでも言ったところか……。

このマルクパージュを見ると、ゲーテの死ぬときの言葉「もっと光を」が、彼の故郷のドイツの中部方言では「全て終わりだ」の意味になるというもっともらしい作り話を思い起こさせる。

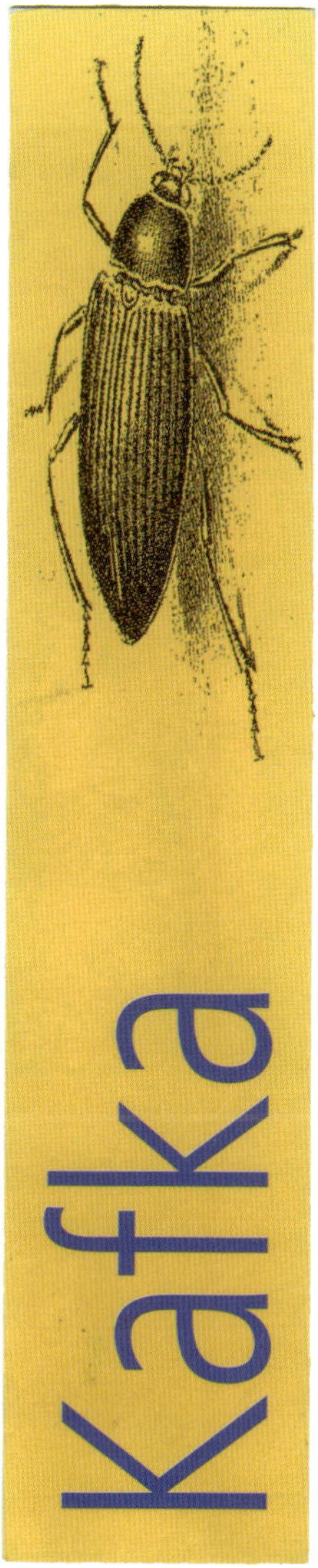


カフカ（1883～1924年）は、現在のチェコに生まれたユダヤ系の作家。保険局員をしながらいくつかの著作を残したが、あまり注目されなかった。だが、死後、徐々に多くの人に認められるようになる。フランスでは、死後4年たった頃に、サルトルやカミュなど実存主義作家に支持をうけ人気作家となってゆく。こうした経緯を経て、『変身』はフランス人の間では、カフカが一晩でゴキブリを意味するカーファに変わっただけ、という都市伝説が生まれることになった。（長さ21㎝）

# 漫画が世界の共通語になった日

②

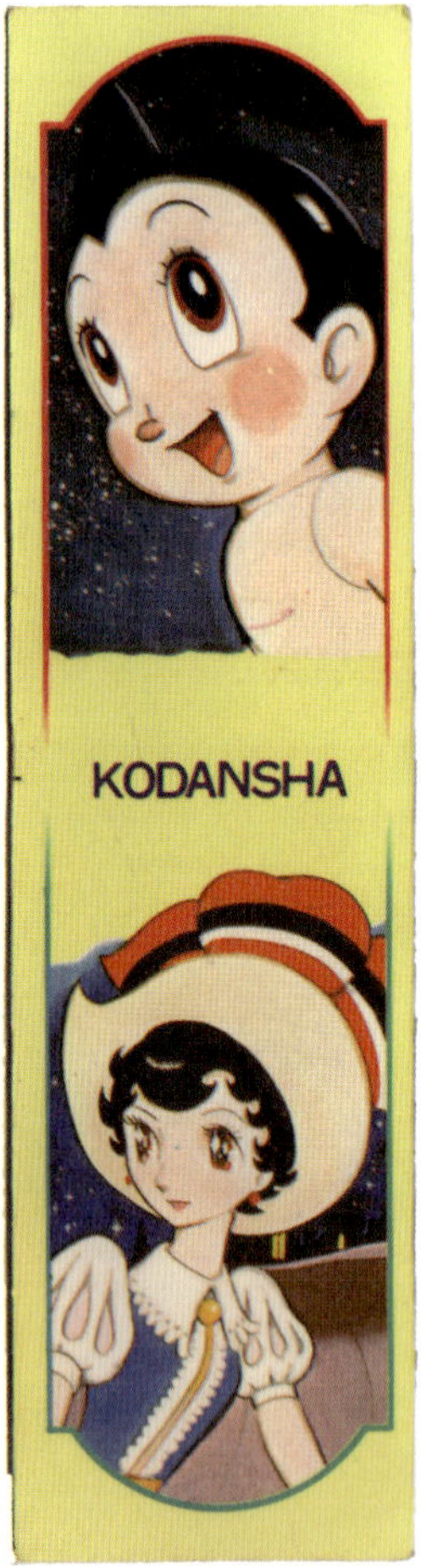


①

①漫画『火の鳥』は、手塚治虫が雑誌の連載漫画家になってすぐの昭和29年（1954）以来書き続けられた大長編作品。NHKでアニメ化され人気が再沸騰した。これは1978年に公開の東宝映画『火の鳥』の紹介しおり。（長さ15㎝）　②漫画の神様、手塚治虫の『漫画全集』全200巻刊行記念。講談社、昭和56年（1981）。同全集は雑誌連載を始めて以降の『ジャングル大帝』、『鉄腕アトム』の前身『アトム大使』、『リボンの騎士』などのヒット作を完全網羅、別巻を含め最終的には400巻に。（長さ13.9㎝）

④

③

③長編漫画『赤胴鈴之助』。作者、福井英一が昭和29年（1954)、『少年画報』の連載第1回で急逝、竹内つなよしが後を引き継いで連載人気漫画となり、テレビアニメで大ヒット。ラジオドラマに当時小学生の吉永小百合が出ていた。(本体長さ14.1㎝)
④『キン肉マン』。『少年ジャンプ』連載のプロレス系格闘漫画。超人、キン肉マンことキン肉スグルが立ち向かってくる強敵と次々にリングで戦う。作ゆでたまご。昭和54年（1979）の連載開始以来、7千万部以上の発行部数を誇る。(長さ12.8㎝)

⑤

⑤「正義の味方」のキャッチが印象に残る『月光仮面』。昭和33年（1958）から翌年にかけてテレビ放送されて人気を集めた。その後再びテレビ化や映画化され、大ヒットした。川内康範原作。『少年クラブ』連載。講談社50周年記念に発行されたしおり。（長さ15.2㎝）

⑥⑦⑧小学館のコミック豪華愛蔵本につけられた合金製しおり。昭和58年（1983）刊の白土三平『忍者武芸帳』には「影丸伝1、2」が収録され、「忍者武芸帳」と「カムイ伝」のしおりがついた。昭和61年（1986）刊の『つげ義春選集』には「紅い花」「ねじ式」など46作品を所収。しおりの「カムイ伝」は銅合金でやや薄く、「忍者武芸帳」と「つげ義春選集」はステンレス製で厚くて硬いが、3点ともレーザー加工が精緻で美しい。なお、光沢のある鏡面仕上げの2点は、絵柄を強調する目的で特殊な方法で撮影したため、白く見えている。（3点とも本体長さ11.6㎝）

⑪

⑩

⑨

⑨『機動戦士ガンダムＦ91』。富野由悠季原作・監督、森口博子主題歌、1991年劇場版の公開記念、松竹の割引入場券。裏面は講談社『ガンダムマガジン』のPR。(長さ16.8㎝)　⑩⑪絵物語作家、山川惣治の人気作『少年王者』。昭和22年(1947)、単行本で発売、大ヒットした。さらに昭和26年『産業経済新聞』(現産経新聞)に連載された『少年ケニヤ』でブレークし、アニメ化で不動の人気となった。これは産経新聞の拡販用サイン入り宣材しおり。(長さ各13.8㎝)

⑬

⑫

⑫⑬長谷川町子の4コマ漫画『サザエさん』。終戦直後の昭和21年（1946）に福岡の新聞に連載を始め、1951年、『朝日新聞』朝刊に移って全国的な人気となる。1974年に連載終了。テレビアニメは今でも高視聴率を記録している。このイラストをよく見るとサザエさん一家だけでなく、黒い犬やいじわるばあさんも入っているが、これは長谷川姉妹の経営していた出版社「姉妹社」のPR用だからである。（長さ各12.5㎝）

⑭⑮『愛の告白ノート』。しおりは二重構造になっており⑭↔⑮と真ん中で折り返すと、ノートの上にLOVE（ラブ）の文字が出たり消えたりする。「秘書検定」や「サービス接遇検定」など女性の能力開発関連の早稲田教育出版が昭和60年代に出したもの。人と接するには〝愛〟を大切に、という意味が込められているとか。約30年前のものだが、現在もコレクターに人気がある。（長さ14.8㎝）

# 新しい時代をリードした各界の人々

②

①

①『紫の履歴書』。丸山明宏、現美輪明宏の自伝。昭和43年（1968）刊のロングセラー。〝異端の美を妖しく放つ男〟とキャッチに。大光社刊（新装版は水書房）。（本体長さ14.6㎝）　②天才少女歌手と呼ばれた美空ひばり。歌謡曲、映画、舞台で活躍し歌謡界の女王と称えられ、女性で初めて国民栄誉賞を受賞した。これは昭和24年（1949）、映画『悲しき口笛』に主演したときの歌のシーンを影絵風に処理したもの。ひばりプロダクションの制作。（長さ14.6㎝）

④

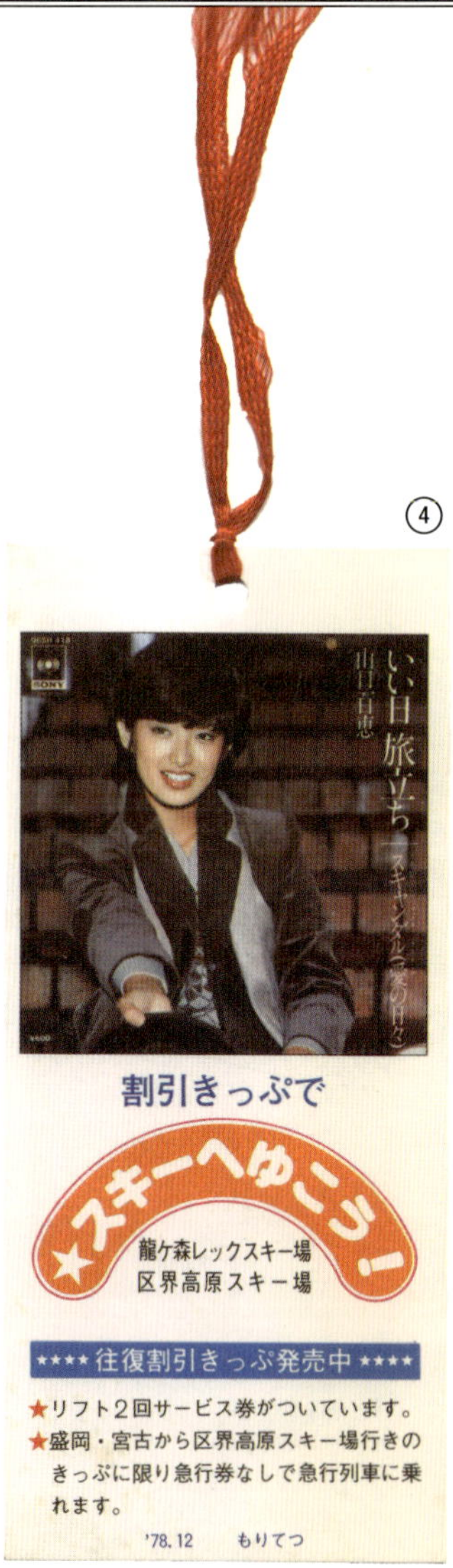


③

③昭和44年(1969)、『癩王のテラス』帝国劇場公演を前に、主演の北大路欣也と三島由紀夫。これが三島の最後の戯曲となった。翌45年、三島は自衛隊に突入し割腹自殺をとげた。(本体長さ15.8㎝)　④人気歌手、山口百恵の「いい日旅立ち」は旧国鉄のテレビ・キャンペーンソングとして大ヒット。昭和45年、盛岡鉄道管理局の「スキーへゆこう！」のPR用しおり。(本体長さ14.2㎝)

⑥

⑤

⑤第42代横綱・鏡里。優勝4回。身長174㎝と大きくはなく「達磨さん」というニックネームがつけられたが、土俵入りは立派で「動く錦絵」と呼ばれた。昭和33年（1958）、10勝を公約したが「守ることが出来ない」として引退。（本体長さ8.3㎝）　⑥第35代横綱・双葉山。不世出の横綱、「昭和の角聖」など讃える言葉は多い。優勝12回。昭和14年（1939）1月場所で前人未到の70連勝に挑んだが、安藝ノ海に敗れた。終戦直後の11月場所に引退。（長さ13.3㎝）

⑨

⑧

⑦

⑦水原茂。昭和11年（1936）秋から戦中を挟んで昭和25年（1950）までの通算8年間（戦時を除く）、読売巨人軍の選手として大活躍。その後、巨人軍監督としてリーグ優勝8回、日本一4回、東映フライヤーズ（現北海道日本ハムファイターズ）でリーグ優勝1回、日本一1回を成し遂げた。（本体長さ13.9㎝）　⑧赤バットの川上哲治。昭和13年（1938）の入団当初は投手だったが野手に転向し、生涯打率3割1分3厘を残し、「打撃の神様」と称され、「球が止まって見える」の名言を残した。巨人軍監督となってからV9時代を築き上げ、日本一は通算11回だった。集英社の『おもしろブック』『幼年ブック』の宣伝用。（長さ12.8㎝）　⑨「ミスタープロ野球」背番号3の長島茂雄。昭和33年（1958）、デビュー戦での連続4三振が話題となった。王貞治選手とともにON時代を築くなどそれ以後の活躍は目覚しい。生涯打率3割5厘。巨人軍で2回の監督をつとめて、リーグ優勝5回、日本一2回。雑誌『少年』付録。（長さ16.5㎝）

⑪

⑫

⑩

⑩不二家ミルキーのマスコットキャラクター「ポコちゃん」の野球のユニフォーム姿。ペコちゃんのボーイフレンド（1歳上の7つ）という設定で、ペコちゃんの1年遅れの昭和26年（1951）に登場。室町時代の子どもを表す言葉「ポコ」から命名。（本体長さ9.8㎝）

⑪⑫全国高校野球選手権大会、いわゆる夏の甲子園の昭和62年（1987）、第69回大会の阪神電車記念乗車券つきしおり5枚セット。漫画家、園山俊二のイラストで構成されている。この年は、大阪のPL学園が春夏連覇を達成した。（本体長さ14.5㎝、外袋16.8㎝）

# 数々の栄光の記録と思い出を残したオリンピック

②

①

①昭和39年（1964）の第18回東京オリンピック記念。円盤投げの彫刻は五輪のPRによく登場するが、紀元前5世紀のギリシャのミュロンの作は失われ、このローマ国立博物館マッシモ宮所蔵のランチェロッティ旧蔵品の像（2世紀）が原型に近いとされる。最近の調査で、ギリシャ産大理石で作者はドイタルスとされる。東京都民銀行制作。（本体長さ14.8㎝）
②2016年に東京五輪を招致しようとしたPRグッズ。飾り紐の五色の水引は長野県飯田市の水引協同組合が協力。東京開催を引き寄せる見えない力となったか!?（本体長さ12㎝）

④

③

③1928年のアムステルダム五輪は陸上競技に女性選手が初めて参加。女子陸上800mで人見絹江が銀に輝いた。また男子三段跳びの織田幹雄、水泳200m平泳ぎの鶴田義行が日本初の金メダルに。当時のブックマークをオランダで再版したもの。円盤投げ像に注目して右ページの東京大会と比べてほしい。(長さ15.6㎝)　④東京タワーのお土産。昭和33年(1958)竣工、高さ333m、戦後日本の発展と東京五輪開催の象徴となった。アメリカのDavid Howell制作、金属製である。(本体長さ10.5㎝)

# ソ連の名はもう見られない!? 日本万国博覧会の記憶

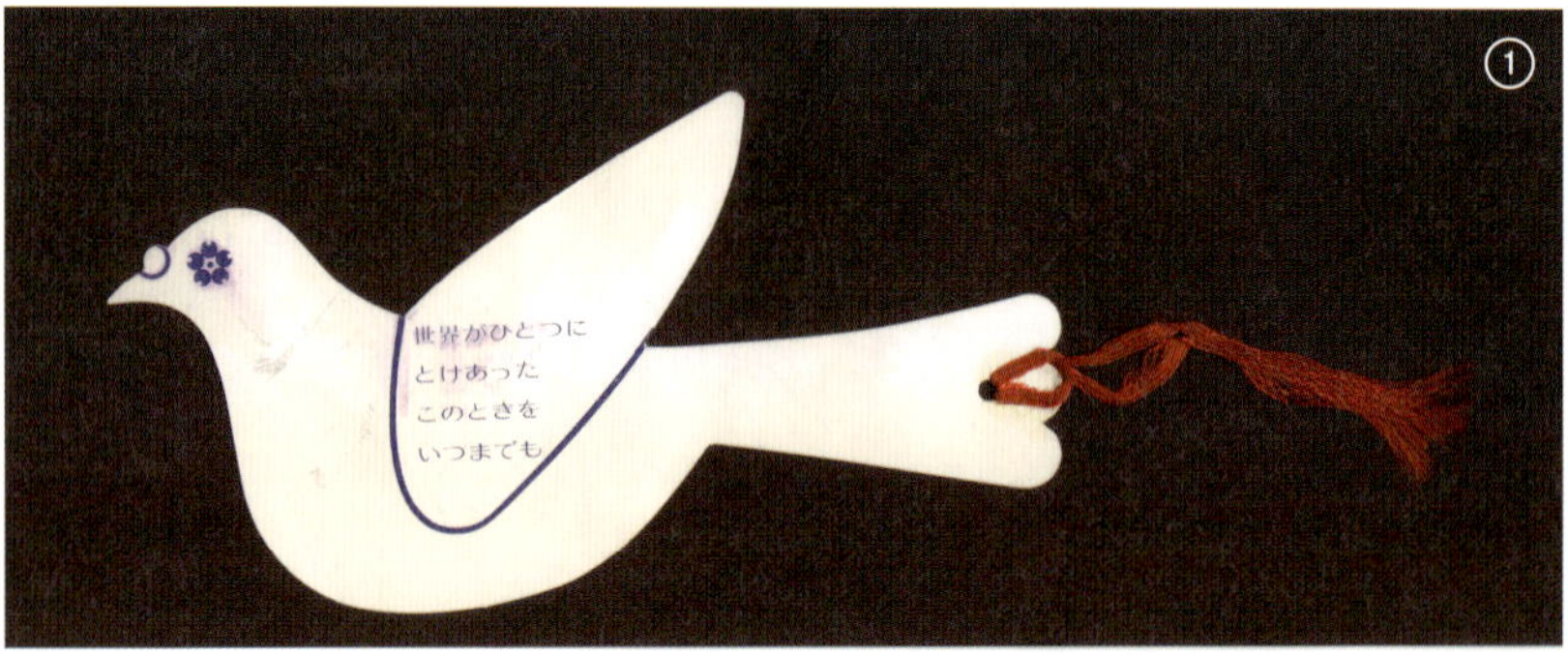

①

④

③

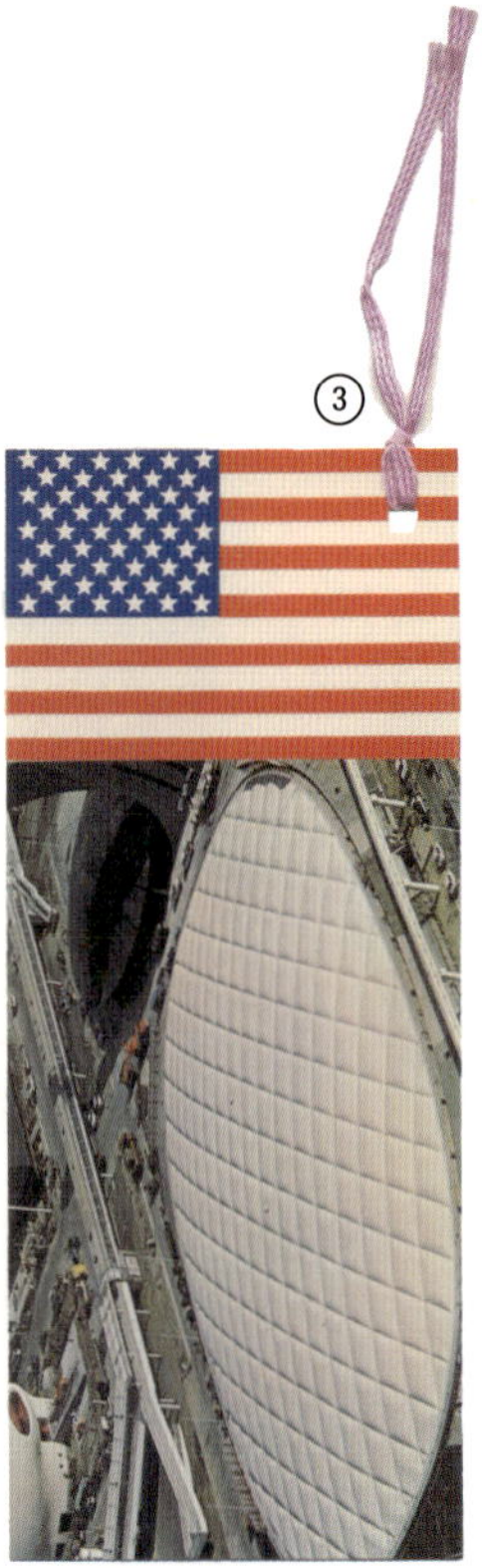

②

①『万国旗のもとにEXPO'70』をテーマに昭和45年（1970）、大阪・千里丘陵で開かれた日本万国博覧会。その成功を記念して配布された白いハトしおり。「世界がひとつにとけあった　このときをいつまでも」と、書かれている（裏面には英語で表記）。当時としては最高の入場者6421万人を集め、混雑で残酷博や行列博などともいわれた。（本体長さ14.8㎝）　②大阪万博のシンボル、岡本太郎デザインの〝太陽の塔〟。現在も万博記念公園に立っている。公式しおりセットのカバー写真。Fukuda Card Co., Ltd（長さ16.4㎝）　③アメリカ館にはアポロ12号が持ち帰った〝月の石〟が展示され大人気だった。この大屋根のドーム技術は、現在も世界で使われている技術遺産。（本体長さ15.3㎝）　④大阪万博で集客数№1だったソ連館。ソユーズ宇宙船や宇宙服が展示された。なお、ソビエト社会主義共和国連邦という国名は1991年に消滅した。（本体長さ15.3㎝）　⑤アメリカのアポロ計画は、1969年のアポロ11号アームストロング船長の着陸第一声が有名だが、全6回の有人月面着陸に成功した。写真は71年の月面での記念写真だが、国旗の位置が原写真より人物の後ろに変えられているようだ。Paper House Production制作。（本体長さ17.7㎝）

⑤

# 第7章　しおり・ブックマークをちょっぴり科学してみた

## 人間の脳の秘密を握る数字〝マジカルナンバー7〟とは何か？

——現代・世界各国

人間の脳は、何でも記憶してくれそうなイメージがある。しかし当たり前のことだが、その記憶能力にはやはり限界が存在する。記憶には大きく分けて長期記憶と短期記憶があり、情報が脳に入ったら瞬時にどちらかに振り分けられる。その仕分けをするのが脳の大脳辺縁系にある海馬(海馬体の一部)の働きだという。海の生物であるタツノオトシゴが海馬と同じ学名ヒッポカンポスを持つことと、英語でシーホース、中国語で海馬ということからそのまま日本の医学用語となったらしい。さらに歴史をたどれば、ギリシャ神話にでてくる海神ポセイドン(ネプチューン)が乗る架空の動物の尾や足の形に海馬の形が似ていることから、ルネサンス期の16世紀イタリアの解剖学者が名づけたとされている。

ところで、海馬に短期記憶として保存された30秒から数分間の記憶は、なぜか7つしか記憶できないという特徴がある。アメリカの心理学者ミラーが発見したもので、ほとんどの人が同じだということから〝マジカルナンバー7〟と名づけられた。日常生活の中で、カレンダーの曜日やドレミの音階など、多くのものが7つで表されていることなどでそれがわかるという。

読書する場合の脳の働きにも同じことが言え、1冊の本を読んで7箇所以上記憶するのは難しい。そのための記憶補助装置として、しおりやブックマークが役立つことになる。ただ、ギリシャの吟遊詩人や日本の『古事記』を誦習《しょうしゅう》した稗田阿礼《ひえだのあれ》のような場合は、同じ詩や文章を繰り返し読んだり暗誦したりすることによって脳に長期記憶として残し、必要に応じて記憶の引き出しを開けていたと考えられる。最近、タレントのタモリらがよく披露する記憶術も、連想する言葉をキーにして脳の記憶の中から呼び出しているようだ。

また、「読書を続けた場合、集中できるのは2分間くらいしかない」というのは、全国に数多くある読書会での経験則として共通する数字であるという。

さらにまったく別な面から見た経験則が、「時に記憶はウソをつき事実を裏切る」である。足利市での殺人事件の冤罪《えんざい》を見事に解明してみせた法心理学者の高木光太郎が発表したもので、意外に思われる理論かもしれないが、最近の司法の場では、「記憶に頼った目撃証言には、間違いが多い」というのが定説になりつつあるという。

本を読み、自分ではその内容をしっかり理解し記憶しているつもりでも、記憶そのものが次第に風化し変形していく場合が多いことを示しているのではないだろうか。

## 声に出して読む音読が、今、再注目されている
——現代・世界各国

「音読ほど脳全体を活性化する作業を見たことがありません」と脳科学者の川島隆太は『脳と音読』で指摘する。音読は、まず文字の言葉を目で見て脳で情報処理を行ない、音の言葉に変換して口から出力し、それを今度は自分の声として耳から入力して脳で情報処理を行なう。その繰り返しの結果、「前頭前野が左右の脳とも活性化することになる」のだという。もちろん、黙読も脳の各領域をおおいに活性化する活動であり、音読に比べて短い

時間でたくさんの読書ができ、多くの情報を得られるという大きなメリットがあるという。

言語脳科学者の酒井邦嘉は、『脳を創る読書』で黙読時の脳の働きをこう分析する。目から視神経を通り視覚野に入るが、そこは通過点でしかない。「黙読しているときも、音声化できる活字はいったん脳の中だけの「音」に置き換えられ、記憶との照合によって自動的に単語や文法要素が検索される」という。そこからさらに言語野に送られて分析が加えられ、そこで初めて「読む」という行為が言語と結びつくという。この活字を読むという一連の働きが脳の活性化につながり脳を創ることになる。電子書籍だけの時代になると、膨大なデータの検索や処理が可能になるが、その分だけ脳が想像力を働かせる部分が少なくなる。そこで紙の本と電子書籍を共存させることで脳をより活性化することができる、と酒井は強調している。

このように、本を読むときの脳の個々の機能は少しずつ解明されている。しかし、「全体の働きは、実は、まだよくわからない」というのが脳科学を研究する人たちの一致した見解であるらしい。読書とは、視覚はもちろん言語の認知に始まり、喜怒哀楽の感情を感じ取り、善悪の判断をし、過去の記憶との照合をする等々、脳のあらゆる分野を働かせる、ウルトラC級のインテグレート(統合)作業なのだという。

また、読書には、目の働きも大変重要である。眼科学者の研究によると、眼球が静止した状態では大体1インチ(2・54㎝)平方の文字や図形が、はっきり確認できる範囲であるという。したがって、視線を動かさずにいれば、5、6字先の文字はもう読めないことになる。また人が聞くことで一度に覚えられるのは21文字までだという実験もある。

「読書をそれほど難しく考えることはない」と思われる方も多いだろう。しかし、これらの研究成果を念頭に置きながら読書してみると、しおり・ブックマークがなぜ必要となったのか、ある程度納得できるかもしれない。

## 番外編 「しおりデザイン学」の迷路

### 不思議その1 日本の本に合わない日本製とは？

日本製なのに日本の書籍では使いにくいブックマーク……。こんな不思議なことが実際にある。プラスチックや竹、木製の弓形になった差込型ブックマークで、図柄が表面だけにある片面のみ使えるタイプだが、これが左に曲がったものと右に曲がったものの両方が売られている。それを日本の本で使ってみると、次ページ写真の＞のように左曲がりのもの、つまり右から左手前に曲がるものが使いやすく、右曲がりでは、ぴったり来ないのである。なぜなら日本の書物のほとんどが伝統的に右に開けて右から読むからである。この背に差し込むタイプのブックマークは、紐しおりと小型ペーパーナイフをコラボさせたもので、欧米では人気があり書店では数多く売られている。しかし、これらは日本人にはあまりなじみのないものなので、デザインする際に、どちら向きでも問題ないと考えたようだ(次ページ写真参照)。

小さなことに見えるが、これは縦書きと横書きという東西の文字文化の差が本の右開き、左開きの違いとして表れた一つの結果だといえる。この本の開き方の問題は、日本の漫画やコミックが海外で出版されるときに大きなネックとなった。右開きでは多くの外国人は裏表紙のほうから読もうとすることが多かった。欧米では左開きが一般的だからである。そこで便法として、ページを入れ換えたり、ひどい例では原稿を裏返しにして印刷した例さえある。最も苦労したのはせりふを入れる吹き出しで、横書きの文字を入れるために形をほとんど直したほどだ。とはいえ、現在では漫画原稿もIT化されており、いろいろな直しもかなりやりやすくなっている。ただ、最近では海外の熱烈な漫画ファンは日本式の右開きを当たり前のこととして受け入れるようになっている。そればかりでなく、漫画を読むために日本語を学ぶ努力までしているという。

(右)の「趣味の志お里」は、正面から見て左手前にカーブし、(左)の「仙台玉虫塗」は右手前へ曲がっているデザイン。どちらも木やプラスチックに漆タイプの塗料を塗る。漆製品の名産地の民芸品だが、裏は平らである。果たしてどちらが右開きの本が多い日本の本に合うか。実際に検証してみると右のしおりのほうが、本のノドに入る形で使いやすいようだが……。(本体長さ各12㎝)

不思議その2

## ブックマークは本に挟んでこそ美しい

金属製などのハードタイプのブックマークが、日本でほとんど定着しなかった理由には、それらが、大きくて重いナイフタイプが多いことがある。あるいは、机に座って本を読むことが少なくなり、電車の中や、寝転んで読むことなどが多い現代日本の読書習慣にはあまり合わないことも挙げられる。実際に筆者が試したところでは、立って読むにせよ、椅子に座って読むにせよ、手に持って読む場合、紙製以上の重さでは滑り落ちる可能性が大なのだ。手製のテレホンカードを利用したしおりでは、ページを開けるたびに下に落ちてしまった。重さが1グ

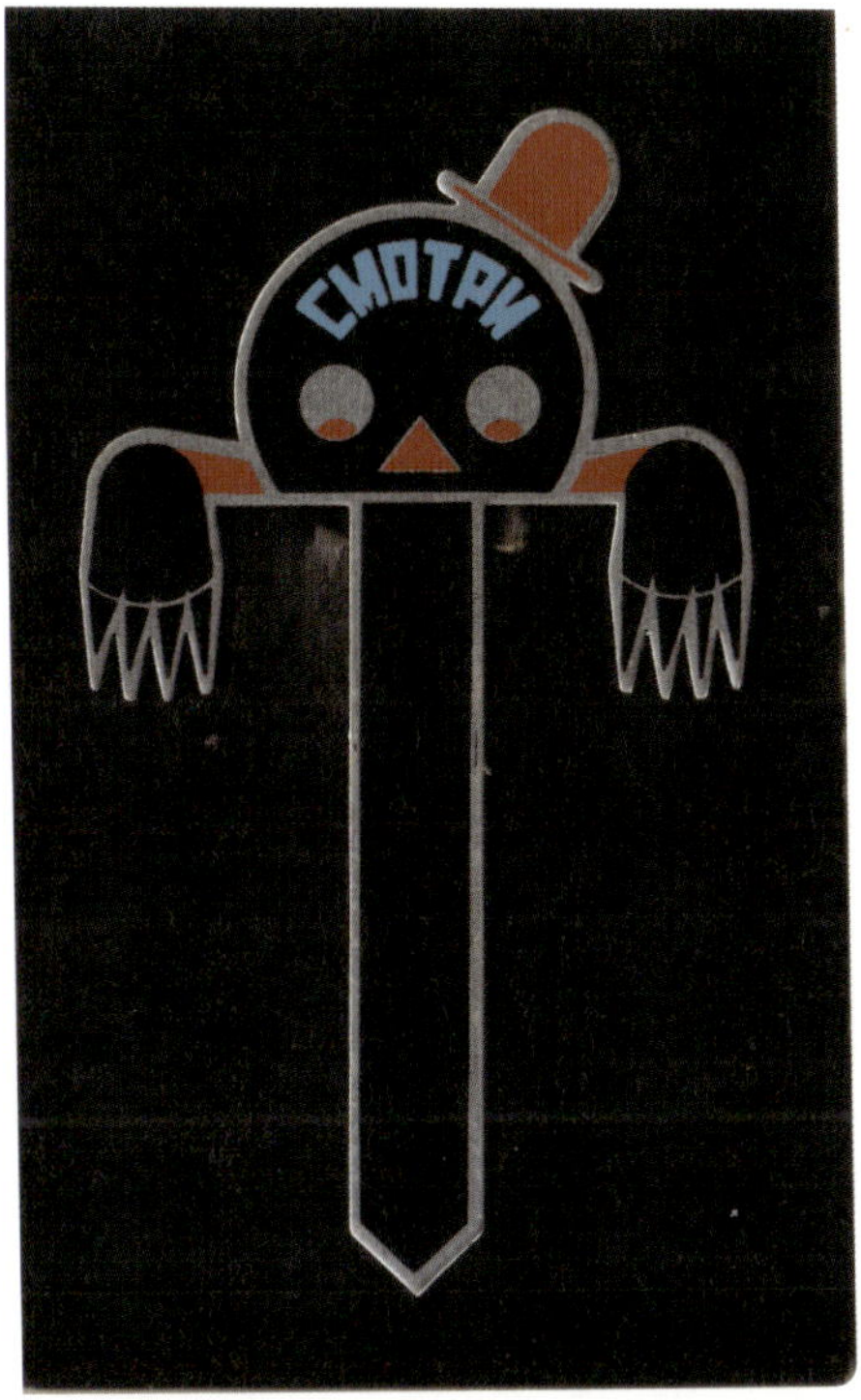


20世紀初頭のロシア革命の前後に活躍した芸術家ロトチェンコ（1891～1956年）の「CMOTOPИ」（スモートリ）。ロシア語〝見る〟の命令形なのだが、日本では〝相撲取り〟とも読め、興味深い。構成主義と呼ばれるモダンデザインの先駆者として、最近でも注目を集め、日本での回顧展も何回か開催。1924年の作品を78年にリメイクしたアルミ製ブックマーク。（長さ13㎝）

ラム以上の滑りやすい素材では、使いにくいことがわかった。

もう一つの大きな理由は、デザイン形状が気に入られなかったことだろう。それは本からはずしたときに、意外なほど不細工に見えるものがあるからだ。本に挟んだときに美しければいいという西洋的合理主義の表れともいえるようなものが多く、日本人の感性にまったくといっていいほど合わなかったと思われる。その結果、多くの読書フリークに手に取ることさえもためらわせているといえるだろう。

たとえば、最近、人気が復活したソ連時代の構成主義デザイナー、ロトチェンコの作品であるブックマークは、本に挟むと人がのぞいているような楽しいデザインである。しかし、本から出した姿は、少しバランスの取れない、ある意味で少しばかり間伸びした姿になる。どんな場合でも完成したものに美を求める日本人と、使いやすければよしとする欧米人との違いが、ブックマークにも表れているようで興味深い。

## 不思議その3 名画を勝手気ままに切り取って使っていいのか

しおり・ブックマークのデザインでもう一つ大きな問題点がある。西洋絵画は、日本の掛け軸の絵のような縦長は珍しく、大部分は横長である。その横長に描かれた絵を縦長のしおりにデザインする難しさがいろいろな面に出てくる。たとえば、欧米でも人気の葛飾北斎の浮世絵『神奈川沖浪裏』の紙しおりである。横長の絵の波だけを生かし富士山と舟を大胆にぶった切ってしまったものが世界中に数多く流通している。

こうした画面処理は著作権の保護期間の切れた作品に数多く見られ、それも美術館の売店で当然のように売られている。いかに著作権問題が起きないような古い作品とはいえ、考えさせられる問題ではなかろうか。

（右）江戸後期の天保2年（1831）に刊行が始まった葛飾北斎の『富嶽三十六景』のうち『神奈川沖浪裏』。肝心な富士山はなく、舟に乗った人々の姿は切り取られ、波だけが強調されている。有名な版画で著作権保護期間問題もクリアしているけど……？　1997年フランスで印刷。メトロポリタン美術館で購入。（長さ18㎝）　（左）ピカソの『海辺を走る二人の女』（1922）だが、後ろを走る女性は手の一部を残して切り取られている。新古典主義の時代（1918～25年）で量感のある人物を描いた頃である。こんなことをして問題はないのだろうか。でも裏面にピカソの継承者名と所蔵する国立ピカソ美術館の名があるのだから、いいのかな。（長さ18㎝）

# クッキングブック専用ではありません

①②昭和2年(1927)に京都にできた日本最初の中央卸売市場、その鮮魚部門を担う京都生魚(株)の本物そっくりの魚しおり、サバ(右)とアジ(左)。昭和10年頃、家庭魚料理講習所の生徒に配ったらしい。裏面には、それぞれの魚の洋風調理法の数々が丁寧に紹介されている。(本体長さ各18.5㎝)

④

③

③岩手県宮古市で獲れた本物の鮭皮を細工したしおり。社会福祉法人若竹会が平成23年の東日本大震災への全国からの支援に対して感謝の意味を込めて作った。(本体長さ12.5㎝)　④ゆずの写真部分を爪でこすると、爽やかな香りが漂ってくる。キリンビールの料理本『料理で乾杯』(昭和59年　1984)の付録で、マイクロカプセルというミクロン単位の容器に香料を詰め、印刷したもの。日本の読者は本に匂いがつくことを嫌うので、しおりでは珍しい。なお、この技術は1957年、レジスター用レシートの研究中に発明されたという裏話がある。(長さ12㎝)

⑥

⑤

⑤日本三大和牛の一つ近江牛。400年前、秀吉の小田原城攻めの際、高山右近が諸侯に振舞い、江戸時代には将軍に献上された歴史を持つ。滋賀県での長期飼育が前提条件だが、平成17年(2005)に産地偽装事件が起こり、信用回復のために配ったしおりのようだ。近江肉牛協会発行。(本体長さ14.3㎝)　⑥モスバーガーは昭和47年(1972)に創業。日本生まれの和の味を強く打ち出し、ライスバーガーやテリヤキバーガーも発売。これは1987年の「プレーンドッグ」発売記念しおり。裏面に特長と味わい方を解説している。(本体長さ11.2㎝)

しおりギャラリー㊱

## 地球を小さくした!? 交通アクセスの急速な発展

①

②

①②昭和11年(1936)にトヨタが初めて製造した量産型乗用車「トヨダAA」。全鋼製で流線型、3389cc、5人乗り、観音開き4ドアで昭和18年までに約1404台製造。なお、車名は4か月後、本社名に合わせトヨタAAとなった。このしおりは昭和61年(1986)に復元生産されたときのもの。①は表で②はその裏。(本体長さ12.5㎝)

④

③

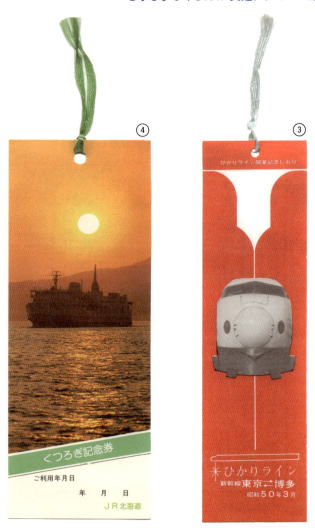


③昭和50年(1975)3月、山陽新幹線が岡山〜博多まで開業。東京から直通になって、W、A、Bと名のついた「ひかり」が運行されていたので「ひかりライン」と名づけられた。車体は0系。なお、昭和47年の東京〜岡山間開通時のキャッチコピーは「光は西へ」。(本体長さ17.2㎝)

④JR北海道の青函連絡船は、昭和63年(1988) 9月18日が最後の航海となった。青森から八甲田丸、函館から羊蹄丸が就航した。その最後の一晩を船で泊まれる切符を発売。ただし、その切符は回収され、代わりに配られたのがこの「くつろぎ記念券」。(本体長さ18.0㎝)

⑤

⑥

⑤明治5年（1872）、日本に鉄道が開業。昭和27年（1952）が鉄道80年にあたる。昭和23年に日本鉄道国有法が成立、翌年に公共企業体日本国有鉄道となった。しかし、人員整理と輸送力増強の推進に労働争議が頻発、赤字体質が続いたが1987年に5つの地域別の旅客鉄道会社に分割民営化される。なおSLの実用上の廃止は、昭和51年（1976）である。（長さ10.2㎝）　⑥阪和電鉄は大正15年（1926）設立、昭和4年の開業当時から「日本一速い電車」を目指し、昭和6年に大阪—和歌山間に特急電車が登場。その2年後、〝時間短縮〟をして45分で走る超特急を登場させた。その14年後、南海電鉄と合併し、現在はJR西日本阪和線となっている。（本体長さ13.0㎝）

⑦

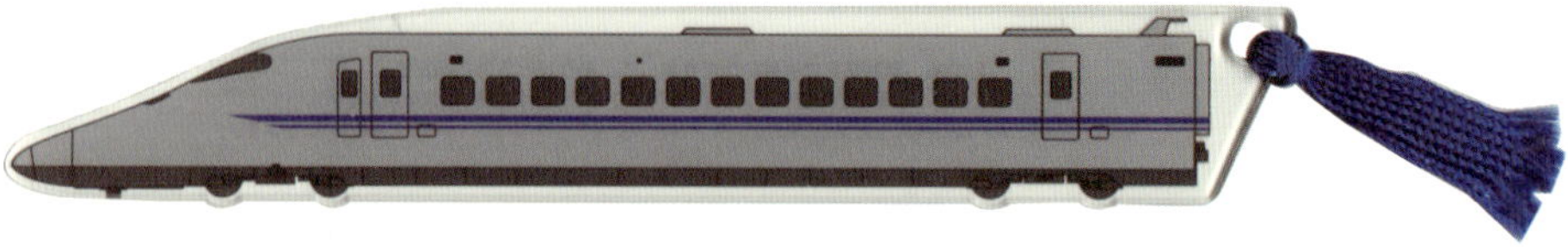

⑧

⑨

⑦新幹線のぞみ。裏に「ホームでは子どもさんの手を離さないように」など、JR東海からの注意書きがあることから家族向けのプレゼント用か。型式はN700系、2007年から運用された。プラスチック製。(本体長さ14.6㎝)　⑧⑨首都東京を火災から守る消防活動を紹介。高層ビル街で活躍するはしご車、消防艇の海上出初式などの多彩な活動を紹介する。その一方、火事現場での実写は珍しい。「通報が遅いほど被害も大きい」と訴えている。搭載する消防機器の多様化や道路事情の好転などもあってパワフルなボンネット型消防自動車(写真下)は、もうほとんど見ることはできない。東京消防庁監修、(財)東京消防協会発行。平成4年(1992)の東京・消防博物館の開館に合わせて発行されたしおりセット。(本体長さ各15㎝)

⑩

⑪

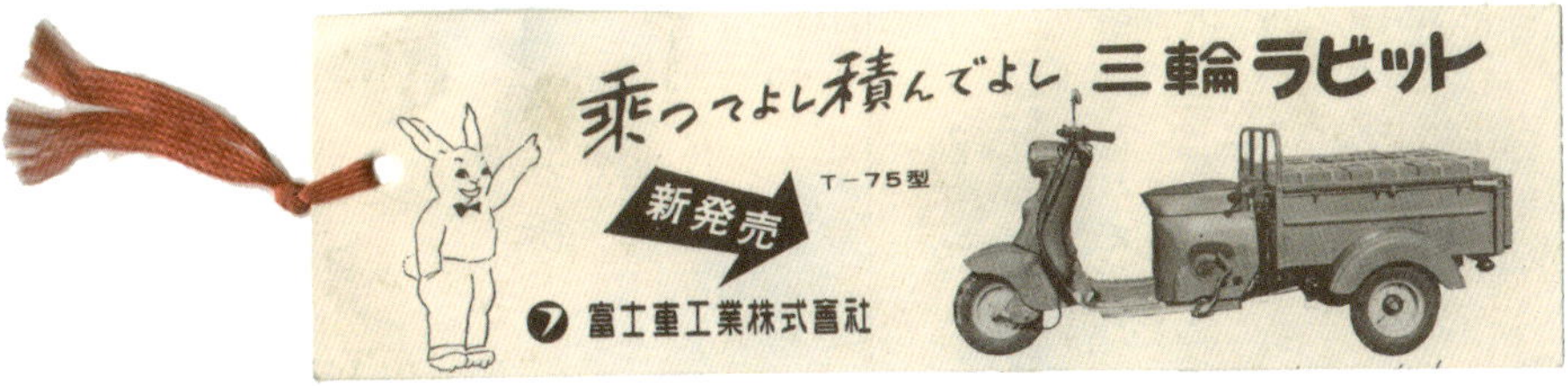


⑫

⑩世界初の民間ジェット機として、1951年（昭和26年）に登場した英国のデ・ハビランド社のコメット機。しかし、金属疲労から空中分解するなど大事故が続き、5年ほどで全機姿を消した。事故の原因究明が航空機の安全飛行の研究に役立ったといわれる。（本体長さ14.4㎝）
⑪戦時中に飛行機などを造っていた各社が合併して生まれた富士重工業。最初のヒットがラビットスクーターで、昭和30年（1955）に三輪で荷台つきラビットが登場。現社名はSUBARUに変わっている。（長さ16.1㎝）⑫いすゞ自動車は、戦前に現（株）IHIから分離、日本で最古の自動車メーカーで、このマークは昭和24〜49年のもの。ヒルマンなど乗用車も製造したが、現在はディーゼルのトラックやバスの専門メーカー。この大型トラックは戦後すぐに開発したTX80系。（本体長さ18.4㎝）

特別コラム

# 文庫、書院、そして図書館

## 日本の文庫と書院 1 和製漢語の文倉《ふみくら》、文庫《ふみくら》が文庫《ぶんこ》の語源に

日本にもたらされた最初の書物は、5世紀末に百済から来た漢人・王仁《わに》が持ってきた『論語』10巻と『千字文』1巻だとされる。ところが、『古事記』や『日本書紀』にそう記載されているにもかかわらず、現在の日本の歴史事典等にはあまり記述がない。まさに謎の人物である。多くの渡来人によって書物が舶来した事実はあるが、王仁という人物自体は創作だというのが歴史学上の定説となっているようだ。

なお、日本で作られた最古の書物は、飛鳥時代の7世紀初めに聖徳太子が書写した『三経義疏《さんきょうぎしょ》』だとされる。その頃には、中国や朝鮮半島から数多く招来した書物はまず「図書寮《ずしょりょう》」に集められていた。これは役所の一部といえるもので書写や保存管理などにあたっていた。

続く奈良時代には、『古事記』や『万葉集』も編纂されていたし、貴族や豪族など個人にも本が普及し始めた頃である。8世紀後半には石上宅嗣《いそのかみのやかつぐ》が、名高い「芸亭《うんてい》」を平城京の自宅に設け、勉学を志す人たちに公開し閲覧も許した。これを日本初の図書館とする見解も多い。

その後は、9世紀の嵯峨天皇の「冷然院（後に冷泉院）」や「嵯峨院」、和気広世の「弘文院」、また平安時代の菅原道真の「紅梅殿《こうばいどの》」などが天皇や公家の文庫として著名なものである。

平安末期の「法界寺文庫」（日野資業）、「文倉」（藤原頼長）には、文庫や文倉という文字が見える。どちらも〝ふみくら〟と読み、横浜にある「金沢文庫」は、カネサワのフミクラと呼ばれていた。これは和製漢語で、後世に文《ぶん》庫《こ》という読み方に変化したのではないかと考えられている。

「文倉」を造った藤原頼長は、〝悪左府〟といわれるほど評判の悪い公卿で、保元元年（1156）、保元の乱を引き起こして敗走の途中、弓矢で殺される。その日記『台記』は、男色について赤裸々に書かれた内容の過激さに今も読まれ続ける人気の1冊となっている。とはいえ、仕事ぶりは苛烈だが、博識で数多《あまた》の和漢の書を読破し、収集し、〝和漢万巻の書〟のための収蔵庫「文倉」を造ったことも書かれている。その広さが約8坪（16畳ほど）あり、防火のため屋根は瓦葺き、壁の板張りには貝殻粉、戸には牡蠣殻粉の漆喰が塗られていた。塀で囲まれた敷地には柴垣が植えこまれ、堀まで巡らせている……、といった様子が詳しく書かれていて、当時の建築の構造や使い方などがわかり興味深い。

その後、中世の禅寺の一室に、本を読むための出文机《だしつくえ》が出窓のような形でしつらえられるようになり、これが書院の始まりとされる。武家社会になると邸宅の一室に付け机や違い棚、押板（後の床の間）、さらに明り取りの障子窓を備えつけた小さな部屋が作られるようになる。これを学問所や付書院と呼んだ。そこで、文章を読んだり書いたりする姿は、鎌倉時代の『吾妻鏡』にも登場するが、多くの絵画にも出てくる。後にこうした部屋のある建物全体を書院造りと呼ぶようになっていく。現存する最古の書院造りは、室町幕府の八代将軍足利義政が引退後に暮らした山荘、慈照寺（銀閣寺）東求堂《とうぐどう》である。これは持仏堂として造られたが、その中に書院「同仁斎」があり、四畳半の畳敷き部屋として日本最古とされる。なお、この四畳半という大きさは、当時の隠者たちが〝遁世脱俗〟を求めて山里に作った丈間《じょうのま》、いわゆる「方丈」がそのルーツとされる。貴族や僧侶がその生き方に憧れ、山里ならぬ都の真ん中に隠れ家的な空間を求めたのである。

中国では、書物の保存庫のことを固有の名前の後に石室、閣、庫、堂、亭、観などをつけ、「白虎観」というように表した。また宮廷内では、秘府、書府、冊府などと呼び、書院は、主に教育機関名として使われていた。

## 日本の文庫と書院 2　好学だった徳川家康は、文庫まで作って書物を集めた

鎌倉時代の1275年頃、執権北条実時が邸内に「金沢文庫(現神奈川県立金沢文庫)」を創設し、京の公家などと書物を通じての交流も盛んに行なった。また、足利学校の創設には諸説あるが、室町時代の1439年頃に関東管領の北条憲実が本を寄贈するなどして文庫の基礎を築いている(現足利学校遺蹟図書館)。その後、宣教師たちに〝坂東《ばんどう》の大学〟と言われるほど多くの人材を育て、文人、画家などが来訪している。

江戸幕府開祖の徳川家康は書物に非常な関心があり、江戸城本丸南端の富士見亭内に文庫を設けた。孫の家光の時代に紅葉山に移されたが「御文庫」あるいは「楓山《ふうざん》文庫」と呼ばれ、書物奉行が、幕末まで常に4人から5人いた。中には甘藷先生と呼ばれた青木昆陽、冒険家の近藤重蔵、天文学者の高橋景保など後世に名を残す人物を登用し、金沢文庫をはじめとして漢籍、和書を全国から集めさせて所蔵本の充実を図っていった。

維新後は明治政府に移管されて「紅葉山文庫」と名称を変え、さらに戦後は、国立公文書館の「内閣文庫」などに保存されている。家康はそのほかに、伏見や駿府にも文庫を持ち、伏見版や駿河活字を作って本を刊行するなどした。その死後は、御三家に蔵書を分与したため、紀州徳川家の「南葵《なんき》文庫」(現東京大学総合図書館所蔵)、あるいは尾張徳川家の「蓬左《ほうさ》文庫」(現名古屋市蓬左文庫)などが現在も引き継がれて残っている。

その一方、民間では、彦根藩内で酒造業などを営んでいた中村家には、本を保存する「文庫蔵」があった。すでに江戸時代の庶民の間で、文庫という言葉が定着していたことがわかり興味深い。大きさは、桁行(長辺)7m×梁間(短辺)4mの二階建て土盛造りで、読本から仏書、朱子学、天文学、幕末の外国事情の書まで幅広く収納されていた。虫干しをするなど管理もしっかりされていて、それらを暇を見つけて読んだり、友人たちと議論をしていたことが当主の日記からうかがえる。

このほかにも、大名、武家、書物愛好者あるいは研究者が創った有名無名の私的文庫が国内各所にある。また、明治以降にできた旧財閥系の文庫、たとえば、三菱財閥の岩崎弥之助・小弥太が収集した「静嘉堂文庫」、同じく三代目の岩崎久彌が設立した「東洋文庫」。三井系では「三井文庫」がある。ここには三井家創立以来の文書類を収集した「三井文庫本館(資料館)」と、三井各家の収集物を集めた「三井記念美術館」の二つがある。このように、最近は、それぞれが機構改革をして研究保存を充実させ、あるいは博物館の一部として一般に展示公開する例が多くなっている。なお、全国に各種の私的文庫が930以上あるという調査がある。

## 文庫本● 袖口に入る小型の本〝袖珍本《しゅうちんぼん》〟から明治時代の文庫本へ

江戸時代中頃から小型の本のことを、着物の袖に入る小ささの本という意味で袖珍本《しゅうちんぼん》または袖珍版と呼んでいた。文庫とつく本のタイトルはいくつかあるが、中期の寛政3年(1791)、山東京伝の『仕懸文庫』の〝文庫〟は、遊女の着替えを入れた小箱のことである。弘化2～明治4年の万亭応賀『釈迦《しゃか》八相《はっそう》倭《やまと》文庫《ぶんこ》』や明治5年の仮名垣魯文『倭国字《やまとかな》西洋文庫《せいようぶんこ》』等が知られているが、書類や文房四宝を入れておく小箱のことを文庫と呼ぶことから、そんな小さな本であるという意味で使われたようだ。

日本最初の文庫本という名称は、明治16年（1883）に春陽堂から出た「実録文庫」である。江戸時代に「実録本」と呼ばれた中から『濱千鳥真砂の白波 石川五右衛門実伝』のような発禁本や『白子屋於駒　大岡政談』などを和装本上下2冊で発行している。現在の文庫本より小さなものも出版された。

その後、明治18年に雑誌『我楽多文庫』が創刊、同28年には、尾崎紅葉、山田美妙らの『文庫』という文芸雑誌が創刊され、後に〝文庫派〟と呼ばれる著名な詩人たちを育てている。なおその前身は『少年文庫』という投書雑誌であった。同26年に博文館の「帝国文庫」が出るがこれはクロス装で、各巻1千ページという豪華本だった。現在の文庫本に近いものでいえば、同36年に冨山房から出た「袖珍名著文庫」が最初といえる。同43年には三教書院から「袖珍文庫」が、さらに同44年大阪の立川文明堂から、講談物で人気を博した少年少女向けの「立川文庫《たつかわぶんこ》」が創刊されている。大きな〝文庫《ふみくら》〟のように良書が揃っているという意味を持たせた〝文庫本〟という名称が使われている場合も多かった。

現在ある文庫の中で最も創刊が古いのは新潮文庫で大正3年（1914）である。

そうした中で、「岩波文庫」が昭和2年（1927）に創刊、発刊の辞には、「古今東西にわたって文芸・哲学・社会科学・自然科学」などの範囲を問わず「万人の必読すべき真に古典的価値ある書」を容易に手に入るようにしたいと書いている。こうした企画内容がまさしく現代型の文庫であると評価され、人気を呼んだ。

その範を1867年（慶応3）にドイツで発刊された「レクラム文庫」に取ったとされるが、レクラムの人気にはその当時の著作権事情が大きく影響している。実は、それまで無限に近かったドイツの著作権の保護期間が30年に短縮され、その恩恵を受け「世界文庫」として発刊された。第1号はゲーテの『ファウスト』だが、最初はドイツの人気作品が中心で、5番目にシェークスピアの『ロミオとジュリエット』も入っている。その後、それまで出版が不可能だった作品を哲学、科学等々幅広く収録できたことで確固たるファンを掴むことになった。

戦前には岩波文庫の人気に乗じていくつもの文庫ができる。昭和5年（1930）の実用書が中心の誠文堂十銭文庫、同13年、短編の版画荘文庫などである。しかし、終戦間近にはある2社に解散命令が出るなど苦難の道を歩むことになる。なお、岩波新書は昭和13年の創刊である。

戦後第1号は昭和21年に地平社から出た「手帖文庫」とされる。不況が続いたこともあって低価格に人気が集まり、昭和25年（1950）前後には、なんと70種の文庫が創刊される。さらに昭和46年に第3次、同59年に第4次、平成8〜9年に第5次と、新たな文庫の創刊が発表されるたびに文庫本ブームが巻き起こった。

## 帯（オビ）・カバー●「読め！」とだけ書かれた最初の白オビ

「本の雑学王」といってもいい紀田順一郎によれば、本の帯（オビ）が生まれたのは、大正3年（1914）刊の阿部次郎『三太郎の日記』からのようだ。「読め！」と大書した白オビをつけたのが最初だという。海外では、オビがついていること自体珍しく、古書店の値段を書いたオビ風のものがある程度で、日本のようにハードカバーのほとんど全てについている例はまずない。

カバーは英語ではジャケットというが、欧米では1920年代に小説家オルダス・ハックスリーの作品につけられたのが最初である。その当時は、布製の表紙がむき出しか、せいぜいダストラッパーという茶色の袋のようなものを汚れ防止や包装紙の代わりにかけていた。

日本では比較的早くからカバーが用いられている。幕末から明治初期の和書には袋入りのものがあり、これがカバーの基本型になったとされている。明治31年(1898)の尾崎紅葉のベストセラー『金色夜叉』(春陽堂)には2色のデザインを印刷した紙製ケース型ジャケットがついているが、今日のカバーの原型と見ていいだろう。明治末年にかけて石川啄木の『あこがれ』や夏目漱石の『吾輩ハ猫デアル』のような文芸書は、ほとんどがカバーつきになっている。大正時代には主に古書店の包装紙に店名や固有のデザインの入ったものも登場する。なお、文庫では新潮文庫が最初である。もう一つの日本独特のものといっていい特製箱入りは、明治40年頃から湿気対策として登場し、伝記や文学書などに数多く使われた。しかし、出版不況のせいか最近ではきわめて少なくなった。ある製函業者によると最盛期は70年代であった。

ところで国立国会図書館では、本のカバーを不用品として剥ぎ取って収納していたが、保存技術の向上もあって、近年の書籍はカバーつきで保存するようになっている。

さらに、その上に書店などで上覆いとしてカバーをつけるのは日本独特の文化といえる。本当に必要かどうかは賛否両論だが、独自のデザインに魅せられたコレクターも多くいて「書皮友好協会」が作られ、会報を出したり総会を開催している。ちなみに、会の名の書皮は中国語でシュピと読む。

## 蔵書印● 所蔵する書物や巻物に押し、見開きに50個も押印された例も

本を手に入れた人が、自分の所有であることを示すために押す蔵書印は、主に北東アジアの国々で使われてきた。中国の唐時代(7～10世紀)に始まったようで、印材は、金銀などの金属、玉石、象牙、木や竹と幅広く、色、

形や文字もそれぞれに違っている。

日本では、8世紀の奈良時代、聖武天皇の「松宮内印」や光明皇后の「積善藤家」「内家私印」が最も古い例とされている。その後、盛んになるのは江戸時代だが、天皇、公家、将軍、武家、あるいは神社仏閣、学校、文庫など本を所蔵するあらゆる所で押印されていた。現在でも、本の履歴を知る上で役立つとする研究者も多い。面白いことに唐時代の詩集で、冊子本の見開きページだけで50個もの印が押されているものがある。あるいは、神品と称される北宋の名画『清明上河図』の巻物の中に、絵の中に無数の印影が見えるなど行き過ぎも多い。このため、日本のある文庫では本を汚すことを避けるため、宋版本のように貴重とされる本には押さなかった例もある。

個人の蔵書でも、新井白石、勝海舟、ラフカディオ・ハーンなど歴史に名を残した人物の印が数多く残る。印影は、所有者の名前が入った角版ばかりではなく、変わった形や動植物のデザインが入ったものもある。色は朱が一般的だが黒、緑、青、茶など多彩な色が見られる。中には文章を書いたものもあり、「私が死んでもこの本は大切に」という内容の願文まである。

作家・森鷗外は、江戸期の『武鑑』という大名などの紳士録といえる書物に、ある人物の蔵書印が頻繁に出てくるのを見つけ、それがどんな人物なのか興味を持った。それを調べていくと、弘前藩の医官で哲学、芸術に詳しい学者であった。蔵書3万5千冊を誇ったが、生活に困窮した家族や息子が持ち出して処分し、その一部が鷗外の目に留まったのである。これが大正5年（1916）に発表された鷗外の名作といわれる史伝『渋江抽斎』誕生の裏話である。

## 日本の図書館●明治14年には21館、蔵書4万冊にすぎなかった

明治初年（1868）の日本の識字率は、男子で40〜50％、女子で15％だったが（ドーア著『江戸時代の教育』）、明治5年の学制改革で、文字を読める人の率が飛躍的に向上したという。しかし明治20年代まで、明治政府は欧米列強に伍するための富国強兵政策に拍車をかけていた。そのため学問や教養といった文化的な面での振興はあまりされていたとは言えず、本を読むことを楽しむ国民はまだまだ少なかった。

日本最初の近代的図書館は、明治5年（1872）に湯島聖堂内にできた「書籍館《しょじゃくかん》」である。江戸幕府の昌平坂学問所（昌平黌）の蔵書を基礎にしたもので、その後、浅草文庫、帝国図書館など名称は数回変わったが、意外にも、最初の頃は入場料を取り本の貸し出しはしなかった。その後、東京国立博物館と国立国会図書館に引き継がれた。

ちなみに、中国での図書館という言葉は、清代1887年に湖南にできた公立図書館が最初である。

文部省年報によると、明治14年の図書館数は全国で21、全蔵書数は4万1904冊。その後は、減少する時期もあるほど低迷を続けるが、100館を超えたのは明治38年になってからで、全蔵書数は1004万冊を数えた。明治33年に「図書館令」が施行され、明治45年には500館を超したが、大正13年（1924）の図書館データのしおりには、「最大の国も一個の図書館より小なり」と、当時の図書館員の意気込みが見えるような標語が書かれている。なお書籍館開館から143年たった2015年現在、公共図書館数は3261館。蔵書数は4億3千万冊を超えている。一方、読書週間は、大正13年に図書週間として始まり、後に図書館週間となり図書祭も行なわれた。昭和14年（1939）、戦争の影響で中止。昭和22年（1947）に再開され、現在まで、10月27日からの2週間にいろいろな行事が開催され、春にはこどもの読書週間もある。

(右)大正13年(1924)の「図書館デー」記念。「最大の国も一個の図書館より小なり」と図書館員の心意気があふれるかのような標語が書かれている。神戸市立図書館発行。(左)は裏面で、〝公徳第一〟を掲げ、「図書館の進歩は皆さんの公徳心の如何にかかっている」と訴える。ちなみに夏目漱石は『吾輩は猫である』で、公徳は大切なもので、日本はまだ遅れている、とした上で、「諸君もなるべく公徳を守って、いやしくも人の妨害になることをけっしてやってはいけない」と隣りの中学校の倫理の講義が聞こえてくる形で、小説上に紹介している。この学校との間には野球ボールの打ち込み事件で少々揉めた経緯があったのだ。(長さ15.1㎝)

# 無い素材は無い！ 個性豊かな材料を求めて

②

①

①北海道・釧路市の民芸品、「タンチョウ（丹頂鶴）」。特徴的な頭部の赤い部分は頭皮の血流がみえているためという。材質はシナの木。白く仕上がり、年輪が出ないので木工によく使われる。日本各地で産出し、信濃の国の語源にもなった。（本体長さ10㎝）　②画家の蕗谷虹児（ふきやこうじ）の詩画集から生まれた童謡『花嫁人形』。大正13年（1924）に雑誌に発表、後に杉山長谷夫が作曲し大ヒットした。新潟県新発田市の記念館がその詩のイメージを生かし、切り絵作家と染め物師がコラボして作った藍染風花嫁しおり。（本体長さ14.2㎝）

④

③

③「飛鳥大仏」で知られる明日香村の飛鳥寺（法興寺）は、6世紀末創建の日本最古の寺。その境内に紫色の郵便ポストがある。実は、黒味を帯びた赤色で蘇芳色（すおういろ）といい、古墳の壁画にも使われた植物系染料で、奈良ゆかりの色とされる。日本郵便の表示は2007年以降。（長さ15㎝）　④お祝いの席でよく見られる祝樽（角樽）。江戸時代末に酒屋の配達用として生まれたが、防腐効果のために柳の木を使い柳樽とも呼ばれた。1976年の読書週間に日本書店組合連合会が書店くじと一緒に配った「日本の民具」5枚セットの1枚。（長さ15㎝）

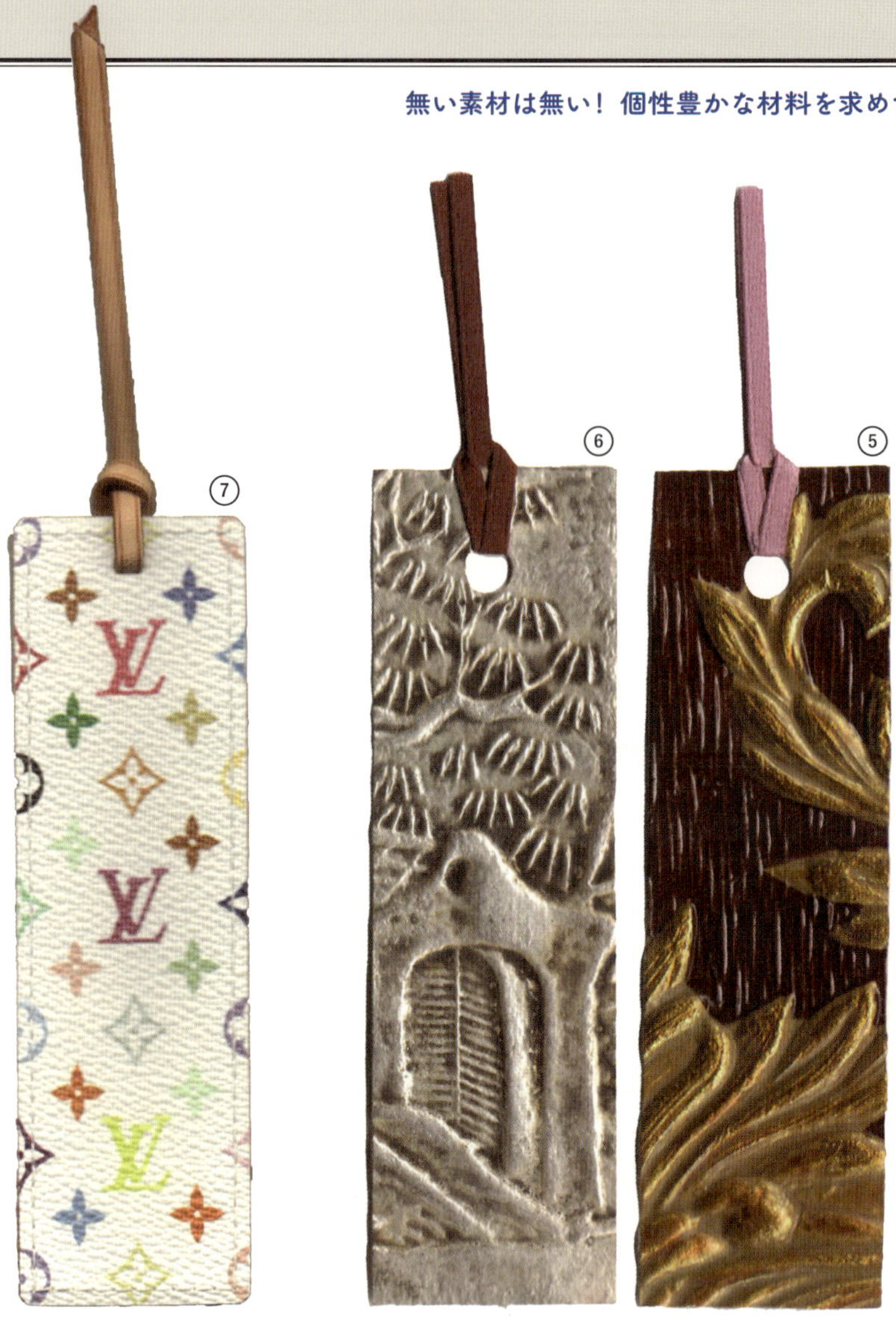


⑤⑥金唐革紙、実は紙製のしおりで、革のように見えることからその名がついた日本の特産品。中世のヨーロッパから革に金属箔を貼った〝紙〟を輸入していたが、高価なので和紙を使い似たような紙製品を作った。その後、技術は途絶えていたが戦後に復興した。（本体長さ各10㎝）
⑦ブランドバッグなどで有名なルイ・ヴィトン社は、2003年に現代美術家・村上隆とのコラボレーションでモノグラム・マルチカラー製品を発売した。その際、愛好家へのノベルティとして配られたブックマーク。皮製で白と黒の2色あり、箱入り。パリ製。（本体長さ13㎝）

⑨ ⑧

⑩

⑧⑨全日空（ANA）が昭和33年から毎年、全国の病院に配っている「すずらんの押し花しおり」。「しあわせ」や「幸福の再来」という花言葉を持つすずらんを北海道から空輸、CAさんが入院中の患者さんに直接手渡している。日本レミコ押し花学院が協力。（本体長さ各12.8㎝）　⑩広島市安佐動物公園のレッサーパンダのウンチを洗って乾かし、その繊維を押し固めて作った「開うんちしおり」。エサの竹などに植物性繊維が多いため、押し固めれば紙状になる。もちろん臭いはない。（本体長さ10.6㎝）

⑬

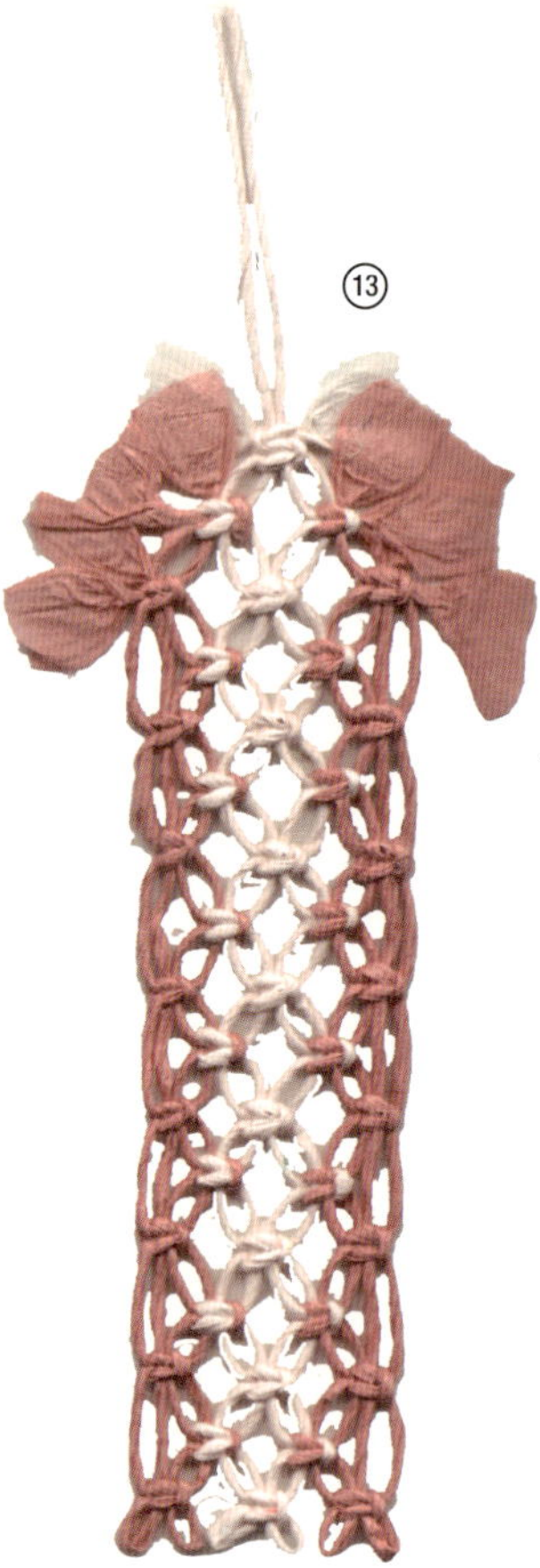

⑫

⑪

⑪⑫江戸城を築いた大田道灌が称賛したという伝説の団子店。元禄11年（1698）からの歴史を誇るが、昭和41年（1966）に新宿追分に移転して、「やなぎ家」（右）から「追分だんご」（左）と改名。お店のサービスにいろいろな絵の紙しおりをつけたが、比呂志の素朴な絵が好評だった。（本体長さ18㎝）　⑬⑭島根県浜田市で作られる石州和紙。ユネスコの世界無形文化遺産である。マクラメという技法で紙をつむいで作り、それをしおりの形に組み上げげたもの。（本体長さ各12.5㎝）

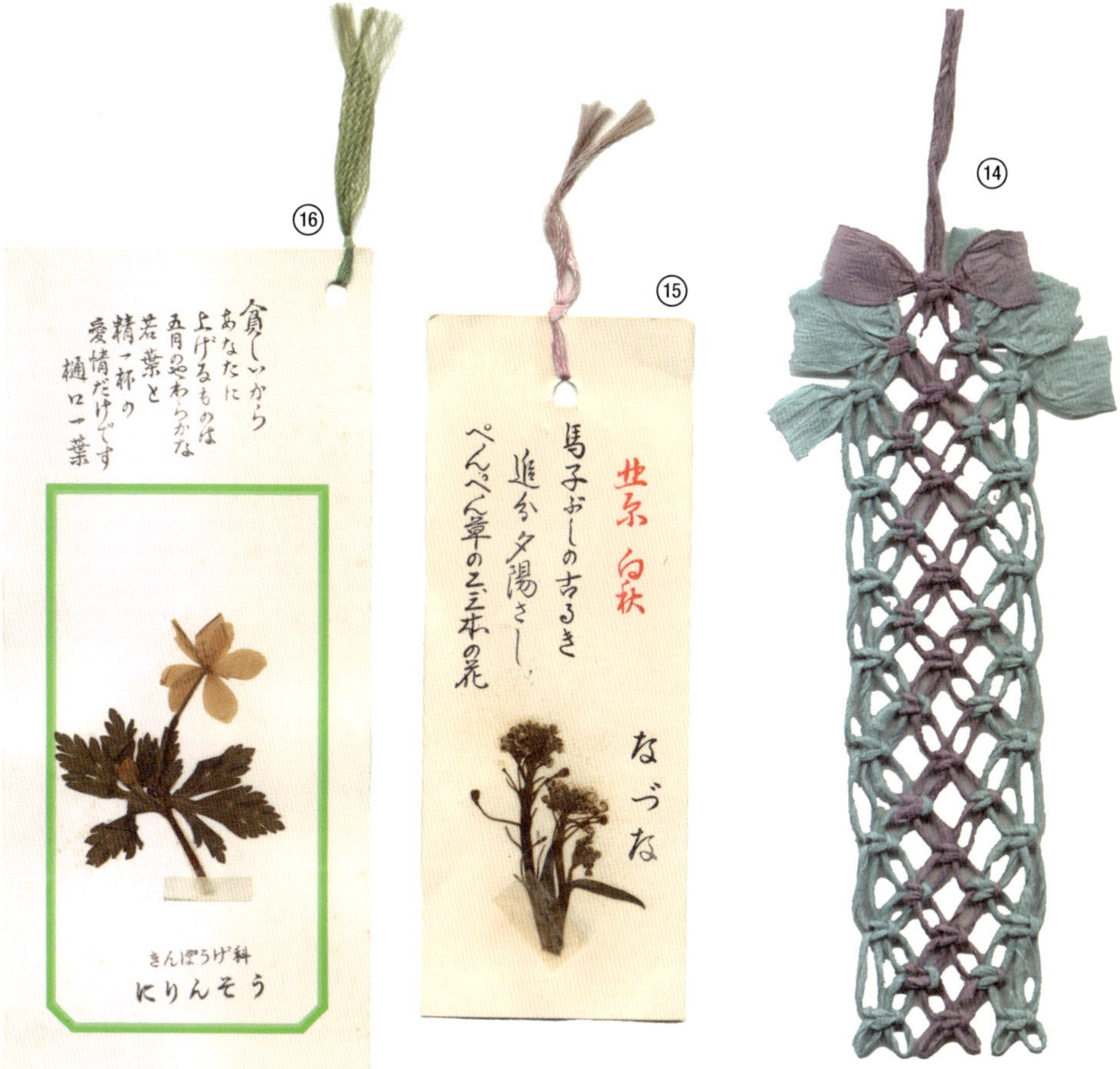


⑮⑯北原白秋や樋口一葉の詩や言葉入りの押し花しおり。戦前は、蝶々の翅、高原の花などもあったが、教育参考品といううたい文句が書かれているものが多かった。戦後は、観光土産として売られたことはあるが、環境意識の高まりからかあまり見かけなくなっている。（右・本体長さ12.4㎝、左・本体長さ15.9㎝）

# 第8章 IT化時代、電子書籍でもしおり・ブックマークは活躍している

## 電子書籍は敵か味方か!? 揺れる出版業界

電子出版の登場以来、「出版界は崖っぷちにある」という危機説が大きな流れとなっている。当初、講談社7代目社長の野間省伸《よしのぶ》は、「電子書籍は、黒船ではなく鉄砲伝来。紙という刀と電子書籍という鉄砲で荒波を乗り越える」と語っていた。幻冬社の見城徹《けんじょう》社長は、若者の活字離れやIT化の進展によって、「本だけにこだわるビジネスモデルは崩壊した」と明言する。また、その一方で複数の大手印刷会社による出版社や大型書店の買収や系列化という動きも加速している。まさに急速に進むIT化の波に、出版社とその周辺業界は進路を模索し、もがいている姿が浮かび上がってくるようだ。

## 電子化の先にあるのは、本当にバラ色の夢だけか

「語られた言葉は飛び去る。書かれた言葉は残る」と、英語の標準化に尽力したといわれる印刷業者ウィリアム・カクストンが1481年に『世界の鑑』で紹介している。今、盛んに行なわれている論議は、書かれた文字さえ消え去るかのような過熱ぶりである。

マイクロソフト社元会長のビル・ゲイツは「いつかは紙のいらない社会になる」と言った。それに対し「そのことを紙の媒体で言った」、「レオナルド・ダ・ヴィンチの『レスター手稿』を28億円という世界一の値段で買ったのは、紙の本の記念としてか？」「『四十二行聖書』の所有者リストに名がある」などと揶揄《やゆ》されていることは別にして、ＩＴ化する出版の未来を予感させる言葉として注目を集めた。

実際に、最新の論文、学説だけでなく、文学や漫画作品までも全て急速にデジタル化されつつある。電子画面から文字を読み取ることが、読書という行為の最先端だと受け止められ始めている。もうすでに紙の文章を読む必要がなくなりつつあるのだ。まさに自分でマークし別の媒体に記録しない限り、データそのものがいつ消滅するかわからない。これは本が永遠のものではないことを意味することになる。これまでのような蔵書という考え方は消え去るのだろうか。事実、日本の国立国会図書館でも、全蔵書をデジタル化して文字検索を可能にしようという計画が進行しつつある。

さらに、『読むことの歴史』の著者、ロジェ・シャルティエの予言によれば、紙の印刷本が消え去ると仮定すれば、「万人は人類の書いた全遺産にアクセスにでき、それにさまざまな操作を加える、たとえば、再構築し書き換えることで共著者になることも可能になる」と言う。

実際に、もし電子書籍サイトからある著作を削除すると、ユーザーが持っている端末に保存されているデータも同期し削除される、という実例が現実に起きている。「所有」するという感覚が薄れつつあるのである。手元に本を置いておくのではなく、そのデータ・コンテンツへの〝アクセス権〟を持つということにすぎない、という説が注目されるゆえんでもある。

## 「電子書籍は意外に売れている」と、出版界の強気の見解

今急速な勢いで、電子産業各社が電子書籍用端末を開発し発売している。しかし、端末無料、コンテンツ有料というこれまでのような過当競争に入るか、それともゲーム機器業界のように、優れたコンテンツを開発した企業の製品が支持を受けるか、ここ数年で一つの結論が出るだろう。

そうした中で、30数年の歴史を持つ日本電子出版協会の会員名簿を見ると、出版社、新聞社を初め、電子機器メーカー、コンピュータソフトメーカーなど幅広い業種140社余が加盟し、特別会員の中に、日本出版学会はもちろん国立情報学研究所、日本規格協会などが名を連ねているが、数年前より数十社ほど参加企業が減少しているのが注目される。

その中で、平成12年（2000）に創業した「イーブ

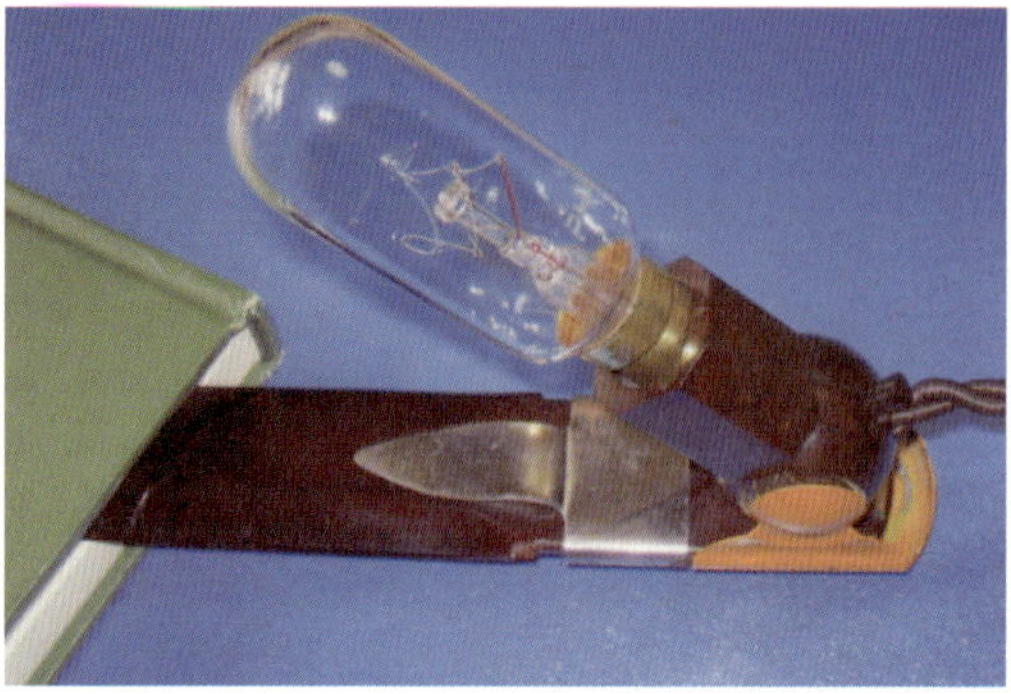

エジソンが電球を実用化したのが1883年。コイルフィラメントができたのは1909年、したがってこのような実用型のライトつきブックマークは1920年代以降と考えられる。本体のエボナイトは1851年グッドイヤー製の硬質ゴムで、電気をあまり通さないことから電機製品に多く使われている。（ブックマークの長さ19.7㎝、コードは後づけ）

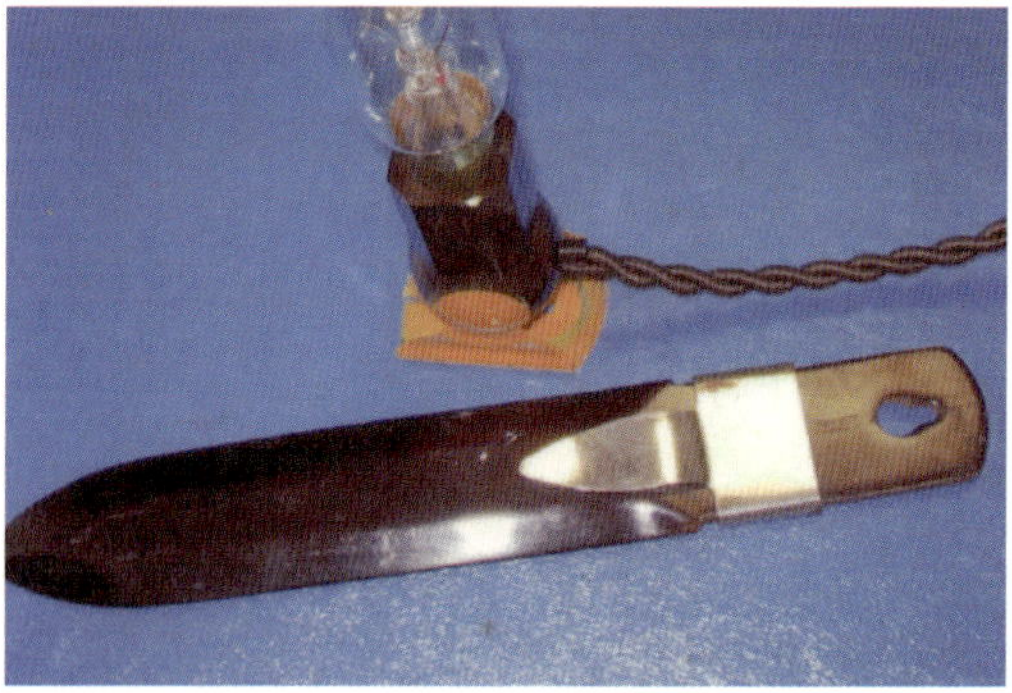

ックイニシアティブジャパン」を見ると、読者に提供する電子書籍本は56万4580点(平成28年3月現在)と日本最大級の電子書店に成長している。中でも漫画は約20万点と世界トップクラスを誇っている。その売り上げは96億円(14か月計算)を突破し、現在、東証第一部に上場を果たしたが、急激な成長に経費がかさんだのか、最近の決算で赤字を計上し、その結果ヤフーの傘下に入ることになった。電子書籍の業界はこれからも波乱が予想される。

そのほかにも、ボランティアが平成9年(1997)に作った電子図書館「青空文庫」は、著作権の消滅した作家の作品を約1万点所有し、無料で公開するほか印刷物にして売るサービスもしている。2016年のアクセスランキングでは夏目漱石の『我輩は猫である』『こころ』『坊ちゃん』が1~3位を独占して、その人気ぶりをみせている。10位までには太宰治、江戸川乱歩、夢野久作、芥川龍之介の名がある。ただ、現在50年の著作権の保護期間延長の動きもあり、今後の動向が注目される。

2010年の電子出版の売り上げは約650億円だったが、2016年には、1909億円突破を果たした。これは、減少を続ける紙の出版物売り上げの約13%に相当する。東京オリンピックが開かれる2020年には、3000億円を突破するという予測もある。しかし、日本の電子書籍はまだ漫画やコミックが中心であり決して満足のいく状態にない、という声も根強くある。

とはいえ、現代の読者は、つまみ食いならぬつまみ読みを当然のこととして求めている。書籍も現在の雑誌のように写真、それも動画、アニメを多用した読みやすいものになっていく。当然、雑誌業界もこれまでとは違った特集を組む方向を探ってくるだろう。印刷物の進化で立体的なものが簡単に作れれば、紙媒体と電子書籍が相互に補完しあう企画も期待できる。

## 電子書籍に見るしおり・ブックマークの未来像とは？

もし、紙に印刷された文字が消え去ったとき、しおり・ブックマークは、当然死を迎えるという人は多い。ところが、電子化の動きの中で、しおり・ブックマークという言葉は、決して忘れ去られているわけではない。むしろ新しい世界を切り開きつつあるといえる。その証拠に、記憶機器の名称として数多く使われ、外部記憶装置への〝電子版どこでもドア〟としての役割を果たしている。電子書籍でもアイコンの一つとして設定され機能しているものがある。これは、これまでのしおり・ブックマークの役割となんら変わることはない。言葉としては、見事に生き残る力があることを示しているのである。

イーブックの例では、10数個の電子しおりが準備されており、ボタン一つで好きなページに好きなしおりと付

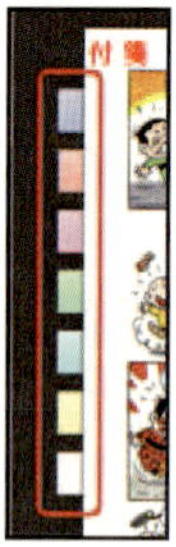

イーブックイニシアティブジャパンの電子しおり。写真下のようにリストからしおりと各色の付箋が選べる。まだ絵柄は少ないが、これから多様な図柄が登場することが期待できる。上の絵は村野守美の描き下ろし作品「笑ってください」より。

箋を挟んだりはずすことも簡単にできる。もちろんそのページの開閉も自由である(右ページ写真参照)。このほか、東芝のブック・プレイス(Book Place)では、好きな所に入れたしおりにタイトルをつけ、一覧表として見られるようになっている。

これまでの紙や木、金属などの物質的なものに代わって、単語、あるいは言葉がしおり・ブックマークとして活用されることだろう。必要なとき、指先一つで、あるいは脳の指令一つでバーチャルなしおり・ブックマークを画面上に浮き出させるなど、技術的に困難なことではない。まさにそれは、それぞれ個人の脳の中に存在するものとなり、目に見えるものではなくなり、不可視化が進むことになるのである。

アマゾン(Amazon)の電子書籍リーダー「キンドル」を開発したジェイソン・マーコスキーは自著『本は死なない』で、「今あるしおり・ブックマークは大好きなので、なくなって欲しくない」と言っている。しかし、デジタル時代のしおりはどうあるべきかを考えたとき、次のような未来型しおりを提言している。一つは、しおり自体が、本の外とつながり、情報の収集、処理、そして提言までしてくれる、まさに秘書のような働きをするようになってほしい。その上で、個人的な読書の時には、休みや就寝時間を教えてくれる。あるいは、今読んでいる本の関連記事を探してくれたり、疑問を解決したりしてくれる等々、しおりの未来の姿への夢は広がる。

たとえ読書という言葉が失われ、本が死んだとしても、文字情報が消えるわけではないし、読むという行為が人間からなくなるわけではない。しおり・ブックマークは、形は違っても永遠に生き続けることになる、いやこれまで以上に、電子的な文字世界と人間の脳をつなぐ、欠かせないリンクの一つとして機能することになるだろう。消えやすく移ろいやすい電子情報を、求めに応じて固定し、留めておく役割、まさに、新しい形のしおり・ブックマークが生まれることが期待されているのである。

特別付録

# しおり・ブックマーク 各国の多彩な表現

## イギリス　アメリカ

Book-mark 【ブックマーク】

Book-marker 【ブックマーカー】

Book-marking 【ブックマーキング】
（この用例は少ない）

Page-minder 【ページマインダー】
（この用例は少ない）

Ribbon 【リボン】
（紐タイプのしおり）

Tassel 【タッセル】
（房つきタイプのしおり）

## フランス

Marque-page 【マルクパージュ】
（会話では通用するが、仏和、和仏辞典には掲載されていない。
Marqueのみでしおりの意味もある）

Signet 【シニエ】
（しおり全体を解説するとき、この用例が多い。
リボンタイプをいう場合もある。シグニット、シグニは英語発音）

Liseuse 【リズーズ】
（しおりとして使える小型のペーパーナイフ）

## ドイツ

Lesezeichen 【レーゼツァイヒェン】

Lesebädchen 【レーゼベンドヒェン】

（紐、リボンタイプのしおり）

## オランダ

Boeken-legger 【ボーケンレェッガー】

＊オランダ南部、ベルギー西部、フランス北部にまたがるフランドル（フランダース）地方には、Bladwijzer（ブラッドウェイザー）という表現がある。

## スペイン

Marcador de Paginas 【マルカドール デ パヒナス】

Puntos de Libro 【プントス デ リーブロ】

（金属タイプのしおり）

## ポルトガル

A Marca para Libro 【ア マルカ パラ リーブロ】

世界最大のレンガ造り鉄道橋とされるドイツ・ドレスデン近郊の「ゲルチュタール峡谷橋」。1851年、5年の工期で完成。高さ78m、長さ1kmあり、ローマ時代の水道橋のようなデザインだが、2600万個のレンガが必要だった。Vogt-Land touristの観光宣伝。（長さ22.7cm）

イタリア

Segna-libro 【セニャ リーブロ】

ロシア

Закладка 【ザクラートカ】

デンマーク

Bogmæke 【ボグメッケ】

スウェーデン

Bokmärke 【ボクメルケ】

フィンランド

Kirjanmerkki 【キランメルッキ】

韓国

書標　서표 【そぴょ】

南アメリカ・パラグアイで、石炭ではなく薪を燃料として走る蒸気機関車。1861年製造で乗客用としては南米最古といわれる。2-6-0型イギリス製。最近は、不定期で「湖の観光列車」として首都アスンシオンから運行されている。鉄道会社の広報宣伝用。(長さ18㎝)

## 中国

**書籤**　繁字体【しゅうちぇん】

**书签**　簡字体【しゅうちぇん】

**栞**【かん】

（薄い板状の目印）

**書鎮**【しゅうちん】

（ページを押さえる重し。『和漢三才図会』では〝しゅいちん〟と表記）

**牙籤**【やーちぇん】

（巻子本や経巻のタイトルや内容を示すためにつける象牙製の小札。書物への差込用に紐の先にコハゼがつくものが多い）

## 日本

**栞、枝折、紙折、志折り、志ほり**【しおり】

**竹籤（箋）**【ちくせん】

**書籤（箋）**【しょせん】

**夾算、夾竿**【きょうさん】

（平安時代に主に使われ、木や竹を薄く切り裂き、上部を紐でくくって止め、ページを挟みこめるようにしたもの）

ヨルダンのペトラ。死海から80㎞南の渓谷にある世界文化遺産の古代遺跡。交通の要衝にあり紀元前1世紀頃からナバテア人の都市として栄えた。絶壁に掘り込まれた高さ30mのエル・カズネ（宝物殿）が映画で紹介され人気に。ヨルダン政府観光局発行。（長さ22.9㎝）

# 「本」の語源

| | |
|---|---|
| 古代エジプト語 | ムドゥンチル<br>（ヒエログリフに書かれたもの）…………… <br>シャフドウ（巻物）……………………………  |
| 古代ギリシャ語 | Βιβλιο　ビブリオ<br>（本来は、パピルスの交易地フェニキアのビブロスから） |
| ラテン語 | Caudex、Codex<br>コーデックス、コデックス<br>（木の幹、蠟板、手帳、帳簿）<br><br>Biblia　ビブリア<br>（語源は古代ギリシャ語のビブリオに同じ）<br><br>Liber　リベル<br>（樹木の薄い内皮） |

海抜マイナス418ｍと、地球上最も低い所にある湖「死海」。ヨルダンとイスラエルの国境地帯に広がる。塩分濃度が普通の海水に対して10倍にあたる30％もあり、人間が入ると体が浮いてしまうことで知られる。ヨルダン政府観光局発行「Our World Wonder Series　The Dead Sea」の一枚で、「世界最大の自然のスパ」と書かれている。なお、女性が読んでいる本のタイトルは『Further Along the Road Less Traveled』。（長さ22.9㎝）

あとがき

# 読書の歴史をしおり・ブックマーク史から読み解いてみた

かなり厚い本になってしまいましたが、お読みいただいた感想はいかがでしたでしょうか。もし、しおり・ブックマークにこんなにいろいろな出来事やエピソードがあったことを知っていただけたら、それほどうれしいことはありません。

しおりの歴史はこれまで本の陰に隠れてほとんど語られたことがありませんでした。何人もの歴史学者などにしおりやブックマークの歴史について聞いても、答えは返ってきませんでした。あまり関心がないのです。ある時、自慢のフランスやイギリス製ブックマークを出版社の社長に見せたとき、「これは何ですか？ ペーパーナイフではなさそうだし」と真顔で聞かれたこともあります。ところが収集を始め一歩踏み込んでみると実に多彩で豊かな世界が広がっていたのです。まさに本の歴史のニッチ、つまり誰も知らない歴史の小さな隙間を見つけてそこに潜り込んだような気持ちです。

筆者はいろいろな雑誌を40年間も作り続けて来た一編集者です。もちろん歴史の専門家ではありません。しかし、これは興味深いと夢中で発掘し続けた結果が本書となりました。

しおりやブックマークは当然本の誕生とともに生まれたのですが、エジプトでパピルス文書に使われ始めてから2千年余、日本でも平安時代の長保3年（1001）成立とされる『枕草子』に「けふさん（夾竿《きょうさん》）」というしおりの役目をするものについて書かれていることを最初と考えても、一千年余りの歴史があるのです。

　現在、世界中にコレクターが数多くいて、ネットショップもたくさんあります。楽天で検索したところ、一度に３３００種ものしおりやブックマークがリストアップされたほどで、人気は根強いものがあります。ところが最近手に入れた、しおりやブックマークに関する書籍や情報、コレクションの紹介記事などを集めたリストでは、全部で２５０を超えるくらいしか載っていません。書籍や冊子は25冊くらい。その中で特に全体の歴史に関することが書いてあるものは少なく、それも40数年~20年ほど前に出版された自国中心のものがほとんどなのです。

　そんな折り、テレビ東京系『開運！なんでも鑑定団』の〝買います〟コーナーに出演する機会を得ました。放送後、意外にも「あれは骨董ではない」「グリコのしおりを5千円とは安すぎる」などという反響がありました。しかし、審査員の一人、おもちゃの収集や鑑定で知られる北原照久さんが、「知的な趣味ですから協力してあげてください」とコメントしてくださったことで、周囲の見る眼もぐっと変わりました。ただ、テレビで紹介されたためか、骨董品としての値段が少し上がり、自分の首を絞めた形になったのですが。

　しかし、資料を読み解くうちに、これまで知られていなかった新しい事実もいくつか見つけ出すことができました。たとえば巨大な聖書用ブックマークが今、日本で売られている理由はなんなのか。中世のグーテンベルクの『四十二行聖書』の本文用紙が羊皮紙ではなく子牛の皮、いわゆるヴェラムですが、最初の注文数25部を作るのになんと4千頭もの子牛の皮が必要だったこと。ページにノンブルがない時代に、読みやすくするための工夫が数々あり、紐しおり、ボタン型インデックスなど、ブックマークの仲間が長い時間をかけて作られていたこと。また、図書館の本が鎖で繋がれていたのは、当初は、修道院内の隠匿防止だったこと。また、日本では、江戸の初め水戸黄門が後水尾天皇に献上し、西行の歌から「枝折」の名を賜ったとあるが、この二人は直接会っていないし、これが書かれたのはずっと後の江戸後期の随筆だということ。文豪夏目漱石は、ロンドン留学中に自分でしおり状に切った紙切れにいろいろとメモし、擦り切れるまで使っていたこと。あるいは最近では、紐しおりはスピンではなく、背を表すスパインの誤訳だと私たちしおり愛好家は言っていたが、ネット上の百科事典ウィキペディアも平成27年にその間違いを認め、全面的改定を行なっていること等々、意外な話が数多くあります。

アマチュア歴史研究家を自任する私は、最近、細く長い紙製のものを見ると、思わず手を出してみる自分がいることに気づきました。実は本の町、神保町にはしおりも落ちています。そこの路上で見つけたものの一つがとてもユニークなので本書でも紹介しました。しかし、たいていは変なものを拾って、みんなに笑われています。

先日、世界で一番大きなしおり・ブックマークのネットショップMIRAGE BOOKMARK（ミラージュブックマーク）のウェブマスター、アシム・マナー氏が私のメールに返信をくれ、「私も歴史を調べています。今、載せているのは西暦1世紀から8世紀頃といわれるエジプトの初期キリスト教のコプト教徒の遺跡から出土したブックマークです。これからも研究し続けるつもりです」と書かれていました。

今後、さらに研究が進んで、アマチュア研究者による浅く一面的なものではなく本格的な歴史学として進歩することを、心から祈っています。なお、世界編と日本編を分けた理由は、ブックマークの長い歴史を持つオリエントからヨーロッパの歴史、それに対して、独自の発展を見せている日本と北東アジア諸国の歴史の違いを際立たせたかったからです。

ただ、今回はそれほど売れないだろうという弱気から、あえて自費出版としました。多くの著作物の売れ残りが断裁される姿を見てきたので、その悲劇をこの本には経験させたくなかったという気持ちもあります。

その上で、多少無理をしてオールカラーとしました。手に取って、見て楽しみ、そして読んで少々の驚きと感銘を受け、誰かに話してみたくなる。そんな本を作ってみたかった。一雑誌編集者のこの夢は多少でも実現されているでしょうか。

## ご協力いただいた皆様に感謝を

＊世界の歴史研究者の皆様のこれまでの研究の成果に
＊世界の博物館、図書館の皆様に
＊多くの骨董商の皆様に
＊数多くの友人知人の皆様に

＊みんなで協力してくれている家族、親戚の皆様に
＊何とか出版にこぎつけるくらいの遺産を残してくれた父母に
＊最後に、頭がしおりで固まっている亭主を、仕事の補助から食事の面倒まで心を込めて支えてくれた妻洋子に心からのお礼と感謝の心を捧げます。

失礼とは存じますが、敬称は略させていただきました。

# 「しおり・ブックマーク」参考図書・資料リスト

（このリストは、本の分野別、目的別に分けてあり、それぞれのジャンルの中で、メインタイトルを基本として50音順に並べてあります。）

## ●外国で出版されたが未翻訳本

『Bookmarkers』A.W.Coysh & K.Henrywood著　Shire Publications.Ltd.
・20数年前に刊行されたブックマークの古書として人気

『COLLECTING BOOKMARKERS』A.W.Coysh
Drake Publishers Inc.　・同じ著者の最初のハードカバー版

『Earliest History of Bookmarkers』Asim Maner
IFOB PUBLICATION no1 (web版)
・MIRAGE BOOKMARKの主宰者による古い時代の歴史書

『Hold That Thought : Bookmarks』Sandy Orton著
Leisure Arts　・クロスステッチ刺繍による完全自作ガイド

『JE COLLECTIONNE : LES MARQUE-PAGE ET LES COUPE-PAPIER』Jocelyne et Lysiane DENIÈRE著

『JE COLLECTIONNE : LES SIGNETS』Jocelyne et Lysiane DENIÈRE著
・交換会の自作カタログ2冊、フランス語

『LESEZEICHEN』Siegfried Hein他著
Klett Ernst / Schnlbuch　・ドイツ語

『Lesezeichen Sammeln』Karl Heinz Steinbeisser著
Antiquariat Steinbeisser　・著名な収集家によるドイツの歴史と傑作選／日本の国会図書館に収納

『STEVENGRAPHS and other Victorian silk pictures』
Geoffery. A.Godden　Barrie&Jenkins
・19世紀に人気のシルクリボン型ブックマークなどを研究した大著

『The Bookmark Book』Carolyn S.Brodie他著
Libraries Unlimited
・Cut&Clip方式の３００枚の切り抜きタイプの本

『Twelve William Morris Bookmarks』
Designed By Clouch Eacon Dover Publicacions Inc
・近代デザインの父の作品を12点。この出版社からは多彩なテーマの作品集が刊行されている

## ●しおり・ブックマークの歴史関連書

『愛書家の年輪』高宮利行著　図書出版社

『愛書雑話』(日本の名随筆『読』所収)寿岳文章著　作品社

『愛書趣味』ミシェル・ヴォケール著　大高順雄訳　文庫クセジュ

『悪魔に魅入られた本の城』(シリーズ愛書・探書・蔵書)オリヴィエーロ・ディリベルト著　望月紀子訳　晶文社

『イスラーム書物の歴史』小杉泰、林佳世子編　名古屋大学出版会

『一四一七年、その一冊がすべてを変えた』スティーヴン・グリーンブラット著　河野純治訳　柏書房

『美しき時禱書の世界〜ヨーロッパ中世の四季』木島俊介著　中央公論社

『越境する書物〜変容する読書環境のなかで』和田敦彦著　新曜社

『オックスフォード古書修行〜書物が語るイギリス文化史』

中島俊郎著　NTT出版
『「カバー、おかけしますか?」～本屋さんのブックカバー集』
書皮友好協会協力　出版ニュース社
『紙と羊皮紙・写本の社会史』箕輪成男著　出版ニュース社
『紙の本は、滅びない』福嶋聡著　ポプラ新書
『神田神保町とヘイ・オン・ワイ～古書とまちづくりの比較社会学』
大内田鶴子他編　東信堂
『記憶術と書物』メアリー・カラザース著　別宮貞徳監訳
柴田裕之他共訳　工作舎
『稀書自慢　紙の極楽』荒俣宏著　中央公論社
『貴重書の挿絵とパラテクスト』松田隆美編　慶應義塾大学出版会
『ギリシア・ローマ時代の書物』ホルスト・ブランク著
戸叶勝也訳　朝文社
『記録された記憶～東洋文庫の書物からひもとく世界の歴史』
東洋文庫編　山川出版社
『禁じられたベストセラー～革命前のフランス人は何を
読んでいたか』ロバート・ダーントン著　近藤朱蔵訳　新曜社
『近世ヨーロッパの書籍業～印刷以前・印刷以後』箕輪成男著
出版ニュース社
『近代「出版者」の誕生～西欧文明の知的装置』
箕輪成男著　出版ニュース社
「グーテンベルク聖書の手書き要素から辿る来歴」池田真弓著
(松田隆美編『書物の来歴、読者の役割』所収)　慶應義塾大学出版会
『グーテンベルクの銀河系～活字人間の形成』
マーシャル・マクルーハン著　森常治訳　みすず書房
『グーテンベルクの時代～印刷術が変えた世界』
ジョン・マン著　田村勝省訳　原書房
『グーテンベルクの謎～活字メディアの誕生とその後』
高宮利行著　岩波書店
『グーテンベルクのふしぎな機械』ジェイムズ・ランフォード作
千葉茂樹訳　あすなろ書房(青少年向け)
『グーテンベルクへの挽歌～エレクトロニクス時代における
読書の運命』スヴェン・バーカーツ著　船木裕訳　青土社
『ケルズの書～ダブリン大学トリニティ・カレッジ図書館写本』
バーナード・ミーハン著　鶴岡真弓訳　岩波書店
『個人文庫事典Ⅰ、Ⅱ』日外アソシエーツ編　日外アソシエーツ
『古書の世界と言葉』(叢書　ことばの世界)惣郷正明著　南雲堂
『こだわりのブックカバーとしおりの本～クリエーター&
本のプロフェッショナル50人が選んだ』玄光社MOOK
『子どもの本の歴史～写真とイラストでたどる』ピーター・ハント編
さくまゆみこ他訳　柏書房
『辞書の世界史』ジョナサン・グリーン著　三川基好訳　朝日新聞社
『十八世紀イギリス出版文化史～作家・パトロン・書籍商・読者』
A・S・コリンズ著　青木健、榎本洋訳　彩流社
『書斎』アンドルー・ラング著　生田耕作訳　白水社
『書斎』(日本の名随筆別巻6)谷沢永一編　作品社
『書斎の王様』「図書」編集部編　岩波新書
『書斎の文化史』海野弘著　TBSブリタニカ
『出版界おもしろ豆事典』塩澤実信著　北辰堂出版
『出版と社会』小尾俊人著　幻戯書房
『出版と流通』(本の文化史4)横田冬彦編　平凡社
『出版の近未来～その夢と現実と出版再生への道』
下村昭夫著　出版の未来を考える=出版メディアパル
『書籍の宇宙～広がりと体系』(本の文化史2)鈴木俊幸編　平凡社
『書籍文化とその基底』(本の文化史3)若尾政希編　平凡社
『書物愛～海外篇』『書物愛～日本篇』紀田順一郎編集解説　晶文社

『書物から読書へ』ロジェ・シャルチエ編　水林章他訳　みすず書房
『書物史のために』宮下志朗著　晶文社
『書物と愛書家』（ビヴリオフィル叢書）アンドリュー・ラング著
不破有理訳　図書出版社
『書物と装飾〜挿絵の歴史』ウォルター・クレイン著
高橋誠訳　国文社
『書物の世界の三十三年間の冒険』（ビヴリオフィル叢書）
デヴィッド・カスバートソン著　永富久美訳　図書出版社
『書物の出現　上下』リュシアン・フェーヴル、
アンリ＝ジャン・マルタン著　関根素子他訳　筑摩書房
『書物の秩序』ロジェ・シャルチェ著　長谷川輝夫訳解説
文化科学高等研究院出版局
『書物の敵』ウィリアム・ブレイズ著　高宮利行監修
高橋勇訳 八坂書房
『書物の敵』庄司浅水著　講談社学術文庫
『書物の変〜グーグルベルグの時代』港千尋著　せりか書房
『書物の本〜西欧の書物と文化の歴史　書物の美学』
（叢書ウニベルシタス）
ヘルムート・プレッサー著　轡田収訳　法政大学出版局
『書物の夢、印刷の旅〜ルネサンス期出版文化の富と虚栄』
ラウラ・レプリ著　柱本元彦訳　青土社
『書物の歴史』エリク・ド・グロリエ著　大塚幸男訳
文庫クセジュ
『書物憂楽帖〜オール・アバウト・ブックス』
ジェラルド・ドナルドソン著　加島祥造訳　ＴＢＳブリタニカ
『書を読んで羊を失う（増補）』鶴ヶ谷真一著　平凡社ライブラリー
『知れば知るほど面白い　ギリシア神話（新装版・図解）』
吉田敦彦監修　洋泉社

『西洋挿絵見聞録〜製本・挿絵・蔵書票』
気谷誠著　アーツアンドクラフツ
『西洋をきずいた書物』J・カーター、P・H・ムーア編
西洋書誌研究会訳　雄松堂書店
『世界印刷文化史年表』（定本・庄司浅水著作集第9巻）
庄司浅水著　出版ニュース社
『世界の美しい本』海野弘解説、監修
パイインターナショナル
『世界の書物〜エスディルの書誌学』A・エスディル著
R・ストローク改訂　高野彰訳　雄松堂書店
『世界の書物』紀田順一郎著　新潮社
『世界を変えた100の本の歴史図鑑〜古代エジプトの
パピルスから電子書籍まで』ロデリック・ケイヴ、
サラ・アヤド著　樺山紘一監修　大山晶訳　原書房
『世界を読み解く一冊の本』松田隆美、徳永聡子編
納富信留他著　慶應義塾大学出版会
『装釘考（新版）』西野嘉章著　平凡社ライブラリー
『そのとき、本が生まれた』アレッサンドロ・マルツォ・マーニョ著
清水由貴子訳　柏書房
『大英図書館〜秘蔵コレクションとその歴史』
ニコラス・バーカー、大英図書館専門スタッフ著
高宮利行監修　松田隆美他訳　ミュージアム図書
『旅の書物／旅する書物』松田隆美編　雪嶋宏一他著
慶應義塾大学出版会
『だれが「本」を殺すのか』（1、2延長戦）佐野眞一著
プレジデント社
『知識の社会史〜知と情報はいかにして商品化したか』
ピーター・バーク著　井山弘幸、城戸淳訳　新曜社

『知識の社会史2〜百科全書からウィキペディアまで』
ピーター・バーク著　井山弘幸訳　新曜社
『チーズとうじ虫〜16世紀の一粉挽屋の世界像』
カルロ・ギンズブルグ著　杉山光信訳　上村忠男解説　みすず書房
『知はいかにして「再発明」されたか〜アレクサンドリア図書館から
インターネットまで』イアン・F・マクニーリー、
ライザ・ウルヴァートン著　冨永星訳　日経BP社
『チャップ・ブックの世界〜近代イギリス庶民と廉価本』
小林章夫著　講談社学術文庫
『中世イスラムの図書館と西洋〜古代の知を回帰させ、
文字と書物の帝国を築き西洋を覚醒させた人々』
原田安啓著　日本図書刊行会
『中世パリの装飾写本〜書物と読者』前川久美子著　工作舎
『中世ヨーロッパの書物〜修道院出版の九〇〇年』
箕輪成男著　出版ニュース社
『「読者」の誕生〜活字文化はどのようにして定着したか』
香内三郎著　晶文社
『〈読書国民の誕生〉〜明治30年代の活字メディアと読書文化』
永嶺重敏著　日本エディタースクール出版部
『読書術』加藤周一著　岩波現代文庫
『読書する女性たち〜イギリス文学・文化論集』
出渕敬子編　彩流社
『読書という体験』岩波文庫編集部編　岩波文庫別冊
『読書と日本人』津野海太郎著　岩波新書
『読書と読者〜読書、図書館、コミュニティについての研究成果』
キャサリン・シェルドリック・ロス、リン・マッケクニー、
ポーレット・M・ロスバウアー著　川崎佳代子、川崎良孝訳
京都大学図書館情報学研究会発行　日本図書館協会発売

『読書と読者』(本の文化史1)横田冬彦編　平凡社
『読書について(新訳)〜知力と精神力を高める本の読み方』
ショウペンハウエル著　渡部昇一編訳　PHP新書
『読書の首都パリ』宮下志朗著　みすず書房
『読書のすすめ』岩波文庫編集部編　岩波文庫
『読書の歴史〜あるいは読者の歴史』アルベルト・マングェル著
原田範行訳　柏書房
『読書力』齋藤孝著　岩波新書
『パピルスが伝えた文明〜ギリシャ・ローマの本屋たち』
箕輪成男著　出版ニュース社
『人と蔵書と蔵書印〜国立国会図書館所蔵本から』
国立国会図書館編　雄松堂出版
『フィロビブロン〜書物への愛』リチャード・ド・ベリー著
古田暁訳　講談社学術文庫
『伏字の文化史〜検閲・文学・出版』牧義之著　森話社
『本〜その歴史と未来』デイヴィッド・ピアソン著　原田範行訳
大英図書館、ミュージアム図書、国際文献印刷社共同出版
『本』(百年文庫)島木健作、ユザンヌ、佐藤春夫著　ポプラ社
『本から引き出された本〜引用で綴る、読書と人生の交錯』
マイケル・ディルダ著　高橋和子訳　早川書房
『本が弾丸だったころ〜戦時下の出版事情』櫻本富雄著　青木書店
『本棚の歴史』ヘンリー・ペトロスキー著　池田栄一訳　白水社
『本ってなんだったっけ?』森彰英+「週刊読書人」取材チーム
北辰堂出版
『本と活字の歴史事典』印刷史研究会編　柏書房
『本の五千年史〜人間とのかかわりの中で』庄司浅水著　東書選書
『本の世紀〜岩波書店と出版の100年』
信濃毎日新聞取材班編　永江朗解題　東洋出版

『本・本の世界』庄司浅水著　毎日新聞社
『本の世界はへんな世界』高宮利行著　雄松堂書店
『本の透視図〜その過去と未来』菅原孝雄著　国書刊行会
『本の都市リヨン』宮下志朗著　晶文社
『本の美術誌〜聖書からマルチメディアまで』中川素子著　工作舎
『本の美術史〜奈良絵本から草双紙まで』小野忠重著　河出書房新社
『本の歴史』ブリュノ・ブラセル著　荒俣宏監修　木村恵一訳　創元社
『本の歴史(図説)』樺山紘一編　河出書房新社
『本の歴史事典(図説)』高宮利行、原田範行著　柏書房
『本の歴史文化図鑑〜5000年の書物の力(ビジュアル版)』
マーティン・ライアンズ著　蔵持不三也監訳　三芳康義訳　柊風舎
『本は、これから』池澤夏樹編　岩波新書
『本はどう読むか』清水幾太郎著　講談社現代新書
『本を読むデモクラシー〜〝読者大衆〟の出現』宮下志朗著　刀水書房
『本を読む本』M・J・アドラー、C・V・ドーレン著
外山滋比古他訳　講談社学術文庫
『もうすぐ絶滅するという紙の書物について』
ウンベルト・エーコ、ジャン＝クロード・カリエール著
工藤妙子訳　CCCメディアハウス
『文字と書物〜世界の文字と書物の歴史を探る』(ビジュアル博物館)
カレン・ブルックフィールド著　浅葉克己監修
英国図書館協力　同朋舎出版
『洋書の話』高野彰著　丸善
「読まないことの擁護」(『書国探検記』所収)種村季弘著　筑摩書房
『読むことの力〜東大駒場連続講義』ロバート・キャンベル編
講談社選書メチエ
『読むことの歴史〜ヨーロッパ読書史』ロジェ・シャルティエ、
グリエルモ・カヴァッロ著　田村毅他訳　大修館書店
『ヨーロッパの出版文化史』戸叶勝也著　朗文堂
『ヨーロッパ　本と書店の物語』小田光雄著　平凡社新書
『理想の書物』ウィリアム・モリス著ウィリアム・S・ピーターソン編
川端康雄訳　晶文社(ちくま学芸文庫化)
『ルネサンスの活字本〜活字、挿絵、装飾についての三講演』
E・P・ゴールドシュミット著　高橋誠訳　国文社

## ● 日本と北東アジアの資料編(昭和期以前)

『ビジュアルNIPPON　江戸時代〜「原寸大」絵画資料で読み解く江戸時代270年史』山本博文監修　小学館
『江戸の出版事情』(大江戸カルチャーブックス)内田啓一著　青幻舎
『江戸の旅と出版文化〜寺社参詣史の新視角』原淳一郎著
三弥井書店
『江戸の読書熱〜自学する読者と書籍流通』鈴木俊幸著　平凡社
『江戸の本屋さん〜近世文化史の側面』今田洋三著　平凡社
『海游録』朝鮮通信使第九回製述官　申維翰著
「雅遊漫録」(『日本随筆大成Ⅱ期23巻』所収)大枝流芳著
吉川弘文館
『漢字から読み解く中国の歴史と文化』王貴元著
加藤徹監訳　科学出版社東京
『漢字文化を考える』中西進、山本七平編著　大修館書店
『近世書籍文化論〜史料論的アプローチ』藤實久美子著　吉川弘文館
『書物に魅せられた英国人〜フランク・ホーレーと日本文化』
(歴史文化ライブラリー)横山學著　吉川弘文館
『宮内庁書陵部書庫渉猟〜書写と装訂』櫛笥節男著　おうふう
『書物の中世史』五味文彦著　みすず書房
『戦国大名と読書』小和田哲男著　柏書房

『創刊号のパノラマ〜近代日本の雑誌・岩波書店コレクションより』うらわ美術館、岩波書店編集部編　岩波書店
『知識と学問をになう人びと』(身分的周縁と近世社会5)横田冬彦編　吉川弘文館
『中国出版文化史〜書物世界と知の風景』井上進著　名古屋大学出版会
『中国人と書物〜その歴史と文化』張小鋼著　あるむ
『中世の書物と学問』(日本史リブレット)小川剛生著　山川出版社
『中国の図書情報文化史〜書物の話』工藤一郎著　つげ書房新社
『東寺百合文書を読む〜よみがえる日本の中世』上島有、大山喬平、黒川直則編　思文閣出版
『読書こぼればなし〜一月一話』淮陰生著　岩波新書
『読書論の系譜』(書誌書目シリーズ)出口一雄著　ゆまに書房
『日中韓博物館事情〜地域博物館と大学博物館』高倉洋彰、安高啓明編　雄山閣
『近代ニッポン「しおり」大図鑑〜本にはさみこまれた小宇宙』山田俊幸監修　羽島知之、竹内貴久雄編　国書刊行会
『日本語大博物館〜悪魔の文字と闘った人々』紀田順一郎著　ジャストシステム
『日本人は本が好き〜人生の一書と出会う読書案内』文藝春秋スペシャル2009年季刊春号
『日本文化の原型〜近世庶民文化史』(日本の歴史　別巻)青木美智男著　小学館
『幕末・明治　豆本集成』加藤康子著　国書刊行会
『本の歴史(図説)』寿岳文章著　日本エディタースクール出版部
『文読む姿の西東〜描かれた読書と書物史』田村俊作編　慶應義塾大学出版会

『木簡・竹簡の語る中国古代〜書記の文化史(増補新版)』(世界歴史選書)冨谷至著　岩波書店
「冷泉家のひみつ」芸術新潮2009年11月号　特集
『和漢三才図会』寺島良安著　和漢三才図会刊行会編　東京美術(2冊本)
『和本入門〜千年生きる書物の世界』橋口侯之介著　平凡社

## ●本の関連資料集・作家の小説、随筆等

『愛書狂』G・フローベール、A・デュマ、Ch・ノディエ、Ch・アスリノー、A・ラング著　生田耕作編訳　白水社
『異本論』外山滋比古著　ちくま文庫
『おいしい読書』柴門ふみ著　早川書房
『活字のサーカス〜面白本大追跡』椎名誠著　岩波新書
「心の平静について」(『生の短さについて』所収)セネカ著　大西英文訳　岩波文庫
『シャーロック・ホームズの読書談義』コナン・ドイル著　佐藤佐智子訳　大修館書店
『書庫のキャレル〜文学者と図書館』渋川驍著　制作同人社刊行　星雲社発売
『せどり男爵数奇譚』梶山季之著　ちくま文庫
『漱石先生と猫〜「吾輩は猫である」誕生秘話』(NHKテレビ「歴史秘話ヒストリア」より)
『それから』(『夏目漱石全集第五巻』所収)夏目漱石著　集英社
『多読術』松岡正剛著　ちくまプリマー新書
『読書放浪〜魯庵随筆』内田魯庵著　斎藤昌三、柳田泉編　紅野敏郎解説　平凡社　東洋文庫

『二十一世紀に希望を持つための読書案内』筑摩書房編集部編
筑摩書房
『薔薇の名前』(上・下)ウンベルト・エーコ著　河島英昭訳
東京創元社
『パイドロス』プラトン著　藤沢令夫訳　岩波文庫
『ビブリア古書堂の事件手帖』(全7巻)三上延著
メディアワークス文庫
『ファウスト』(全2巻)ゲーテ著　池内紀訳　集英社文庫
『不思議図書館』寺山修司著　角川文庫
『藤田嗣治　本のしごと』林洋子著　集英社新書ヴィジュアル版
「不審紙と付箋紙」(日本の名随筆『紙』所収)井上ひさし著　作品社
「文豪の座右宝～身辺で愛した美」(『川端康成コレクション展～文豪
が愛した美の世界』展示会出品作品解説、第三章所収)
川端康成記念会編
『ベストセラー昭和史(定本)』塩澤実信著　展望社
『ベストセラーの戦後史(完本)』井上ひさし著　文藝春秋
『ぼくの読書法』(植草甚一スクラップブック)植草甚一著　晶文社
『本はどう読むか』清水幾太郎著　講談社現代新書
『眩暈』エリアス・カネッティ著　池内紀訳　法政大学出版局
『やんごとなき読者』アラン・ベネット著　市川恵里訳　白水社
『読』(日本の名随筆)井伏鱒二編　作品社
『吾輩は猫である』(編集付記あり)夏目漱石作　岩波文庫

## ●デジタルと情報関連参考書

『キンドルの衝撃～メディアを変える』石川幸憲著　毎日新聞社
『Kindle解体新書』スティーブン・ウィンドウォーカー著
倉骨彰訳　日経BP社出版局監修　日経BP社
『クラウド時代と〈クール革命〉』(角川ONEテーマ21)
角川歴彦著　片方善治監修　角川書店
『グーテンベルクからグーグルへ～文学テキストの
デジタル化と編集文献学』ピーター・シリングスバーグ著
明星聖子他訳　慶應義塾大学出版会
『情報と通信の文化史』星名定雄著　法政大学出版局
『情報の歴史～象形文字から人工知能まで』
松岡正剛監修　編集工学研究所構成　NTT出版
『知の歴史～哲学入門(ビジュアル版)』
ブライアン・マギー著　中川純男監修　BL出版
『デジタル書物学事始め～グーテンベルク聖書とその周辺』
安形麻理著　勉誠出版
『電子出版の構図～実体のない書物の行方』植村八潮著
印刷学会出版部
『読書進化論～人はウェブで変わるのか。本はウェブに
負けたのか』勝間和代著　小学館101新書
『本が死ぬところ暴力が生まれる～電子メディア時代における
人間性の崩壊』バリー・サンダース著　杉本卓訳　新曜社
『本の未来はどうなるか～新しい記憶技術の時代へ』
歌田明弘著　中公新書
『本は死なない～Amazonキンドル開発者が語る「読書の未来」』
ジェイソン・マーコスキー著　浅川佳秀訳　講談社
『マニフェスト　本の未来』ヒュー・マクガイア、ブライアン・
オレアリ編　浅野紀予他訳　ボイジャー

## ●図書館、書店関係

『アレクサンドリア図書館の謎～古代の知の宝庫を読み解く』
ルチャーノ・カンフォラ著　竹山博英訳　工作舎
『オックスフォード古書修行～書物が語る文化史』中島俊郎著
NTT出版
『古代アレクサンドリア図書館～よみがえる知の宝庫』
モスタファ・エル＝アバディ著　松本慎二訳　中公新書
『司書～宝番か餌番か』ゴットフリート・ロスト著　石丸昭二訳
白水社
『世界の図書館～美しい知の遺産』
ジェームズ・W・P・キャンベル著　ウィル・プライス写真
桂英史監修　野中邦子、高橋早苗訳　河出書房新社
『世界で最も美しい書店』清水玲奈著　エクスナレッジ他
『世界の美しい本屋さん～いつか行きたい世界中の名店ガイド』
清水玲奈著　エクスナレッジ
『世界の夢の図書館』エクスナレッジ
『世界の夢の本屋さん』（1、2、3）エクスナレッジ
『東西書肆街考』脇村義太郎著　岩波新書
『図書館～愛書家の楽園』
アルベルト・マングェル著　野中邦子訳　白水社
『図書館が面白い』紀田順一郎著　ちくま文庫
『図書館戦争1～4』有川浩著　メディアワークス
『図書館の興亡～古代アレクサンドリアから現代まで』
マシュー・バトルズ著　白須英子訳　草思社
『図書館の誕生～古代オリエントからローマへ』
L・カッソン著　新海邦治訳　刀水書房

『図書館のはじまり・うつりかわり』（図書館のすべてがわかる本）
秋田喜代美監修　こどもくらぶ編　岩崎書店（青少年向け）
『図書館の歴史（図説）』スチュアート・A・P・マレー著
日暮雅通監訳　原書房
『ブックストア～ニューヨークで最も愛された書店』
リン・ティルマン著　宮家あゆみ訳　晶文社
『古本蘊蓄』八木福次郎著　平凡社
『古本通～市場・探索・蔵書の魅力』樽見博著　平凡社新書
『「本が売れない」というけれど』永江朗著　ポプラ新書
『本と図書館の歴史～ラクダの移動図書館から電子書籍まで』
モーリーン・サワ著　ビル・スレイヴィン絵
宮木陽子、小谷正子訳　西村書店（青少年向け）
『本の国の王様～英国の田舎町ヘイ・オン・ワイを世界初の
「古書の町」にしたブースの痛快自伝！』
リチャード・ブース著　東真理子訳　創元社
『本屋図鑑』得地直美絵　本屋図鑑編集部文　夏葉社
『本を愛しすぎた男～本泥棒と古書店探偵と愛書狂』
アリソン・フーヴァー・バートレット著　築地誠子訳　原書房
『歴史に見る日本の図書館～知的精華の受容と伝承』
高山正也著　勁草書房
『LIBRARY：Architecture+Design』
Manuela Roth著　BRAUN Publishing（英文　独）
『LIBRARIES』Candida Höfer写真　ウンベルト・エーコ序文
Thames & Hudson（英文　英）
『LIBRARIES：New Concepts in Architecture+Design
（現代建築集成・図書館）』鬼頭梓監修
メイセイ出版（和・英文）
『The LIBRARY：An Illustrated History』Stuart A.P.Murray著

Skyhorse Publishing（英文　米）
『The Public Library：A Photographic Essay』
Robert Dawson著　Princeton Architectural Press（英文　米）

## ● 印刷・製本と紙、それに装幀について

『印刷革命』E・L・アイゼンステイン著
別宮貞徳監訳　小川明子他訳　みすず書房
『印刷という革命〜ルネサンスの本と日常生活』
アンドルー・ペティグリー著　桑木野幸司訳　白水社
『印刷博物誌』凸版印刷　印刷博物誌編纂委員会編
凸版印刷発行　紀伊国屋書店発売
『印刷文化史〜印刷・造本・出版の歴史』庄司浅水著
印刷学会出版局
『印刷文化論』酒井道夫著　武蔵野美術大学出版局
『紙』岩波書店編集部著　岩波映画製作所写真　岩波写真文庫
『紙　二千年の歴史』ニコラス・A・バスベインズ著　市中芳江他訳
原書房
『紙と人との歴史〜世界を動かしたメディアの物語』
アレクサンダー・モンロー著　御舩由美子、加藤晶訳　原書房
『紙の歴史〜文明の礎の二千年』ピエール＝マルク・ドゥ・ビアシ著
丸尾敏雄監修　山田美明訳　創元社
『古代の科学と技術〜世界を作った70の大発明』（図説・人類の歴史）
ブライアン・M・フェイガン編　西秋良宏訳　朝倉書店
『古典籍　古文書　料紙事典（必携）』宍倉佐敏編著　八木書店
『出版文化と印刷〜活版から電子出版まで』
横山和雄著　出版ニュース社
『初期イングランド印刷史〜キャクストンと後継者たち』
ロッテ・ヘリンガ著　高宮利行監修　徳永聡子訳　雄松堂出版
『スピーン、紐しおり』（モチズキの型録より）
『西洋製本図鑑』ジュゼップ・カンブラス著　岡本幸治監修
市川恵里訳　雄松堂出版
『西洋の書物工房〜ロゼッタ・ストーンからモロッコ革の本まで』
貴田庄著　芳賀書店
『装丁』南伸坊著　フレーベル館
『装丁探索』大貫伸樹著　平凡社
『造本の科学（上）〜造本篇』日本エディタースクール出版部編
日本エディタースクール出版部
『大正・昭和のブックデザイン〜レトロでモダンな書籍・雑誌の
装丁コレクション』松原正世編著　ピエブックス
『手製本を楽しむ』栃折久美子著　大月書店
『文房四宝　紙の話』榊莫山著　角川書店
『本〜TAKEO PAPER SHO〈2011〉』株式会社竹尾編　平凡社
『本づくりの匠たち』グラフィック社編集部編　グラフィック社
『本と装幀』田中薫著　沖積舎
『本は流れる〜出版流通機構の成立史』清水文吉著
日本エディタースクール出版部
『本をつくる者の心〜造本40年』
藤森善貢著　日本エディタースクール出版部
『メディアとしての紙の文化史』ローター・ミュラー著
三谷武司訳　東洋書林

## ● 脳と読書についての関連参考書

『頭がよくなる超読書法〜潜在力を引き出す「速読脳開発プログラム」』

佐々木豊文著　PHPビジネス新書
『7歳から「辞書」を引いて頭をきたえる』
深谷圭助著　新潮文庫
『脳と音読』川島隆太＋安達忠夫著　講談社現代新書
『脳を創る読書〜なぜ「紙の本」が人にとって必要なのか』
酒井邦嘉著　実業之日本社
『本を読むときに何が起きているのか〜ことばとビジュアルの間、
目と頭の間』ピーター・メンデルサンド著　細谷由依子訳
フィルムアート社
『「読む、書く、話す」脳活用術〜日本語・英語学習法』
茂木健一郎　PHP研究所

## ●その他の関連参考書

『教養のための西洋史入門』中井義明他著　ミネルヴァ書房
『近代百年カレンダー〜暮しと文化の雑学百科』
紀田順一郎著　旺文社文庫
『小林かいちの魅力〜京都アール・デコの発見』
山田俊幸監修　山田俊幸　永山多喜子編著　清流出版
『ことばの歴史〜アリのことばからインターネットのことばまで』
スティーヴン・ロジャー・フィッシャー著　鈴木晶訳　研究社
『ジュエリーの歴史〜ヨーロッパの宝飾770年』
ジョーン・エヴァンズ著　古賀敬子訳　八坂書房
『少女の友〜創刊100周年記念号
明治・大正・昭和ベストセレクション』
実業之日本社編　遠藤寛子、内田静枝監修　実業之日本社
『書票』（ガラクタ百科）　平凡社
『書物愛　蔵書票の世界』日本書票協会編著　平凡社新書

『シンボルの世界』（図説　聖なる言葉叢書）
D・フォンタナ著　阿部秀典訳　河出書房新社
『世界シンボル事典（図説）』ハンス・ビーダーマン著
藤代幸一監訳　八坂書房
『世界文様事典』西上ハルオ著　創元社
『世界の文様歴史文化図鑑〜青銅器時代から現代までの
3000年（ビジュアル版）』ダイアナ・ニューオール、クリスティナ・
アンウィン著　蔵持不三也監修　松平俊久監訳　柊風舎
『大正イマジュリィの世界〜デザインと
イラストレーションのモダーンズ』
山田俊幸監修　山田俊幸、谷口朋子他編　ピエブックス
『大正期の絵本・絵雑誌の研究〜一少年のコレクションを通して』
三宅典子、香曽我部秀幸編　翰林書房
『大正ロマン手帖〜ノスタルジック＆モダンの世界』
石川桂子編　河出書房新社
『ヨーロッパの紋章〜紋章学入門』森護著　河出書房新社
『ヨーロッパの文様事典』視覚デザイン研究所編集室編
視覚デザイン研究所
『歴史の仕事場』フランソワ・フュレ著
『ロシア皇帝の至宝展〜世界遺産クレムリンの奇跡』
江戸東京博物館、同展の展示カタログ

## 著者略歴

しおり史研究家 猪又義孝 (Yoshitaka INOMATA)

昭和18年新潟県糸魚川市生まれ。明治大学商学部卒、出版社で40年間、数々の雑誌編集の現場で過ごす。編著書に『１００人の９９９冊』(小学館)がある。

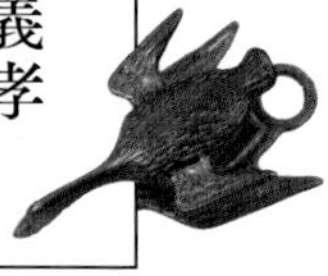

帆船で海図を押さえるために生まれたブックマーク。雁の口で挟む。19世紀後半、イギリス製。(長さ９㎝)

# 世界のしおり・ブックマーク意外史

２０１７年10月３日 初版第１刷発行
２０１８年１月22日 初版第２刷発行

著者 猪又義孝
発行者 髙橋団吉
発行所 株式会社デコ
〒１０１-００５１
千代田区神田神保町1-64 神保町協和ビル２階
http://www.deco-net.com/
電話 ０３-６２７３-７７８１(編集)
０３-６２７３-７７８２(販売)

印刷所 株式会社シナノ

装丁 三浦逸平
ＤＴＰ エム・サンロード


ISBN978-4-906905-15-7 C0000